Access데이터베이스개발

입문부터 .NET애플리케이션까지

이 춘 열

국민대학교 출판부

머 리 말

데이터베이스가 모든 정보시스템의 핵심 구성요소로 자리잡은 것은 어제오늘의 일이 아니다. 특히 인터넷이 보편화됨에 따라 이를 통하여 원거리에 있는 사용자들이 인터넷을 통하여 서버에 저장된 데이터들을 사용하는 것이 보편화되고 있다.

이와 같이, 현재에 와서는 정보 시스템의 구축은 곳 바로 데이터베이스를 구축하고, 이를 기반으로 하여 데이터 처리나 검색을 위한 GUI(화면)을 작성하고, 데이터 관리나 거래 처리를 위한 애플리케이션들을 (구입 또는 개발하여) 서비스하는 형태로 진행된다. 이러한 점들을 볼 때, 데이터베이스에 대한 올바른 지식을 갖고 이를 제대로 활용하는 것은 정보 시스템 전문가로의 길에 뜻을 가진 사람이 가장 먼저 하여야 할 일이라고 할 수 있다.

현재 시중에서 유통되고 있는 데이터베이스 관련 서적들을 살펴보면, 초보자를 위한 Access와 같은 솔루션에 대한 서적, 전문가를 위한 Oracle이나 DB2와 같은 솔루션에 대한 서적, 데이터베이스 이론에 대한 서적, 웹 프로그래밍, 웹 서비스 및 분산 시스템 등과 같은 애플리케이션 개발에 대한 서적 등으로 나누어져 있다. 따라서 처음 데이터베이스를 접하는 초보자들은 주로 Access와 같은 PC 기반의 솔루션에 대한 서적을 주로 사용하게 데이터베이스 개발을 경험하게 된다.

그러나 시중의 이러한 초보자를 위한 데이터베이스 서적들은 Access라는 패키지 사용 위주로 되어 있어, 데이터베이스를 개발하는 과정에서 빠뜨리지 말아야 할 주요한 법칙들이 너무 소홀하게 다루어진 면이 없지 않다. 그리고 데이터베이스를 기반으로 하는 애플리케이션의 개발 또한 Access의 기능들만을 이용한 단순 시스템들이 대부분으로서 실제로 우리가 경험하는 애플리케이션의 주요 특성들을 몸으로 느끼기가 쉽지 않다.

이러한 필요성에 따라 본 교재는 데이터베이스를 처음 접하는 초보자들이 쉽게 데이터베이스의 특성과 개발과정을 이해할 수 있도록 Access를 기반으로 데이터베이스 시스템의 개발과정을 소개한다.

그리고, 이러한 데이터베이스를 개발하는 과정에서 빠뜨리지 말아야 할 주요한 법칙들을 쉽게 소개하면서, 이들에 대한 이론적 배경이나 보다 깊이 있는 지식은 본문과 분리하여 각장의 부록에서 별도로 소개하여 관심 있는 독자들이 보다 깊이 있는 이론들을 참조할 수 있도록 하였다.

마지막으로 Access 데이터베이스가 탑재된 해당 PC에서의 애플리케이션 개발뿐만이 아니라 인터넷을 통한 분산 애플리케이션 개발과정 또한 소개함으로써, 교재에서 소개된 예제들이 바로 웹과 같은 실제 환경에서 직접 활용될 수 있으며, 이를 통하여 독자들이 데이터베이스 애플리케이션의 개발을 체험할 수 있도록 한다.

아무쪼록 본 교재가 데이터베이스를 처음 접하는 독자들의 이해를 높이는데 보탬이 되기를 바란다.

목 차

제2부 데이터베이스 이용하기

제3부 Access 애플리케이션 개발하기

제4부 .NET 애플리케이션 개발하기

제1장 데이터베이스의 역할과 기능

21세기를 정보화의 시대라고 한다. 그리고 이러한 정보화의 시대에서 우리가 사용하는 거의 모든 정보화 기기들이나 시스템들을 살펴보면, 데이터가 가장 중심을 이루고 있음을 쉽게 알 수 있다.

예를 들면, 휴대전화기는 주소록, 통화 기록, 달력들의 기능을 제공하고 있으며, 포탈 사이트들은 뉴스, 지역정보, 게시판 등의 데이터들을 제공하고 있다. 그리고 쇼핑몰은 상품 목록과 장바구니, 거래 내역 등과 같은 데이터들을 제공하고 관리한다.

이와 같이 모든 기기나 시스템들이 원활히 작동하기 위하여서는 여러 종류의 데이터들을 필요로 한다. 그리고 이러한 자료들은 매우 신중하게 관리되어야 한다.

- 최근 다양한 매체를 통하여 언급되고 있는 개인 정보 유출 사고들과 같은 사건의 대부분이 대량의 데이터를 효과적으로 관리하지 못하였기 때문에 발생하는 일이라고 할 수 있다.
- 시스템 정지나 성능 저하 사고들을 살펴보면 이들 또한 시스템 용량이나 전산 기술의 취약이라기보다는 많은 경우 데이터의 비효율적 관리 때문에 발생하는 문제들이라는 것을 알 수 있다.

이와 같이 데이터의 효과적 관리는 정보화를 위하여 매우 필요한 주요 기능이다. 여기서,

- 데이터들을 효과적으로 관리하고 공유하기 위하여 모아놓은 것을 데이터베이스라고 하며,
- 데이터베이스를 관리하는 도구를 데이터베이스관리시스템(DBMS : DataBase Management System)이라고 하며,
- DBMS 중에서 PC에서 가장 많이 사용되고 있는 것이 본 교재에서 예제로 사용하는 Access이다.

다음장부터 실제로 Access를 이용하여 데이터베이스를 개발하게 된다. 본장에서는 그 이전에 데이터베이스의 역할이나 기능을 개략적으로 살펴봄으로써 데이터베이스가 정보 시스템의 일부로서 어떻게 이용되며, 왜 중요한가를 살펴본다.

제1절 데이터베이스의 중요성

데이터가 점차 중요하게 인식되는 것은 정보기술의 발달에 따른 당연한 추세라고 할 수 있다. 정보시스템의 초기 단계에서는 정보시스템이 곧 컴퓨터프로그램이며 시스템개발이란 프로그램을 코딩하는 것으로 인식하였다. 예를 들면 홈페이지와 같은 간단한 웹 애플리케이션을 개발할 경우, 일단 JSP나 ASP 등을 이용하여 코딩부터 하는 경우들이 대분이다.

그러나 정보시스템을 자세히 들여다보면 대부분의 작업이,

- 데이터베이스에 저장된 데이터들을 화면에 표시한다.
- 사용자들은 화면을 통하여 입력한 자료들이 데이터베이스에 저장하는 것들임을 쉽게 알 수 있다.

예를 들면, 쇼핑몰의 주요 기능을 살펴보면

- 고객이 로그인할 때 아이디와 패스워드를 확인하고, 신규 고객인 경우에는 고객 정보를 입력받아 저장하며,
- 상품에 대한 정보를 데이터베이스에 저장하고,
- 저장된 상품 정보를 화면에 표시하며,
- 고객이 특정 상품을 구매하면, 이를 데이터베이스에 기록하며,
- 배송이 이루어짐에 따라 배송 정보를 데이터베이스에 저장하고,
- 고객이 문의하면 배송상태를 화면에 표시한다.

이와 같이, 대부분의 작업이 데이터베이스에 데이터를 저장하고, 저장된 데이터들을 화면에 표시하는 단순 작업들로 구성된다. 복잡한 계산이라고 하여도, 부가가치세 계산이나 할인율 계산, 구매 합계 계산 등이 전부라고 할 수 있다. 이러한 점에서 볼 때, 2절 정보 시스템의 구조에서 보다 자세히 살펴보겠지만, 정보 시스템에서 가장 중요한 핵심요소들 중의 하나가 데이터베이스라고 할 수 있다.

특히, 근자에는 데이터 자체가 상품으로서 가치를 지니게 되었다. 즉, 자료관리가 조직활동의 지원기능이 아니라 독립적인 가치생산기능으로써 의미를 지니게 되었다는 점이다. 예를 들면,

- 포탈 사이트의 가장 큰 자산은 포탈 사이트가 가지고 있는 여러 가지 콘텐츠들이며,
- 쇼핑몰의 주요 자산들 중의 하나는 고객 정보, 상품 카탈로그, 공급자 리스트들이다.

이와 같이 데이터가 상품으로 취급되기 시작하면서, 기존의 데이터 관리와 비교하여 관리의 질을 향상시킬 필요가 생겼으며, 이에 따라 데이터베이스에 대한 중요성 또한 더욱 강조되고 있다.

제2절 정보 시스템의 구조

우리가 일반적으로 사용하고 있는 정보 시스템의 구조를 개략적으로 살펴보면, 그림 1-1에 예시된 바와 같이 사용자 인터페이스와, 데이터베이스, 응용프로그램(애플리케이션) 및 통신망으로 구성된다.

이들 정보 시스템의 구성요소들을 보다 자세히 살펴보면,

- 그림 1-2의 예시 화면과 같이, 사용자들이 웹 화면이나 또는 윈도우 화면에서 데이터를 입력하거나 검색 요청을 하면,
- 그림 1-3과 같이 애플리케이션이 화면에 필요한 데이터들을 표시한다.
- 이러한 데이터들은, 그림 1-4와 같이 데이터베이스에 저장되어 있다.

이와 같이,

- 비록 사용자들이 화면을 통하여 경험하는 것은 화면에 표시된 데이터들이나, 이들 데이터들은 데이터베이스에 저장되어 있는 것이다.
- 그리고, 데이터베이스에 저장되어 있는 데이터들을 화면에 표시하고, 화면에서 사용자들이 입력한 데이터들을 데이터베이스에 저장하는 역할은 애플리케이션이 실행한다.
- 애플리케이션은 이러한 데이터의 저장과 표시이외에도 데이터의 계산이나 처리 등과 같은 다양한 기능들을 수행한다.

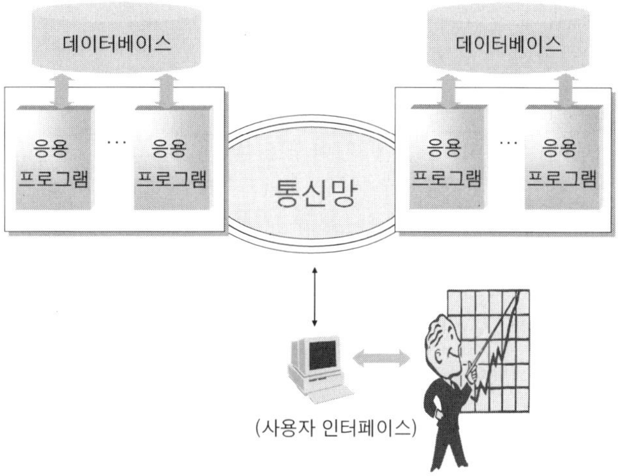

〔그림 1-1〕 정보 시스템의 개략적 구조

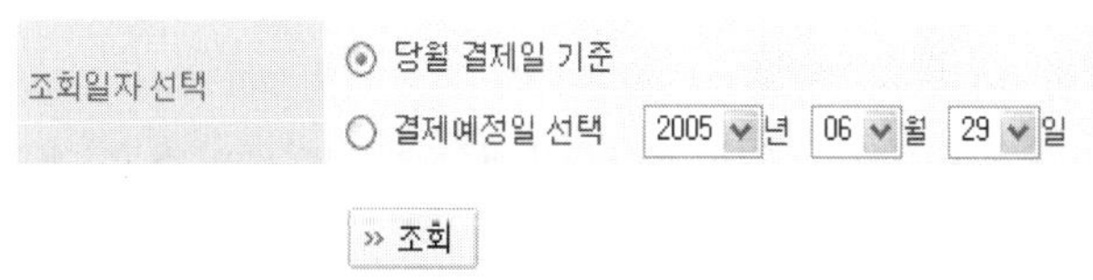

〔그림 1-2〕 사용자 인터페이스(예시)

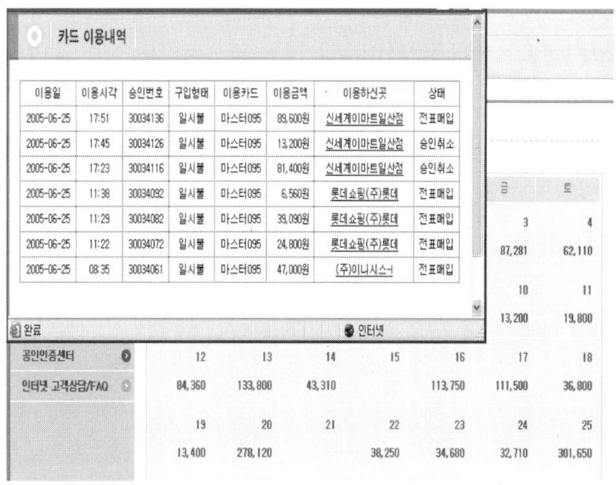

〔그림 1-3〕 애플리케이션 (예시)

이상에서 살펴본 바와 같이, 데이터베이스는 필요한 자료를 저장 관리하며, 이를 응용프로그램들에 제공하는 기능을 수행한다. 그러나 이들 자료들이 실제로 데이터베이스에 어떻게 저장되고 관리되는지는 표면적으로 사용자들에게 나타나지 않는다. 이러한 점에서 데이터베이스를 후위시스템(back-end system)이라 한다.

이에 반하여 사용자 인터페이스와 통신망은 정보시스템을 사용하기 위하여 직접 접하는 것들이며, 이러한 점에서 이를 전위시스템(front-end system)이라고 한다. 가장 대표적인 사용자 인터페이스는 인터넷을 기반으로 하는 웹(Web) 시스템이다.

이와 같이 통신망과 데이터베이스는 애플리케이션이 실행되는 기반을 제공한다는 점에서 정보

시스템의 기반구조(infra-structure)라고 한다. 즉 기술적 관점에서 볼 때 정보시스템은 데이터베이스와 통신시스템에 의하여 구성된 기반구조 위에 필요한 애플리케이션들을 탑재하는 구조를 갖는다.

2005-06-25	17:51	30034136	일시불	마스터095	89,600	신세계이마트일산점	전표매입
2005-06-25	17:45	30034126	일시불	마스터095	13,200	신세계이마트일산점	승인취소
2005-06-25	17:23	30034116	일시불	마스터095	81,400	신세계이마트일산점	승인취소
2005-06-25	11:38	30034092	일시불	마스터095	6,560	롯데쇼핑(주)롯데	전표매입
2005-06-25	11:29	30034082	일시불	마스터095	39,090	롯데쇼핑(주)롯데	전표매입
2005-06-25	11:22	30034072	일시불	마스터095	24,300	롯데쇼핑(주)롯데	전표매입
2005-06-25	08:35	30034061	일시불	마스터095	47,000	(주)이니시스-I	전표매입
2005-06-24	18:19	30034052	일시불	마스터095	13,210	롯데쇼핑(주)롯데	전표매입
2005-06-24	13:04	30034049	일시불	마스터871	19,500	철도승차권발매	전표미매입
2005-06-23	18:30	30034039	일시불	마스터871	19,800	철도승차권발매	전표매입
2005-06-23	18:00	30034022	일시불	마스터095	14,880	롯데쇼핑(주)롯데	전표매입
2005-06-22	19:43	30034012	일시불	마스터095	28,250	롯데쇼핑(주)롯데	전표매입
2005-06-22	14:02	30034009	일시불	마스터095	10,000	그때그민속집	전표매입
2005-06-20	18:01	30033996	일시불	마스터095	12,600	파리바게뜨주엽역점	전표매입
2005-06-20	12:33	30033981	일시불	마스터095	9,000	감자바우옹심이	전표매입

〔그림 1-4〕 데이터베이스 (예시)

본 교재에서는,

- 정보 시스템의 후위 시스템인 데이터베이스를 Access를 이용하여 개발하는 과정을 소개한다.
- 그러나 데이터베이스를 위한 데이터베이스를 개발하는 것이 아니라 이들 데이터베이스가 애플리케이션과 연계하여, 정보시스템의 일부로서 어떻게 사용되는가를 중심으로 소개한다.
- 이러한 점에서 전반부에서는 데이터베이스 설계와 이용하기를, 후반부에서는 이들 데이터베이스를 이용한 애플리케이션 개발하기를 소개한다.

제1부 데이터베이스 개발하기

제2장 데이터베이스 생성하기

제3장 테이블 생성하기

제4장 관계 설정하기

제2장 데이터베이스 생성하기

우리가 인터넷을 통하여 사용하는 웹 애플리케이션이나 통신망을 통하여 이용하는 분산 애플리케이션들은 아래와 같이 구성된다.

(1) 사용자들이 접하는 인터페이스 화면

(2) 서버에서 실행되는 애플리케이션

(3) 데이터들을 저장하는 데이터베이스

이러한 정보 시스템의 구성요소들 중에서 제1부에서는 Access DBMS를 이용한 데이터베이스의 개발 과정을 살펴본다.

본 교재에서 데이터베이스를 관리하는 시스템으로서 Access를 사용하는 것은,

- Access가 마이크로소프트사의 오피스 (MS Office)에 포함되어 제공되며,
- PC에서 구동되는 DBMS중 가장 조작이 쉽다는 이유 때문이다.

따라서 다른 DBMS, 예를 들면 Oracle, IBM DB2, Sybase, Informix, MS SQL, MySQL 등을 이용한 데이터베이스의 개발 과정도 본 교재에서 학습하는 내용과 크게 다르지 않다. 다만 PC 대신에 서버에서 구동되며, 단일 사용자보다는 다수 사용자들이 사용하는 것을 가정하기 때문에 사용자 등록이나 제반 환경 설정이 조금 복잡할 뿐이다.

본장에서는, 데이터베이스 개발을 위한 첫 번째 단계로서, Access 데이터베이스의 생성과 Access 데이터베이스의 구성 요소들을 총괄적으로 살펴본다. (이들 구성요소들은 이후 각장에서 보다 자세히 소개된다.)

1절. Access 데이터베이스 생성하기

Access를 이용하여 데이터베이스를 생성하기 위하여서는 그림 2-1에 예시된 바와 같이 다음의 과정을 따른다.

(1) Access의 최상위 메뉴들 중에서 파일을 선택

(2) 새로만들기를 실행

그러면 여러 가지 새로 만들기 메뉴들이 화면 오른쪽에 나타난다. 이들 중에서,

(3) 새 데이터베이스를 선택

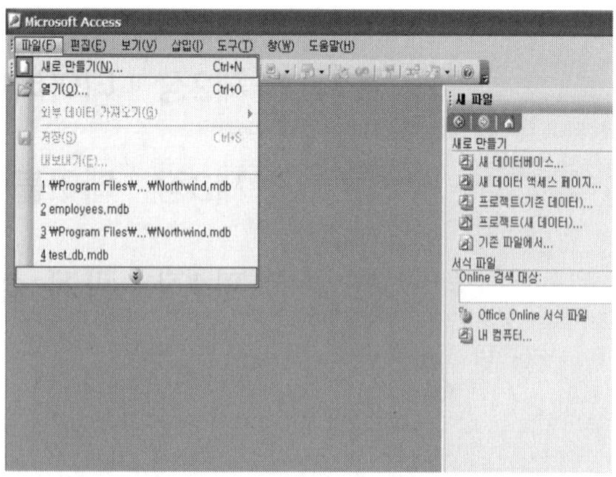

〔그림 2-1〕 데이터베이스 새로만들기 화면

그림 2-2에 예시된 바와 같이, '새 데이터베이스 파일' 화면이 나타난다.

(4) '새 데이터베이스 파일' 화면에서 원하는 디렉터리를 선택하여 새로 만들 데이터베이스 이름을 부여. (이때 데이터베이스 이름은 가능하면 영어로 하는 것이 좋다.)

〔그림 2-2〕 새 데이터베이스 파일 화면

이러한 과정을 실행하면, 그림 2-2에 예시된 바와 같이 데이터베이스를 저장하는 (확장자가 .mdb인) 파일이 생성됨을 볼 수 있다.

이와 같이 만들어진 데이터베이스는 앞으로 생성할 테이블, 쿼리, 폼, 보고서 등을 모두 포함하게 된다.

2절. Access 데이터베이스를 구성하는 개체들

Access에서 데이터베이스를 생성하면, 그림 2-3에 예시된 바와 같이, 여러 개체들이 나타난다.

- 테이블
- 쿼리
- 폼
- 보고서
- 페이지
- 매크로
- 모듈

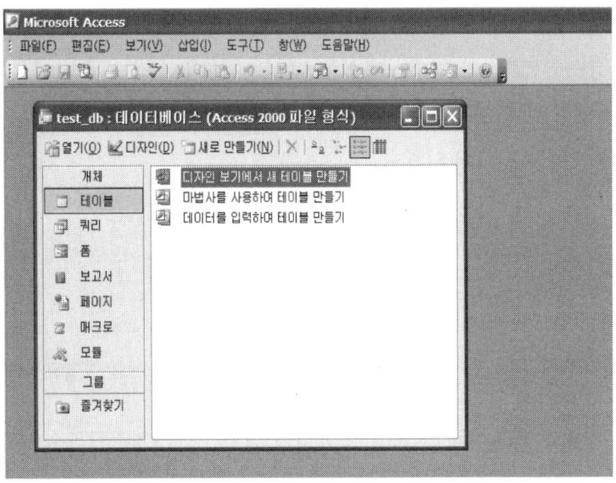

〔그림 2-3〕 데이터베이스 개체 화면

바꾸어 말하면, Access를 이용하여 만든 데이터베이스는 테이블, 쿼리, 폼, 보고서, 페이지, 매크로, 모듈들을 포함한다. Access는 이들 개체들을 포함함과 동시에 이들 개체를 만드는 도구를 같이 제공한다.

예를 들면, 그림 2-4에 표시된 바와 같이, 테이블 개체는 만들어진 테이블들을 포함함과 동시에 새로운 테이블을 생성하기 위한 도구를 같이 제공한다. 따라서 사용자들이 새 테이블을 만들고자 할 경우, 테이블 개체에 있는 〔디자인보기에서 새 테이블 만들기〕, 〔마법사를 사용하여 테이블 만들기〕 또는 〔데이터를 입력하여 테이블 만들기〕 도구들 중 하나를 사용할 수 있다.

Access 데이터베이스 개체들의 기능을 개략적으로 살펴보면 다음과 같다.

2.1 테이블

Access 데이터베이스의 개체들 중에서 실제로 데이터들을 포함하는 것은 테이블이다. 따라서 일반적으로 데이터베이스를 생성한다는 것은 테이블들을 생성하는 것을 말한다. (테이블의 생성에 대하여서는 제3장에서 자세히 다룬다.)

테이블 개체는 만들어진 테이블들을 포함함과 동시에 새로운 테이블들을 생성하기 위한 도구를 제공한다. (그림 2-4는 노스윈드 예제 데이터베이스에 만들어져 있는 테이블들을 나타낸다.) 따라서 사용자들은 테이블을 만들고자 할 경우, 그림 2-4에 예시된 바와 같이, 테이블 개체에 있는 도구들 중에서 하나를 선택하여 사용한다.

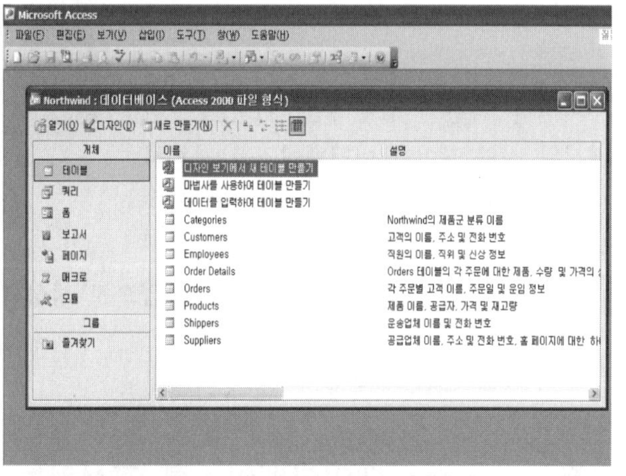

〔그림 2-4〕 테이블 개체 화면

- 〔디자인보기에서 새 테이블 만들기〕
- 〔마법사를 사용하여 테이블 만들기〕
- 〔데이터를 입력하여 테이블 만들기〕

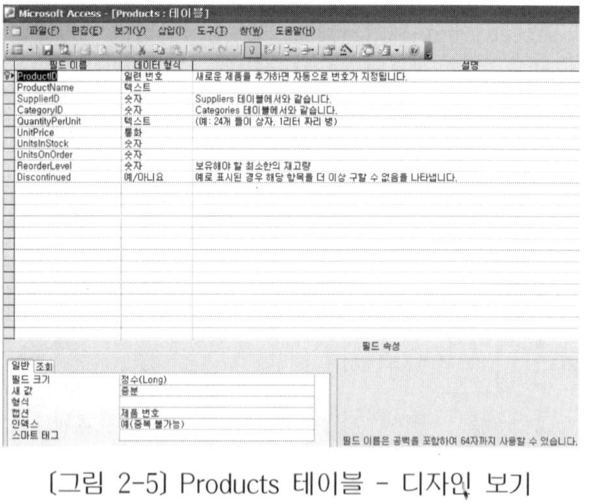

〔그림 2-5〕 Products 테이블 - 디자인 보기

테이블을 생성하면, 테이블에 무슨 데이터들이 저장될 것인가를 나타내는 테이블의 구조(즉, 디자인)가 만들어지고, 여기에 데이터를 입력하면, 데이터들이 저장된 테이블이 만들어진다. 그림 2-5는 노스윈드 예제 데이터베이스에 만들어져 있는 Customers 테이블의 구조를 디자인 보기한 것이며, 그림 2-6은 실제로 데이터들이 저장된 Customers 테이블을 데이터쉬트 보기한 것이다.

2.2 쿼리

쿼리는 이미 만들어진 테이블들의 일부 내용을 추출하여 이를 새로운 형식으로 구성한 가상적인 테이블들을 말한다. 테이블과 쿼리의 차이를 조금더 자세히 설명하면 다음과 같다.

- 테이블 : 데이터들이 실제로 저장되는 곳(예 : 하드 디스크).
- 쿼리 : 가상 테이블(virtual table) 또는 뷰(view)라고하며, 데이터들을 실제로 저장하지 않고, 테이블에 저장된 데이터들을 추출하여 가상적으로 저장된 것처럼 보여주는 것.

쿼리와 테이블은 이러한 차이점을 가지고 있으나, 사용하는 사용자의 입장에서는 쿼리와 테이블은 같은 것으로 취급할 수 있다. 즉 직접 데이터들을 저장하는 테이블이나 다른 테이블에 저장된 데이터들을 취합하여 다른 형식으로 보여주는 쿼리나 모두 데이터들을 제공한다는 점에서 같은 것으로 취급할 수 있다. 이러한 점에서, Access에서는 '테이블/쿼리'라는 메뉴가 자주 나타나는데 이는 테이블이나 쿼리에 모두 적용되는 기능임을 나타낸다.

쿼리는 만들어진 쿼리들을 포함함과 동시에 새로운 쿼리를 생성하기 위한 도구를 같이 제공한다. 따라서 사용자들은 쿼리를 만들고자 할 경우, 그림 2-7에 예시된 바와 같이, 쿼리 개체에 있는 〔디자인보기에서 새 쿼리 만들기〕 또는 〔마법사를 사용하여 쿼리 만들기〕 중 하나를 사용할 수 있다. 그림 2-8은 노스윈드 예제 데이터베이스에 만들어져 있는 Current product List 쿼리 (즉 Products 테이블에 저장된 제품들 중에서 단종되지 않

제품 번호	제품 이름	공급업체	제품 분류	포장 단위	단가
1	태양 100% 오렌지 주스	서울 무역 ㈜	유제품	10 boxes x 20 bags	₩80,000
2	태양 100% 레몬 주스	태양 식품 ㈜	음료	24 - 12 oz bottles	₩19,000
3	태양 체리 시럽	태양 식품 ㈜	조미료	12 - 550 ml bottles	₩10,000
4	신한 100% 복숭아 시럽	신한 식품 ㈜	조미료	48 - 6 oz jars	₩22,000
5	신한 100% 파인애플 시럽	신한 식품 ㈜	조미료	36 boxes	₩21,000
6	대양 특선 블루베리 잼	대양 농산 ㈜	조미료	12 - 8 oz jars	₩25,000
7	대양 특선 건과(배)	대양 농산 ㈜	가공 식품	12 - 1 lb pkgs.	₩30,000
8	대양 특선 딸기 소스	대양 농산 ㈜	조미료	12 - 12 oz jars	₩40,000
9	북미산 상등육 쇠고기	서울 무역 ㈜	육류	18 - 500 g pkgs.	₩97,000
10	노르웨이산 연어알 조림	서울 무역 ㈜	해산물	12 - 200 ml jars	₩31,000
11	현진 커피 밀크	현진 식품 ㈜	유제품	1 kg pkg.	₩21,000
12	현진 바닐라 엣센스	현진 식품 ㈜	유제품	10 - 500 g pkgs.	₩13,800
13	유미 돌김	유미 식품 ㈜	해산물	2 kg box	₩16,000
14	유미 건조 다시마	유미 식품 ㈜	가공 식품	40 - 100 g pkgs.	₩23,000
15	유미 간장	유미 식품 ㈜	조미료	24 - 250 ml bottles	₩15,000
16	파블로바 피넛 스프레드	대륙 교역 ㈜	과자류	32 - 500 g boxes	₩17,000
17	앨리스 포장육	대륙 교역 ㈜	육류	20 - 1 kg tins	₩39,000
18	대륙 냉동 참치	대륙 교역 ㈜	해산물	16 kg pkg.	₩62,000
19	신한 초콜릿 소스	미미 제과 ㈜	과자류	10 boxes x 12 pieces	₩19,000
20	대양 마말레이드	미미 제과 ㈜	과자류	30 gift boxes	₩81,000

〔그림 2-6〕 Products 테이블 - 데이터쉬트 보기

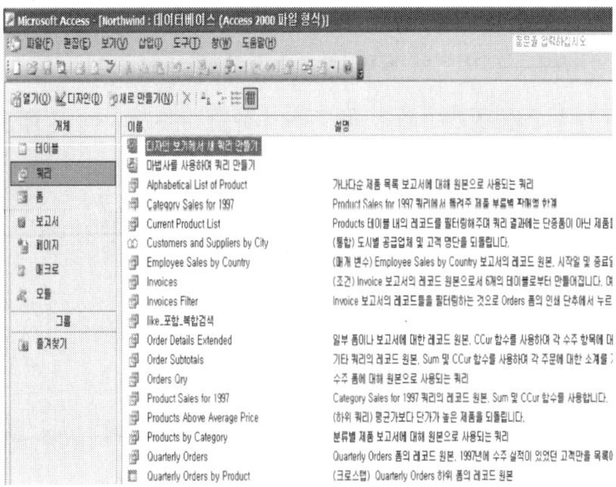

〔그림 2-7〕 쿼리 개체

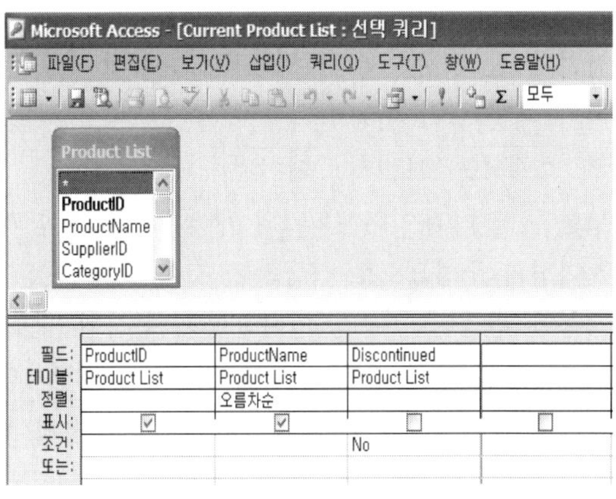

〔그림 2-8〕 Current Product List 쿼리 - 디자인 보기

은 제품들만을 표시하는 쿼리)의 구조를 디자인 보기한 것이며, 그림 2-9는 실제로 표시되는 데이터들을 데이터쉬트 보기한 것이다.

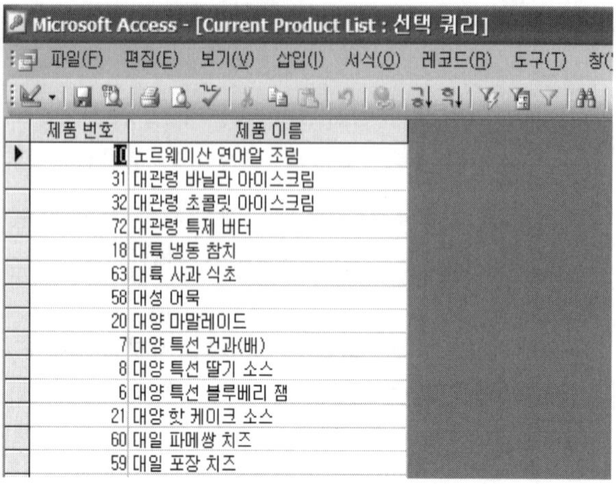

〔그림 2-9〕 Current Product List 쿼리 - 데이터쉬트 보기

2.3 폼

폼은 데이터를 입력하거나 출력하기 위한 인터페이스 화면들이다. 이러한 점에서 볼 때 폼은 데이터베이스의 구성요소라기 보다는 애플리케이션의 구성요소라고 할 수 있다.

예를 들면 노스윈드 데이터베이스에서 Orders 폼은 주문을 추가하고 수정하는 폼이다. 따라서 Orders 폼은 주문관리 애플리케이션 또는 이의 일부라고 할 수 있다.

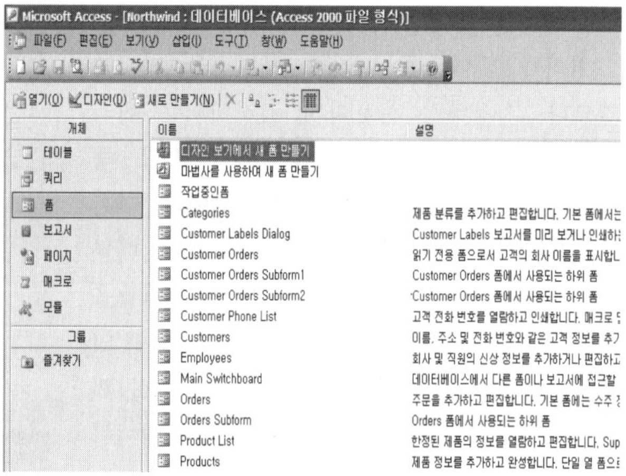

〔그림 2-10〕 폼 개체

PC용 DBMS로서 Access는 이러한 애플리케이션을 데이터베이스에 같이 포함한다. 그 이유는, PC에서와 같이 단일 사용자가 데이터베이스를 이용할 경우, 데이터베이스를 이용하는 애플리케이션들을 데이터베이스의 일부로 통합하여 관리하는 것이 편리하고 효율적이기 때문이다. 이러한 논리에 따라 이후 소개되는 보고서, 페이지, 매크로, 모듈들 모두 데이터베이스의 구성요소로 포함되어 있다. 그러나 내용적으로는 이들 모두 애플리케이션의 구성요소로 취급하는 것이 옳다고 할 수 있다.

폼은 만들어진 폼들을 포함함과 동시에 새로운 폼을 생성하기 위한 도구를 제공한다. 따라서 사용자들은 폼을 만들고자 할 경우, 그림 2-10에 예시된 바와 같이, 폼 개체에 있는 〔디자인보기에서 새 폼 만들기〕 또는 〔마법사를 사용하여 새 폼 만들기〕 중 하나를 사용할 수 있다.

2.4 보고서

보고서는 데이터베이스로부터 생성한 보고서들이다. 이러한 점에서 볼 때 보고서 또한 폼과 마찬가지로 애플리케이션의 구성요소라고 할 수 있다.

보고서는 만들어진 보고서들을 포함함과 동시에 새로운 보고서를 생성하기 위한 도구를 제공한다. 따라서 사용자들은 보고서를 만들고자 할 경우, 그림 2-??에 예시된 바와 같이, 보고서 개체에 있는 〔디자인보기에서 새 보고서 만들기〕 또는 〔마법사를 사용하여 새 보고서 만들기〕 중 하나를 사용하여 보고서를 만들 수 있다.

2.5 페이지

페이지는 웹 양식이나 보고서들이다. 이러한 점에서 볼 때 페이지 또한 데이터베이스의 구성요소라기 보다는 데이터베이스 애플리케이션의 구성요소라고 할 수 있다.

페이지는 만들어진 페이지들을 포함함과 동시에 새로운 페이지를 생성하기 위한 도구를 제공한다. 따라서 사용자들은 페이지를 만들고자 할 경우, 그림 2-??에 예시된 바와 같이, 페이지 개체에 있는 디자인보기에서 새 페이지 만들기 또는 마법사를 사용하여 데이터 엑세스 페이지 만들기 중 하나를 사용하여 페이지를 만들 수 있으며, 또한 기존 페이지 편집 메뉴를 이용하여 이미 만들어진 페이지를 편집할 수 있다.

3절. 데이터베이스의 설계

데이터베이스 설계는 다음의 과정을 포함한다.

- 나타내고자 하는 데이터들을 모두 포함하도록 테이블들을 설계
- 테이블들 사이의 연관 관계 (즉 테이블들이 서로 지켜야 법칙)를 설정

특히 여기서 테이블들 사이의 연관관계 설계가 필요한 이유는, 효과적인 데이터 관리를 위하여서는, 데이터베이스에 포함된 여러개의 테이블들이 상호 무관하게 아무렇게나 저장되는 것이 아니라, 상호 일정한 법칙을 지키면서 데이터들이 저장되어야 하기 때문이다. 이들 과정 중에서,

테이블의 설계 및 생성은 제3장에서 학습한다.

테이블들을 연결시키는 관계 설정은 제4장에서 살펴본다.

이러한 데이터 및 관계에 추가하여, 데이터베이스 설계는 테이블에 저장된 데이터들을 추출하여 보여주는 쿼리도 같이 포함한다. 그러나 이들 쿼리들은 모두 테이블들로부터 도출되며, 테이블에 포함되지 않은 데이터들은 쿼리에 포함될 수 없다. (왜냐하면 쿼리는 테이블들을 처리하여 만드는 가상적인 테이블이기 때문이다.)

이러한 점에서,

- 데이터베이스 설계의 일차적인 관심은 테이블들의 생성이며,
- 쿼리는 이후 이들 데이터를 이용하는 과정에서 추가적으로 필요한 쿼리들을 생성하여 활용한다.

따라서 본 교재에서 쿼리는 데이터베이스 설계보다도 데이터베이스 이용하기에 포함한다.

제3장 테이블 생성하기

일반적으로 이야기하는 정보시스템의 개발 순서를 살펴보면 다음과 같다.

- 데이터베이스 개발
- 데이터들을 처리하는 응용 프로그램 (즉 애플리케이션)을 개발하여 데이터베이스에 탑재
- 사용자들이 응용 프로그램을 접근하기 위한 추가적인 인터페이스 화면을 개발하고, 통신망을 통하여 인터페이스 화면과 애플리케이션을 연결.

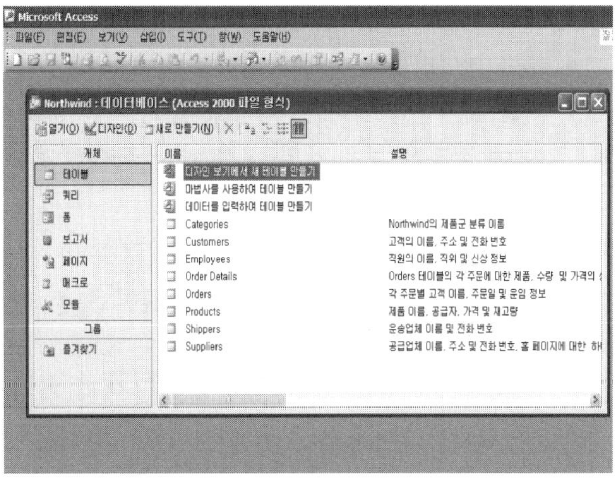

〔그림 3-1〕 노스윈드 예제 데이터베이스를 구성하는 테이블들

여기서 데이터베이스의 개발 과정을 보다 자세히 살펴보면 다음의 단계로 구성된다.

- 데이터베이스를 생성
- 데이터베이스를 구성하는 테이블들을 생성
- 테이블에 데이터들을 입력

이들 단계들 중에서 2번째 단계인 데이터베이스를 구성하는 테이블들을 생성하는 단계를 다시 세분화하면,

2.1 정보시스템에서 사용되는 모든 데이터들을 포함하는 테이블들을 생성한다. 예를 들면, 노스위드사의 업무 처리를 위한 데이터들은 모두 Categories, Customers, Employees, Orders, OrderDetails, Products, Shippers, Suppliers의 8개의 테이블에 저장된다 (그림 3-1 참조).

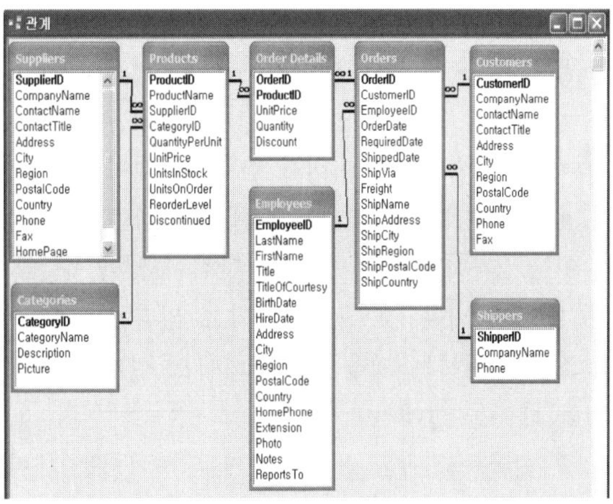

〔그림 3-2〕 노스윈드 예제 데이터베이스를 구성하는 테이블들 사이의 관계

2.2 이들 테이블을 서로 연결하는 관계를 설정한다. 즉 테이블들에 저장된 데이터들을 잘 관리하고 사용하기 위하여 특정 테이블에 저장된 데이터를 다른 테이블에 저장된 데이터들과 연결시켜준다 (그림 3-2 참조).

여기서,

- 전자를 테이블 생성
- 후자를 관계 설정

  이라고 한다. 그리고,

- 이렇게 만들어진 테이블과 테이블들 사이의 관계를 모두 포함하여 데이터베이스 스키마
- 데이터베이스 스키마를 설계하는 과정을 데이터베이스 설계

  라고 한다.

  데이터베이스 설계 과정 중에서 본장에서는 테이블의 생성 과정을 학습한다. 즉,

- 무슨 데이터들을 각각의 테이블에 포함시킬 것이며,
- 이들 테이블을 어떠한 형태로(즉, 어떠한 구조로) 생성할 것인가를 공부한다.

  (관계 설정은 다음 장인 제4장에서 학습한다.)

1절. 테이블 생성하기와 데이터베이스 설계하기

데이터베이스는 1개의 테이블이 아니라 여러 개의 테이블들로 구성된다. 다르게 말하면, 여러 개의 테이블들을 모아놓은 것을 데이터베이스라고 한다. 그러면 왜 1개의 테이블로 구성하지 않고 여러 개의 테이블들로 구성할까? 이에 대한 해답은 데이터베이스에 무슨 데이터들을 저장해야 하는가를 생각해 보는 것으로부터 출발할 수 있다.

예를 들면 노스윈드 예제 데이터베이스에는 노스윈드사에서 취급하는 제품들, 노스윈드사의 고객사들, 제품들에 대한 주문, 제품을 공급하는 공급사들, 주문을 배송하는 선적회사들 및 노스윈드사의 사원들에 대한 데이터들이 저장된다. 즉, 여러 종류의 데이터들을 포함한다. 이러한 여러 종류의 데이터들을 데이터베이스에 저장하고 관리하는 방법으로 아래의 2가지 방법이 있다.

- 여러 종류의 데이터를 한 개의 테이블에 같이 저장하는 방법
- 종류별로 각각의 테이블에 저장하는 방법

이들 2가지 방법은 물론 장단점이 있을 수 있겠으나, 종류별로 각각 테이블을 만들어 관리하는 후자가 나은 것으로 인정되고 있다. 이와 같이, 데이터베이스에 포함되는 여러 테이블들의 구조를 설계하는 것을 데이터베이스 설계라고 하며, 이들 중 각각의 테이블의 구조를 설계하는 것을 테이블 설계라고 한다.

즉 테이블의 구조를 설계하기 위하여서는 데이터베이스에 포함될 테이블의 종류와 각각의 테이블에 포함되는 데이터들을 먼저 결정하여야 한다. 이러한 과정을,

- 데이터베이스의 개념설계라고 하며,
- 개체관계모형과 같은 설계 모형을 주로 이용하며,
- 데이터베이스 개발 과정 중에서 가장 핵심을 이루는 부분이다.

그러나 개체관계모형을 이해하기 위하여서는 보다 많은 이론적 지식이 필요하므로 데이터베이스 개발에 대한 입문서인 본 교재에서 다루기에는 무리가 있다 따라서 본 교재는 개체관계모형을 제4장의 별첨에 간략히 소개하고, 보다 관심이 많은 독자들은 저자들이 집필한 관계형 데이터베이스 관리론 (홍릉과학출판사, 2004)과 같은 이론서를 참조하도록 권고한다.

여기서는 무슨 테이블을 만들 것인가를 개발자들이 직감적으로 알고 있다고 가정하고, 이러한 테이블들을 실제로 생성하는 과정에 초점을 맞추어 데이터베이스의 개발 과정을 소개한다.

2절. 테이블 구조 설계하기

데이터베이스는 테이블들로 구성된다. 여기서 테이블이란, 그림 3-3에 예시된 바와 같이, 가로와 세로로 표시된 표를 말한다.

세로	각 열에 저장되는 항목을 나타냄.
가로	데이터들을 구성된 레코드 (=튜플)

Microsoft Access - [Customers : 테이블]

고객 번호	회사 이름	담당자 이름	담당자 직위	주소
ALFKI	신영상사 (주)	한석규	영업 사원	가장동 78-3
ANATR	원창 (주)	황영순	대표 이사	서초구 방배동 883-11
ANTON	동광 통상 (주)	조자룡	대표 이사	강서구 내발산동 318
AROUT	경성 트레이딩 (주)	구재석	영업 사원	남구 연수동 208-16
BERGS	정금 상사 (주)	최영희	영업 과장	서구 도마동 110-6
BLAUS	협우 상사 (주)	손미선	영업 사원	서대문구 남가좌 1동 121
BLONP	베네디스 유통 (주)	장선희	마케팅 2과장	영등포구 당산동 3가 16
BOLID	삼화 상사 (주)	정영일	대표 이사	부산진구 당감 3동 611-3
BONAP	서주 무역 (주)	문익한	대표 이사	용산구 갈월동 116-7
BOTTM	태강 교역 (주)	문흥미	경리 과장	사하구 신평동 701-29
BSBEV	월드 링크 (주)	이강주	영업 사원	구산동 17-111
CACTU	혜성 백화점 (주)	박광준	영업 사원	강남구 대치동 315-11
CENTC	진주 백화점 (주)	홍성주	마케팅 1과장	남동구 간석 3동 270-8
CHOPS	동남 상사 (주)	강태준	대표 이사	강남구 청담동 115
COMMI	대진 상사 (주)	현용만	영업 사원	노원구 공릉동 178
CONSH	ITM (주)	남궁익선	영업 사원	소하동 11-3
DRACD	극동 무역 (주)	강민수	영업 과장	송파구 잠실동 220
DUMON	양정 물산 (주)	주진국	대표 이사	강동구 성내동 143
EASTC	성신 교역 (주)	성병재	영업 사원	무릉동 171-3
ERNSH	신세계 통상 (주)	강세라	영업 과장	중구 도원동 507-16
FAMIA	삼일 (주)	손미순	마케팅 담당	마포구 공덕 1동 81
FISSA	세주 상사 (주)	유영주	경리 과장	동구 마산동 250-1
FOLIG	한일 상사 (주)	강판석	영업 사원	양천구신월 3동 67-18
FOLKO	유미 백화점 (주)	최재경	대표 이사	중앙동 427-10

〔그림 3-3〕 고객(Customers) 테이블

예를 들면 고객(Customers) 테이블은 고객들에 대한 정보, 즉 고객사의 회사이름, 담당자이름, 담당자 직위, 주소, ... 등으로 구성되는데, 이들 각각을 데이터 항목, 열(column) 또는 필드(field)라고 한다. 그리고 첫 번째 행은 신영상사의 회사이름, 담당자이름, 담당자 직위, 주소 등을 나타내고, 두 번째 행은 원창의 회사이름, 담당자이름, 담당자 직위, 주소 등을 나타낸다.

이와 같이, 가로와 세로로 표시된 2차원 표를 테이블이라고 한다.

이러한 테이블을 생성하기 위하여 해야 할 작업은 다음과 같다.

- 먼저 테이블에 무슨 데이터들이 포함될 것인가를 나타내는 테이블의 구조를 설계(즉 표를 그릴 때 먼저 그리는 테이블의 헤딩(heading)을 정함.).
- 구조에 따라 각 행을 입력

본 절에서는 테이블의 구조를 설계하는 과정을 소개하고, 실제 데이터들을 입력하고 갱신하는 과정은 제5장 데이터 입력 및 갱신하기에서 살펴본다.

테이블을 생성하기 위하여 먼저 테이블의 구조를 정하는 과정을 테이블 구조 설계라고 한다. 테이블 구조 설계를 위하여서는 다음과 같은 결정들이 필요하다.

(1) 테이블의 이름을 결정

(2) 테이블에 무슨 데이터항목들을 포함시킬 것인가(즉, 테이블의 필드를 무엇으로 할 것인가)를 결정

(3) 각 필드의 데이터 유형을 결정

이러한 과정은 일반적인 컴퓨터 프로그래밍에서 데이터들을 계산하기 위하여 행하는 다음과 같은 작업들과 유사하다.

(1) 변수의 이름을 결정

(2) 각 변수의 데이터 유형을 결정

다만 테이블은 여러 필드들이 모여 있는 것이기 때문에, 1개의 변수가 아니라 여러 개의 필드들의 이름과 데이터 유형을 정해주는 것이 다를 뿐이다.

이와 같이, Access를 이용하여 테이블을 생성하기 위하여서는 먼저, 생성할 테이블의 구조를 설계한다.

2.1 필드 이름과 데이터 형식 지정하기

설계된 테이블을 생성하기 위하여서는

- 먼저 Access를 실행하고,
- 새로운 데이터베이스를 생성하거나 생성된 데이터베이스를 연다.

데이터베이스의 생성과정은 제2장에서 소개하였으므로, 여기서는 해당 데이터베이스가 열려있다고 가정하고, 테이블들을 생성하는 과정을 소개한다.

Aceess에서 테이블을 생성하는 과정은 다음과 같다.

(1) Access 개체에서 테이블을 클릭하면, 새로운 테이블들을 만들기 위한 도구들과 이미 만들어진 테이블의 이름들이 테이블 화면에 표시된다(이미 소개된 그림 3-1 참조).

테이블 화면에서 〔디자인보기에서 새 테이블 만들기〕를 선택하여 클릭한다.

(새 테이블을 생성하기 위한 방법으로서는 〔디자인보기에서 새 테이블 만들기〕 도구이외에도 〔마법사를 사용하여 테이블 만들기〕, 〔데이터를 입력하여 테이블 만들기〕 도구들이 있다. 그리고 이들 방법

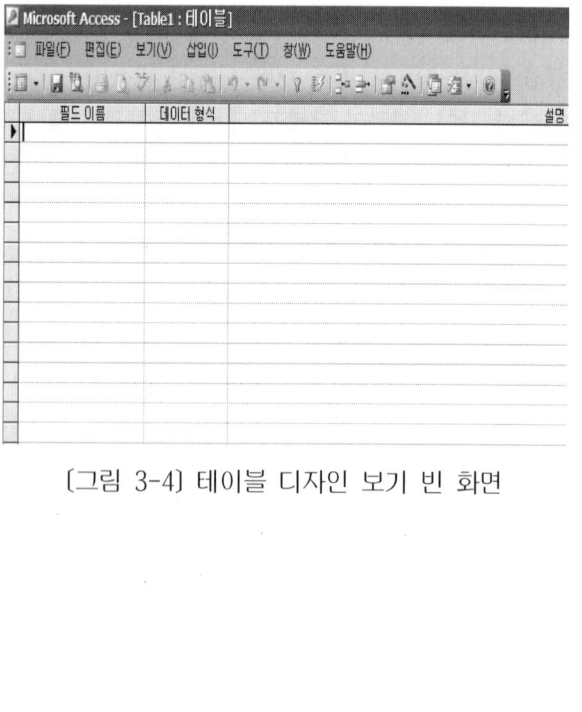

〔그림 3-4〕 테이블 디자인 보기 빈 화면

들 중에서 〔디자인보기에서 새 테이블 만들기〕가 가장 불편한 방법처럼 느껴질 수 있다. 그러나 테이블의 구조를 이해하고 무슨 작업들을 어떻게 해야 하는가를 몸으로 체험하기 위하여서 〔디자인보기에서 새 테이블 만들기〕 도구를 이용하여 개발자가 스스로 테이블을 생성하는 것이 가장 바람직하다. 따라서 본 교재에서는 이 방법으로 테이블을 만드는 것을 권장한다.)

그러면 테이블을 구성하는 각 필드들에 대하여 필드 이름과 데이터 형식을 입력하는 칸이 만들어진다 (그림 3-4 참조).

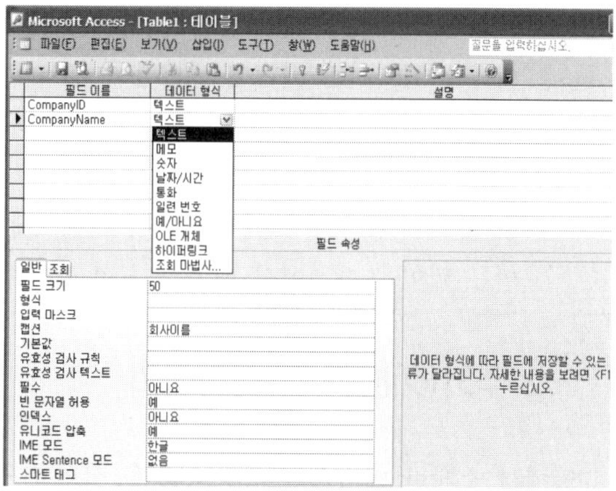

〔그림 3-5〕 필드 이름과 데이터 형식 지정

(3) 각 필드들에 대하여 필드 이름을 입력하고 데이터 형식을 지정한다. 이 때 필드 이름은 가능하면 영어로 하는 것이 좋다. 만약 사용자들이 한글 이름을 선호한다면, 한글 명칭은 해당 필드의 캡션으로 정의하고, 필드 명칭은 영어로 정의한다.

캡션과 같은 옵션들은, 그림 3-5에 예시된 바와 같이, 필드 속성화면에 표시된다.

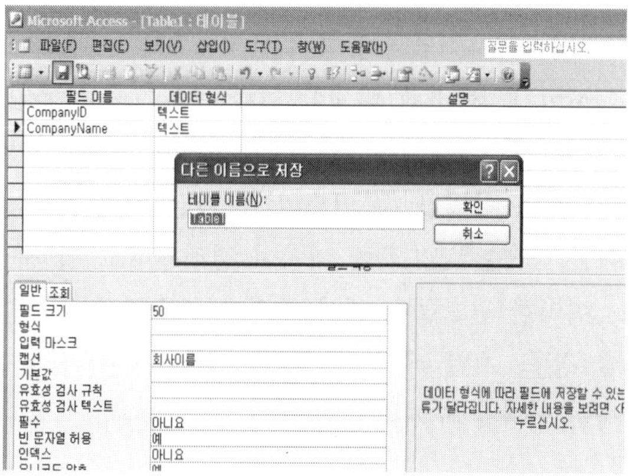

〔그림 3-6〕 테이블 이름 입력 화면

(4) 필드별로 데이터 형식을 지정한다. 데이터 형식은 Access에서 지원하는 데이터 형식들 중에서 하나를 선택한다. Access는 텍스트, 메모, 숫자, 날짜/시간, 통화, 일련번호, 예/아니오, OLE 개체, 하이퍼링크, 조회마법사 등의 데이터형식을 지원한다. 이들 데이터 형식들은 다음 절에서 보다 자세히 설명된다 (그림 3-5 참조).

(5) 데이터 형식에 대한 보다 자세한 사양, 예를 들면 필드 크기, 표현 형식 등을 필드 속성 화면에서 보다 자세히 설정한다 (그림 3-5 참조).

(6) 이와 같이 하여 모든 필드에 대하여 이름과 데이터 형식을 지정하고 나면, 저장 버턴을 클릭하여 작업한 내용을 저장한다. (또는 디자인보기에서 새 테이블 만들기 도구를 종료하면 작업한 내용을 저장할 것인가를 물어보는 화면이 나타난다. 그러면 예라고 대답하면 된다.)

작업한 내용을 저장하면 테이블의 이름을 입력하라는 화면이 나타난다. 그러면 테이블 이름을 입력하면 되는데, 이 경우에도 테이블 이름은 영어로 입력 것이 바람직하다.

(7) 테이블 이름을 부여하고 나면 (그림 3-6 참조), 주키를 지정하라는 권고 화면이 나타난다. 주키는 테이블에 레코드들을 입력할 경우, 이들 레코드들을 구별하기 위하여 사용되는 필드로서 예를 들면, Customers 테이블의 고객번호(CustomerID)와 같은 것이다. 이는 테이블 생성에서 매우 중요한 개념이므로 다음절에서 별도로 설명한다.

2.2 주키(기본키)[1] 설정하기

앞에서 소개한 테이블의 생성 과정을 살펴보면 다음과 같다.

(1) 테이블을 구성하는 필드들을 정의

(2) 테이블 이름을 부여

(3) 필드들 중에서 주키를 지정

여기서 첫 번째 단계인 필드들의 정의가 중요한 이유는 이들이 결국 테이블에 무슨 데이터들이 저장될 것인가를 결정하기 때문이다. 즉, 필드의 이름과 데이터 형식을 알아야 테이블에 데이터들을 입력할 수 있으며, 입력된 데이터들을 나중에 검색하여 활용할 수 있다. 이와 같이 테이블 구조는 필드들에 의하여 결정된다고 할 수 있다.

이러한 필드들 중에서 주키가 중요한 이유는, 테이블들에 포함된 데이터들을 레코드별로 구분할 경우, 개별 레코드들을 구별하는 것이 주키이기 때문이다. 바꾸어서 말하면 레코드들을 지칭하는 이름을 주키라고 한다.

주키의 의미

테이블을 구성하는 레코드들은 각 필드의 값에 의하여 서로 구분된다. 예를 들면, 그림 3-3의 첫 번째 레코드는 고객번호가 ALFKI이며, 회사이름이 신영상사(주)이며, 담당자이름이 한석규이며, 담당자직위가 영업사원이며,... 인 레코드이며, 두 번째 레코드는 고객번호가 ANATR이며, 회사이름이 원창(주)이며, 담당자이름이 황영순이며, 담당자직위가 대표이사이며, ... 인 레코드이다.

이와 같이 레코드를 구별하기 위하여 이들 모든 필드의 값을 모두 기억하여야 하는데, 이와 같이 모든 필드의 값을 기억하는 것은 매우 번거로우며 또한 불가능하다. 그러나, 예를 들어 담당자 이름이 한석규인 레코드와 같이 특정 필드값만을 이용하여 레코드를 추출하면 그러한 레코

1) 대부분의 데이터베이스 서적에서는 Primary Key를 주키로 번역하여 사용하고 있다. 그러나 마이크로소프트사에서는 이를 기본키로 번역하여 사용하고 있다. 따라서 Access를 예제 DBMS로 사용하고 있는 본 교재에서는 주키와 기본키라는 용어를 혼합하여 사용한다.

드가 반드시 1개만 있을지 불확실하다. 즉 담당자의 이름이 한석규인 Customers 레코드가 2개 이상 있을 수 있다. (현실적으로 같은 이름을 가진 서로 다른 사람이 다른 회사에 근무할 가능성은 충분히 있다.)

이러한 혼란을 방지하기 위하여, 일상생활에서는, 해당 고객사의 회사 이름을 사용하거나, 또는 이름이라는 것이 사람들마다 부르는 방법이 조금씩 다르거나 (예를 들면 (주)한창이라고 부르기도 하고 한창주식회사라고 부르기도 한다) 이름이 같은 회사가 2개 이상 있을 경우도 있으므로 001 회사, 002 회사와 같은 번호를 부여하거나, 특수한 부호화된 이름 (예를 들면 (주)한창을 HC로 부름)을 부여하여 관리한다.

이와 마찬가지로 데이터베이스에 저장된 레코드들도 이들을 식별하기 위하여 특수한 필드의 값을 사용하는데 이들 값을 기록한 필드를 주키 또는 기본키라고 한다. 즉 고객(Customers) 테이블에서는 고객번호(CustomerID) 필드를 각 레코드를 구별하는 주키로 사용한다. 이와 같이 테이블에 저장된 레코드들을 지칭하거나 구분하기 위하여 사용되는 필드를 주키라고 한다.

이러한 주키(기본키)는 레코드를 식별하기 위하여 다음과 같은 조건을 만족시켜야 한다.

- 주키의 값은 빈값(null)이어서는 않된다.

  주키는 레코드를 식별하는 이름이라고 할 수 있다. 그런데 만약 이름이 없으면, 그 레코드를 지칭할 수 없게 된다. 즉 이름이 없는 레코드가 존재하게 되므로 이러한 경우는 발생하여서는 않된다.

- 모든 레코드의 주키 값은 서로 달라야 한다.

  주키는 레코드들을 서로 구분하기 위하여 사용되는데, 2개 이상의 레코드의 주키값이 서로 같으면 이들 레코드들은 서로 구분할 수 없게 되므로, 이러한 경우는 발생하여서는 않된다.

복합키

보통의 경우 하나의 필드가 특정 테이블의 주키로 사용된다. 예를 들면 Customers 테이블의 주키는 고객번호(CustomerID)이며, Orders 테이블의 주키는 주문번호(OrderID)이다. 그리고 만약 우리나라의 주민등록 테이블을 만든다고 가정하면, 여러분들이 잘 알고 있는 주민번호가 주키로 사용될 것이다.

그러나 경우에 따라서는 1개의 필드만으로는 레코드들을 구분할 수 없는 경우들이 발생한다. 예를 들면, 주문상세(OrderDetails) 테이블은 각 주문별로 구입한 특정 제품의 수량과 가격, 할인율 등을 기록한다. 따라서 OrderDetails 레코드를 구분하기 위하여서는 주문번호(OrderID) 또는 제품번호(ProductID) 각각으로는 불충분하고 (즉 특정 주문번호 값을 가지는 레코드들이 여러개 있을 수 있으며, 또한 특정 제품에 대한 레코드가 여러개 있을 수 있다.), 이들 2개의 필드를 결합하여 사용하여야 한다. 이와 같이 2개 이상의 필드를 결합한 주키를 복합키라고 한다.

주키의 정의

주키도 테이블을 구성하는 필드들 중의 하나이다. 따라서 주키를 설정하기 위하여서는 다음과 같은 작업들이 필요하다.

- 먼저 테이블을 구성하는 필드이름과 데이터 형식들을 모두 입력
- 주키로 사용될 필드를 선택하여, 그림 3-7에 예시된 바와 같이, 기본키 버턴을 클릭하거나, 편집 메뉴에서 기본키를 선택

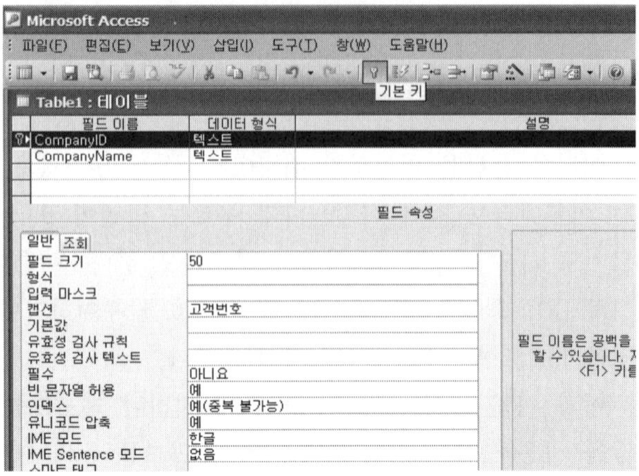

〔그림 3-7〕 주키(기본키)의 정의

만약, 2개 이상의 필드를 결합하여 주키(기본키)로 사용할 경우에는 (즉 복합키를 설정하기 위하여서는) 다음의 과정을 따른다.

- 디자인보기에서, 자판에서 Ctrl 을 누른 상태에서 2개 이상의 필드들을 선택
- 이들 필드들이 선택된 상태에서 기본키 버턴을 클릭하거나, 편집 메뉴에서 기본키를 선택
  그러면 이들 필드 앞에 모두 기본키를 나타내는 아이콘이 표시됨을 볼 수 있다 (그림 3-8 참조).

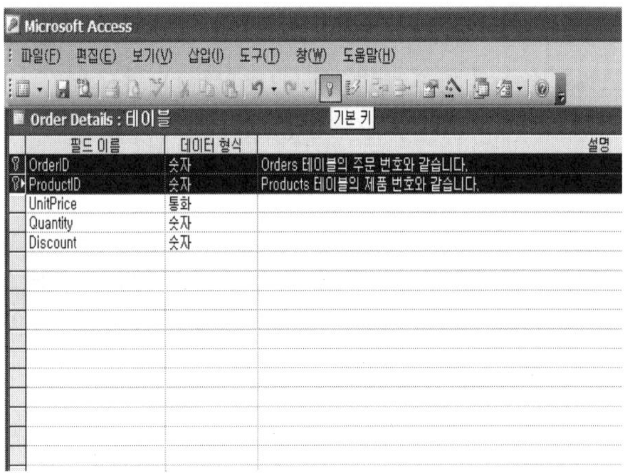

〔그림 3-8〕 복합키의 정의

만약 주키를 설정하지 않고 테이블 설계를 마치면, 그림 3-9에 표시된 바와 같이, 기본키를 정의하지 않았다는 경고 메시지가 나타나고, 기본키를 만들겠냐는 메뉴가 예, 아니오, 취소 옵션과 같이 나타난다. 이들 옵션의 의미는 다음과 같다.

- 예(Y) : Access가 자동으로 새로운 기본키를 만들어줌. 즉 새로운 필드를 만들고, 필드의 데이터 형식을 일련번호로 부여함.
- 아니오(N) : 기본키가 없는 상태로 테이블을 생성함.
- 취소 : 테이블 설계를 마치지 않고 다시 디자인 보기 화면으로 돌아감.

여기서 보통 예를 선택하기 쉬운데, 예를 선택하면, Access가 자동으로 새로운 기본키를 만들기 때문에 원래 개발자가 생각하는 기본키와 일치하지 않을 수 있다. 따라서 올바른 선택은 취소를 선택한 후, 디자인 보기화면으로 돌아간 뒤,

- 이미 정의된 필드들 중에서 하나 또는 둘 이상을 선택하여 주키(기본키)를 정의하던지,
- 이미 정의된 필드들 중에서 주키로 사용할 필드가 없으면, 새로운 필드를 추가로 정의한 후, 이를 주키(기본키)로 정의한다.

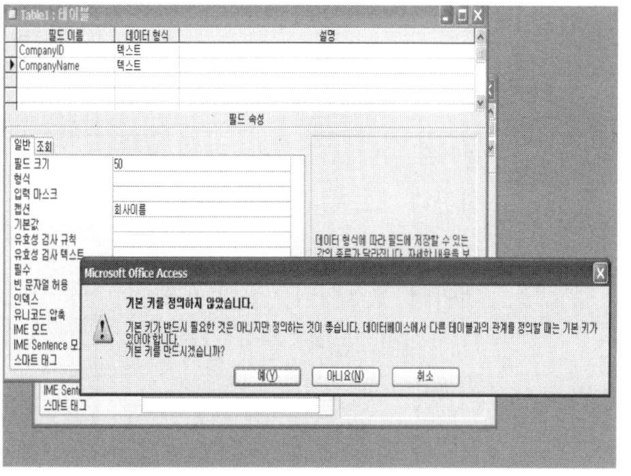

〔그림 3-9〕 기본키 경고 메시지와 선택 옵션

3절. Access의 데이터 형식

Access에서 지원하는 데이터 형식들은 그림 3-5에서 제시되었던 데이터 형식 지정 화면을 통하여 알 수 있는 바와 같이 텍스트, 메모, 숫자, 날짜/시간, 통화, 일련번호, 예/아니오, OLE 개체, 하이퍼링크, 조회마법사를 포함한다.

이들 데이터 형식들 중에서 가장 자주 사용되는 것이 텍스트, 숫자, 일련번호, 메모 등인데 이들을 자세히 설명하면 다음과 같다.

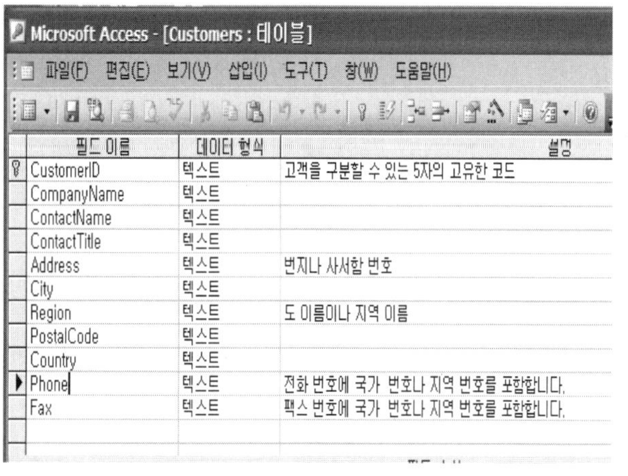

〔그림 3-10〕 텍스트 데이터 형식

3.1 텍스트

텍스트는 가장 보편적으로 사용되는 데이터 형식으로 문자들을 나타내기 위하여 사용된다.

용도 : 이름이나 코드 등과 같이 길이가 제한된 필드를 나타내기 위하여 가장 많이 사용되는 데이터 형식이다.

유의 사항 : 텍스트에 대하여서는 문자의 길이를 고려하여 필드 속성에서 필드 크기를 지정해 준다.

그림 3-10에 예시된 고객(Customers) 테이블의 우편번호, 전화번호, 팩스 등과 같은 필드들을 통하여 알 수 있는 바와 같이, 숫자로 표현되지만 연산이 직접 이루어지지 않는 필드들의 데이터 형식은 텍스트로 표시한다.

3.2 메모

용도 : 메모는 텍스트와 마찬가지로 문자로 표시되는 데이터를 표현한다. 그러나 텍스트와 달리 매우 긴 문장을 나타내는 데이터 형식이다. 설명, 코멘트, 의견 등과 같이 길이를 예측할 수 없는 데이터들을 나타내기 위하여 사용된다.

유의 사항 : 메모는 그 길이를 예측할 수 없기 때문에 필드크기를 지정하는 기능이 없다.

예를 들면, Categories 테이블에서 제품분류(CategoryName)의 데이터 형식은 텍스트로 정의하나, 내용(Description)의 데이터 형식은 메모로 정의한다. 그 이유는 내용은 매우 긴 문장이 입력될 수 있기 때문이다.

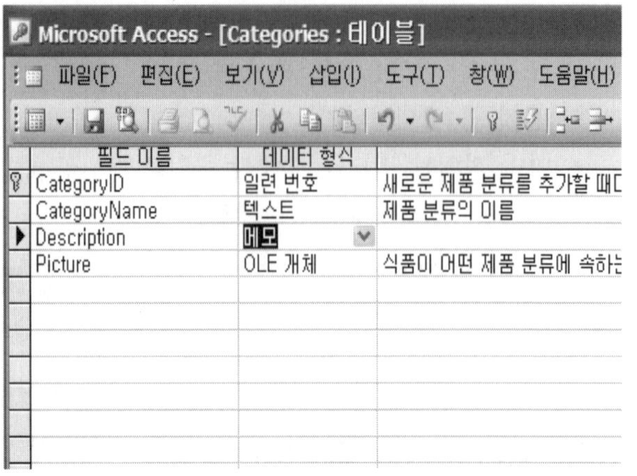

〔그림 3-11〕 메모 데이터 형식

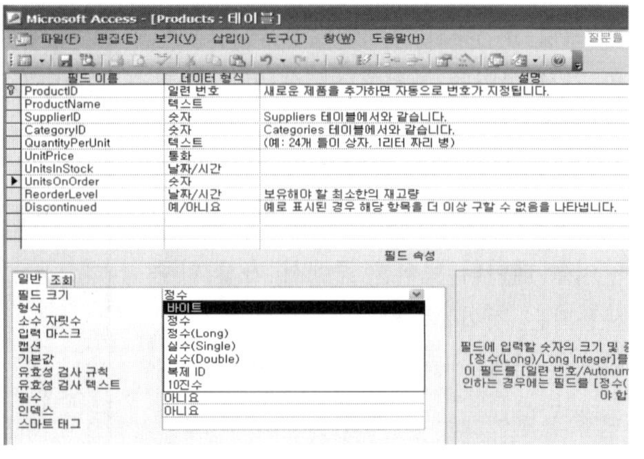

〔그림 3-12〕 숫자 데이터 형식

3.3 숫자

숫자는 텍스트와 함께 가장 보편적으로 사용되는 데이터 형식이다.

용도 : 정수(integer), 실수(real) 등의 계산을 위한 모든 숫자를 나타내기 위하여 사용된다.

유의 사항 : 숫자의 필드크기는 숫자의 유형을 선택하면 자동적으로 결정되기 때문에, 정수, 실수 등의 숫자 종류를 결정해 준다. 그리고, 그림 3-11에 예시되었던 바와 같이, 우편번호, 전화번호, 팩스 등과 같이 숫자로 표현되지만, 연산이 직접 이루어지지 않는 필드들은 숫자로 표시하지 않고 텍스트로 표시한다.

3.4 통화

용도 : 금액을 나타내기 위하여 사용된다.

유의 사항 : 통화 단위 (예, 원화, 달러 등), 금액의 표현 방법들을 필드 속성의 형식에서 정

의해 준다.

이러한 표현의 차이를 제외하고는 화폐는 숫자와 동일한 데이터 형식이라고 볼 수 있다.

3.5 일련번호

용도 : 일련번호는 레코드가 입력될 때 마다 숫자가 하나씩 증가하는 번호를 자동으로 생성해 주는 데이터 형식이다. 따라서 일련번호로 정의된 필드는 사용자가 값을 직접 입력할 필요가 없다.

유의 사항 : 일련번호는 시스템이 자동으로 번호를 만들어준다는 점에서 숫자와 다르다. 그러나 필드에 기록된 값은 정수(integer)와 같다. 따라서 일련번호의 필드 속성을 보면, 필드크기가 정수(Long)로 지정되어 있음을 알 수 있다.

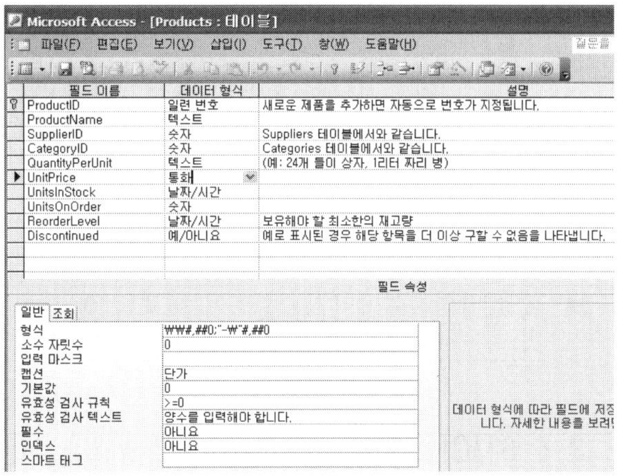

〔그림 3-13〕 통화 데이터 형식

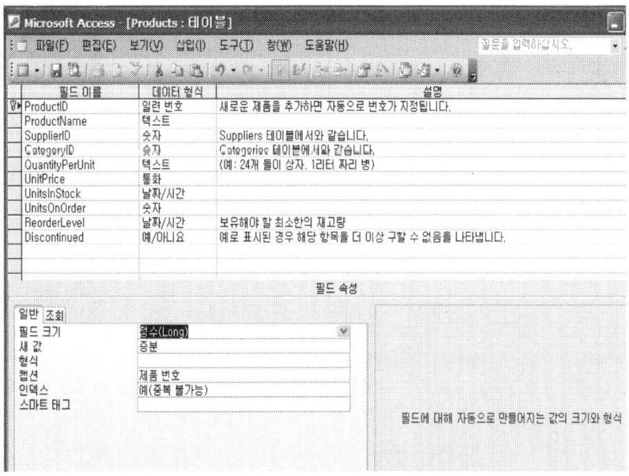

〔그림 3-14〕 일련번호 데이터 형식

이러한 일련번호는 앞에서 설명한 주키(기본키)의 데이터 형식으로 자주 사용된다. 그 이유는 가장 일반적으로 많이 사용되는 주키는 임의로 부여한 번호들이기 때문이다. 예를 들면, 학생 테이블의 주키는 학번 필드이며, 군인 테이블의 주키는 군번 필드이며, Customers 테이블의 주키는 고객번호(CustomerID)이며, Orders 테이블의 주키는 주문번호(OrderID)이며, Employees 테이블의 주키는 직원번호(EmployeeID)이다. 그러나 이들 필드의 데이터 형식이 모두 일련번호인 것은 아니다. 이들 중에서,

- 노스윈드 예제 데이터베이스의 직원번호(EmployeeID)와 주문번호(OrderID)는 새로운 레코드가 추가될 때마다 값이 1씩 증가하는 일련번호이다.
- 고객번호(CustomerID)는 일련번호가 아니라 임의의 문자열로 구성된 텍스트이며, 일상적으로 경험하는 학번, 군번들도 특정한 법칙에 따라 부여된 번호로서 일련번호가 아니다.

따라서 번호 또는 ID의 데이터 형식을 지정할 때, 이를 일련번호로 할 것인지 또는 텍스트로

할 것인지를 유의하여야 한다. 이때 이들 번호들이 자동으로 부여되는지, 또는 직접 입력하여야 하는지에 따라 다르게 정의되는데, 일반적으로

- 자동으로 부여될 경우에는 일련번호로 정의하여야 하며,
- 직접 입력하여야 하는 경우에는 텍스트로 정의하여야 한다.

3.6 예/아니오

용도 : 예/아니오는 이분값(binary value)을 나타내는 데이터 형식이다. 즉 2개의 값들 중에서 1개 값을 가지며, 형식은 주로 Yes/No, True/False, On/Off 등의 값으로 표시된다.

유의 사항 : 예/아니오는 2개의 값들 중에서 1개를 선택하는 것이기 때문에, 대부분의 경우, 선택하지 않았을 경우 무슨 값이 입력될 것인가를 나타내는 기본값을 필드 속성에서 정의해 준다.

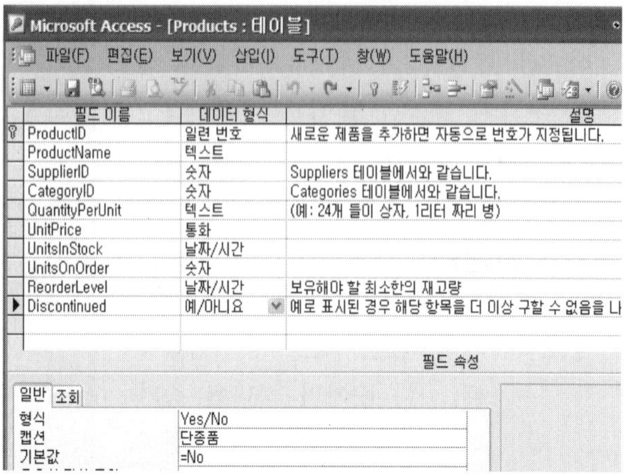

〔그림 3-15〕 예/아니오 데이터 형식

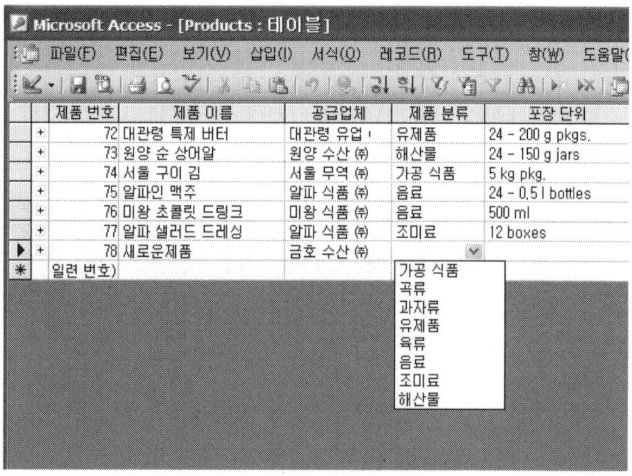

〔그림 3-16〕 조회마법사를 이용한 데이터의 입력 화면

3.7 조회마법사

용도 : 다른 테이블에 저장된 데이터들을 조회하여, 조회된 값을 가져와서 해당 필드에 입력하는 데이터 형식이다. 따라서 이는, 엄밀한 의미로 볼 때, 데이터 형식이라기보다는 데이터 값을 입력하는 방법이라고 할 수 있다.

유의 사항 : 조회해서 가져올 데이터 값들은 먼저 다른 테이블에 저장되는 것이 일반적이다. 따라서 조회마법사를 사용하여 정의한 필드의 데이터 형식은 자동으로 만들어진다. 그리고 어디서 무슨 데이터들을 조회해 오는가는 필드 속성의 조회에 대한 속성에서 행 원본이 무엇인가로 정의된다.

예를 들면, 제품(Products) 테이블에서 제품분류(CategoryID) 필드에는 Categories 테이블에서 이미 정의한 8가지 제품분류의 값이 입력된다. 따라서 제품분류의 값인 가공식품, 곡류, 과자류, 유제품, 육류, 음료, 조미료, 해산물을 직접 입력하여도 되나, 조회마법사를 이용하면 이들 값들이 자동으로 입력화면에 나타나고 이중의 하나를 선택하면 값이 입력된다 (그림 3-16 참조).

이렇게 조회마법사를 사용할 경우, 제품분류(CategoryID)의 데이터 형식은 조회마법사로 정의되는 것이 아니라, 제품분류의 값을 가져오는 원 테이블인 Categories 테이블의 분류번호(CategoryID)의 데이터 형식인 숫자로 정의되며, 필드 크기는 분류번호(CategoryID)가 일련번호이었으므로 일련번호의 숫자 크기인 정수(Long)로 정의됨을 알 수 있다 (그림 3-17 참조).

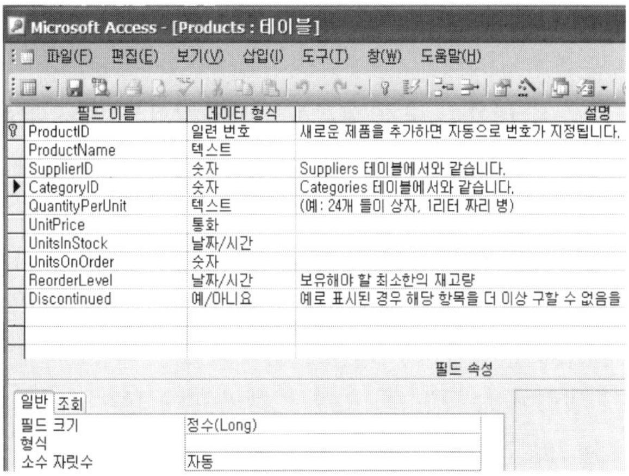

〔그림 3-17〕 조회마법사로 정의한 필드의 데이터 형식

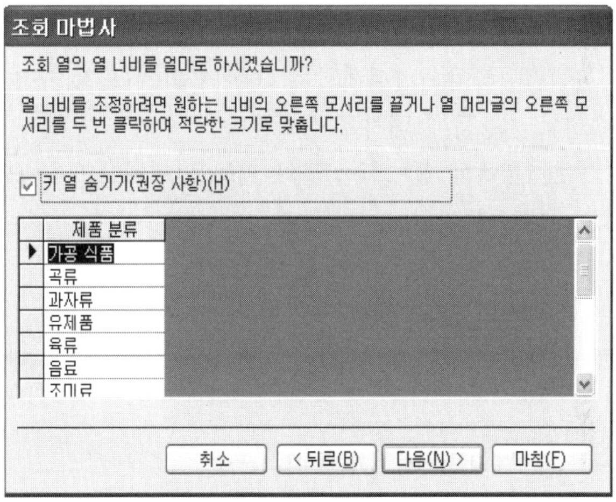

〔그림 3-18〕 조회마법사에서 키열 숨기기

여기서 그림 3-16의 데이터 입력화면은 제품분류(CategoryName)가 표시되나, 저장되는 필드의 데이터 형식은 분류번호(CategoryID)로 저장되는 이유는 Access에서 조회마법사를 이용하여 분류번호(CategoryID)의 데이터 형식을 정의할 때, 키열 숨기기를 하여 분류번호(CategoryID)를 숨겼기 때문이다. 즉 저장되는 값은 분류번호(CategoryID)값이 저장되고, 화면에 표시되기로는 해당 분류번호(CategoryID)에 대응하는 제품분류(CategoryName)이 표시된다 (그림 3-18 참조).

4절. 필드 속성의 정의 및 활용

제2절 테이블 구조 설계하기에서 살펴본 바와 같이, 〔디자인보기에서 새 테이블 만들기〕 도구를 이용하여 테이블을 생성할 경우, 각 필드들에 대하여 필드 이름과 데이터 형식뿐만이 아니라 다양한 필드 속성들을 정의할 수 있다. 즉, 필드 크기, 형식, 입력 마스크, 유효성 검사규칙 등과 같은 필드 속성들을 부여할 수 있는 기능이 있다.

필드 속성들은 해당 필드에 입력되는 데이터의 형식이나 내용을 보다 구체적으로 규정함으로써 보다 정확한 데이터들이 입력되도록 하기위하여 사용된다. 이러한 필드 속성들을 잘 이해하기 위하여서는 다음과 같은 이해가 필요하다.

- 테이블을 구성하는 필드들을 잘 정의하기 위하여 이론적으로 무슨 사양(specification)들이 정의되어야 하는 가
- 이들 필드에 대한 사양들을 Access의 필드 속성을 사용하여 실제로 어떻게 표현할 수 있는가

이를 위하여 3.1절에서는 테이블의 이론적 구조를 살펴보고, 이어서 3.2절 이후에서는 필드 속성의 기능들에 대하여 살펴본다.

Access에서 필드 속성들의 기능을 살펴보면 크게 다음과 같이 나누어진다.

- 데이터 입력 형식 제한
- 다른 테이블 데이터를 조회하여 이용
- 데이터 표현 형식
- 데이터의 검색 인덱스

4.1 테이블의 이론적 구조

테이블의 구조를 다시 한번 살펴보면, 그림 3-19에 표시된 바와 같이, 필드들이 모여 있는 것이 레코드이며, 이러한 레코드들이 모여 있는 것이 테이블이다.

따라서 테이블 구조를 정의하기 위하여서는

- 필드들을 정의 (즉, 필드 이름과 데이터 형식을 정의)하여야 하며,
- 이에 추가하여, 어느 필드가 (또는 필드들이) 주키로 사용될 것이가를 지정하여야 한다.

이와 같이 테이블의 구조를 생성하기 위하여서는 필드와 주키를 정의하는데, 이는 제1절 테이블 생성하기에서 자세히 살펴보았다. 그러나 그림 3-19에서 살펴보면, 각 필드별로 도메인(domain, 속성치 영역)이 대응하는 것을 볼 수 있다.

도메인은 이론적으로 테이블을 구성하는 중요 구성요소들 중의 하나이다. 그러나 Access와 같은 대부분의 DBMS에서는 직접 도메인을 정의할 수 있는 방법이 없다. 그러나 보다 정확한 값들을 기록하고 관리하기 위하여서는 도메인을 별도로 관리하여야 하며, 이에 대한 이해가 반

드시 필요하다.

도메인은 필드값들의 집합이라고 할 수 있는데, 데이터 형식보다 구체적으로 필드값을 정의한다.

예를 들어 '우편번호'라는 필드는 '136-702', '411-370' 등의 값을 가질 수 있다. 그러나 3자리 숫자와 3자리 숫자를 연결하였다고 하여 모두 우편번호는 아니다. 이와 같이 특정 필드에 대하여 필드값이 될 수 있는 가능한 값들을 모두 모아놓은 집합을 속성치 영역 또는 도메인(domain)이라 한다.

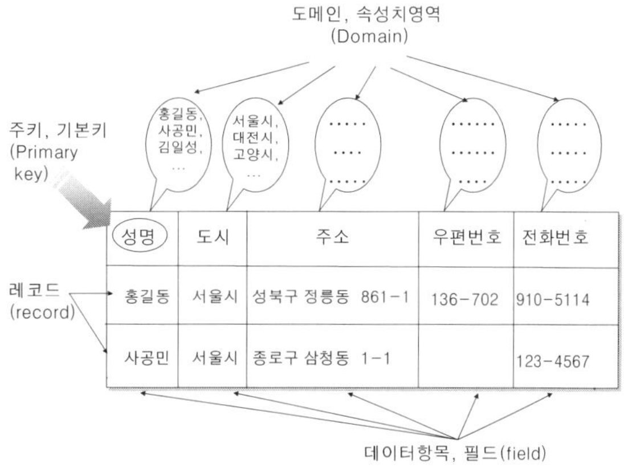

〔그림 3-19〕 테이블의 이론적 구조

대학교에서 과목 성적이 A+, A 등의 문자로 표시된다고 가정할 경우, 과목성적의 도메인은 다음과 같이 정의된다.

- dom(과목성적) = {A+, A, B+, B, C+, C, D+, D, F}

예시된 바와 같이 도메인은 일반적으로 이야기하는, 데이터 형식보다 제한적이다. 과목성적의 데이터형식은 2자리 문자로 정의할 수 있다.

- 데이터형식(과목성적) = 텍스트, 필드크기 2자리

이에 비하여 과목 성적의 도메인은 이미 설정된 과목성적 등급만을 포함한다. 따라서 J, K+, Q 등은 도메인에 포함되지 않으며, 과목성적의 값이 될 수 없다.

이와 같이 도메인은 실제로 입력될 수 있는 필드값들만을 포함한다. 따라서 만약 각 필드에 대하여 도메인을 정의할 수 있으면, 입력될 수 없는 값들이 입력되는 오류를 원천적으로 방지할 수 있다. 그러나 Access는 필드들에 대하여 도메인을 정의할 수 있는 기능이 없다. 다만 필드 속성들을 이용하여 도메인에 포함된 필드값들과 가장 유사한 값들만이 입력되도록 제한할 수 있다.

4.2 필드 속성을 이용한 데이터의 입력 형식 정의

Access는 데이터 형식별로 다양한 필드 속성들을 제공한다. 이러한 필드 속성들을 이용함으로써 보다 편리하게 데이터들을 입력하고 관리할 수 있다. 이를 필드의 도메인과 연계하여 설명하면, Access 에서는 도메인을 정의하고 이를 이용하여 도메인에 포함된 필드값들만이 입력되도록 할 수는 없지만, 필드 속성들을 이용하여 도메인에 가장 비슷한 형태의 데이터들만이 입력되도록 제한할 수 있다.

데이터 입력을 제한하기 위하여 사용되는 필드 속성들을 개략적으로 살펴보면 다음과 같다.

필드 크기

필드 크기는 해당 필드의 크기 즉 길이를 제한할 때 사용한다. 데이터 형식별로 의미하는 바가 다를 수 있는데 대표적인 데이터 형식들에 대하여 필드 크기가 사용되는 형태를 살펴보면 다음과 같다.

〔표 3-1〕 필드 크기의 사용 용도

데이터 형식	용 도
텍스트	문자의 길이를 제한한다. 즉 최대 입력될 수 있는 문자의 길이를 나타낸다.
메모	해당사항 없음 (메모는 매우 긴 문장을 나타내는 데이터 형식이므로 추가로 필드크기는 지정하지 않는다.)
숫자	숫자의 데이터 형식을 지정한다. 즉, 다음의 숫자 표현 방법들 중에서 하나를 지정한다. • 정수(integer) • 정수(long) • 실수(real) • 실수(double) • 십진수(decimal)
날짜/시간	해당사항 없음 (날짜/시간은 숫자의 표현 방법들 중의 하나이므로 추가로 필드크기는 지정하지 않는다.)
통화	해당사항 없음 (통화는 숫자의 표현 형식들 중의 하나이므로 추가로 필드크기는 지정하지 않는다.)
일련번호	해당사항 없음 (일련번호는 숫자의 표현 방법중 정수(long)로 표시된다.)
예/아니오	해당사항 없음
조회마법사	해당사항 없음 (조회되는 원본 데이터 필드의 데이터 형식으로 지정됨)

형식

형식은 데이터가 화면에 표시되는 방법을 정하는 속성이다. 필드의 표현 형식은 형식 속성을 사용할 수도 있지만 다음에 소개되는 입력마스크를 사용하여 보다 구체적으로 지정할 수도 있다.

〔표 3-2〕 형식의 사용 용도

데이터 형식	용 도
텍스트	해당사항없음.
메모	해당사항 없음
숫자	숫자의 데이터 형식을 지정한다. 즉, 다음의 숫자 표현 형식들 중에서 하나를 지정한다. • 일반숫자 • 통화 • 고정 • 표준 • 백분율 • 공학용
날짜/시간	날짜와 시간의 표현 형식을 지정한다. 가장 많이 사용되는 형식은 yyyy-mm-dd으로 표시되는 간단한 날짜 형식이다. • 기본날짜 • 자세한 날짜 • 보통날짜 • 간단한 날짜 • 자세한 시간 • 보통시간 • 간단한 시간
통화	해당사항 없음 (통화는 숫자의 표현 방법들 중의 하나이므로 추가로 필드크기는 지정하지 않는다.)
일련번호	해당사항 없음 (일련번호는 숫자의 표현 형식중 정수(long)로 표시된다.)
예/아니오	이진값을 나타내는 형식들 중에서 하나를 지정한다. • True/False • Yes/No • On/Off
조회마법사	해당사항 없음 (조회되는 원본 데이터 필드의 데이터 형식으로 지정됨)

입력마스크

입력 마스크는 필드 크기나 형식보다 구체적으로 데이터의 입력과 표현 형식을 제약할 수 있는 방법을 제공한다.

예를 들면, 주민등록번호는 (숫자여섯자리)-(숫자일곱자리)의 형식으로 표현된다. 만약 이러한 구체적인 형식을 표현할 수 있으면 일반적으로 13자리 숫자나 14자리 문자 등으로 필드의 크기를 지정하는 것보다 훨씬 많은 장점을 갖는다.

이러한 장점을 구체적으로 살펴보면,

- 데이터 입력 화면을 제공할 수 있다 : 데이터의 필드 크기와 중간에 입력 데이터들을 분리하는 문자들을 직접 표현함으로써, 보다 사용자 친화적인 입력 화면을 제공할 수 있다.
- 데이터의 입력 오류를 줄일 수 있다 : 보다 사용자 친화적인 입력 화면을 통하여 입력 오류를 줄일 수 있다.

입력 마스크의 지정 방법은 마법사를 이용하여 데이터형식별로 이미 정해진 형식들을 자동으로 나타내기 위한 입력마스크를 선택하는 방법과 사용자가 임의로 새로운 형식의 입력 마스크를 작성하는 2가지 방법이 있다.

- 입력 마스크 마법사를 이용한 입력 마스크 지정

(1) 입력마법사를 실행하기 위하여서는 필드 속성들 중에서 입력마법사 속성의 [...]를 클릭하면 입력 마스크 마법사 창이 실행된다 (그림 3-20참조)

(2) 입력 마스크 마법사창에서 해당 데이터 형식에서 사용할 수 있는 표현 형식들 중에서 하나를 선택하면 이에 대응하는 입력 마스크의 표시문자가 자동으로 만들어진다. (그림 3-20참조)

(3) 자동으로 생성된 입력마스크 표시문자를 수정없이 사용하기 위하여서는 다음을 클릭하고, 종료화면에서 마침을 클릭하면 자동으로 입력마스크 표시문자가 만들어진다. (그림 3-21참조).

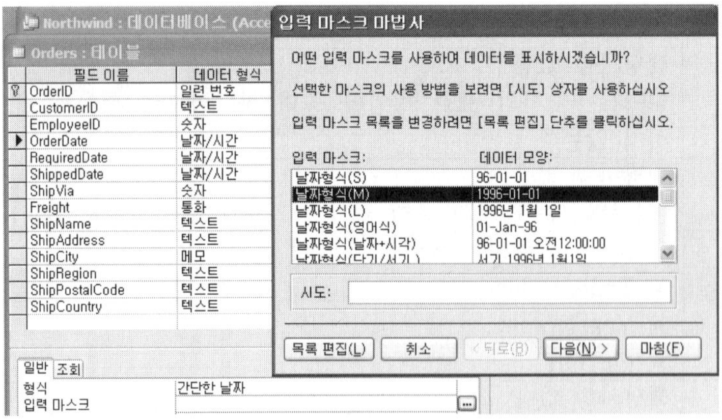

[그림 3-20] 입력 마스크 목록 선택 화면

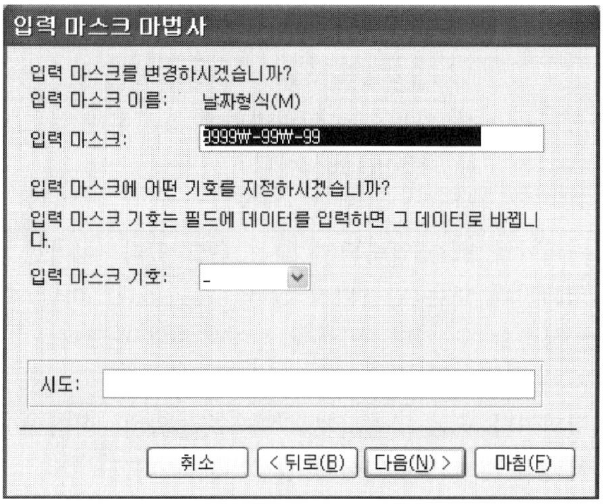

〔그림 3-21〕 입력마스크 자동 생성 화면

- 입력 마스크 표시문자를 이용한 입력 마스크 지정

입력마법사를 그대로 사용하지 않고 사용자들이 원하는 형식으로 임의의 마스크를 작성할 수 있다. 새로운 입력 마스크를 만드는 과정은 다음과 같다.

(1) 입력마스크 마법사 창에서 〔목록 편집(L)〕을 클릭하여 새로운 마스크를 만든다.

(2) 이렇게 만들어진 마스크를 선택하여 사용한다. 그림 3-22는 주민등록번호를 위한 입력마스크를 편집하는 화면을 나타낸다.

임의의 마스크를 작성하기 위하여서는 입력 마스크 표시문자를 사용하는데, 대표적인 표시문자들을 살펴보면 다음과 같다.

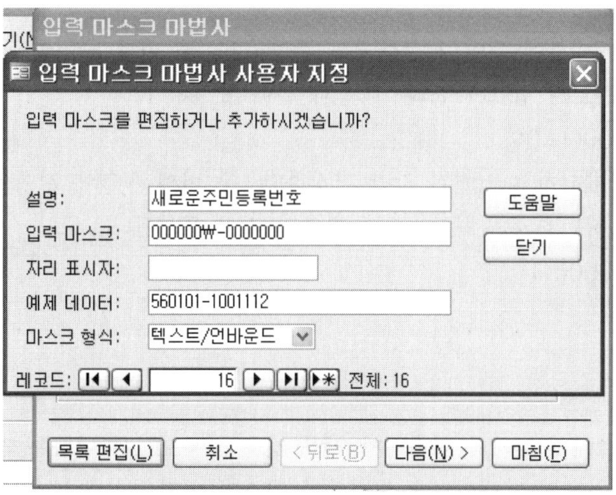

〔그림 3-22〕 새로운 입력마스크의 편집 화면

〔표 3-3〕 입력마스크의 표시문자

문자	용 도
\	뒤에 따라오는 문자를 자동으로 입력화면에 표시한다. 예를 들면 \- 는 '-'를 화면에 표시한다.
0	반드시 숫자가 입력되어야 함을 표시한다.
9	숫자가 입력되거나 또는 입력되지 않을 수도 있다. 이러한 점에서 0과 다르다.
#	숫자가 입력되거나 또는 입력되지 않을 수도 있다. 다만 숫자 입력시 + 기호나 -기호를 사용할 수 있다. 이러한 점에서 9와 다르다.
L	반드시 문자가 입력되어야 함을 표시한다.
?	문자가 입력되거나 또는 입력되지 않을 수도 있다. 이러한 점에서 L과 다르다.
A	반드시 문자나 숫자가 입력되어야 함을 표시한다. 문자와 숫자를 모두 포함한다는 점에서 위에서 제시된 표시문자들과 다르다.
a	문자나 숫자가 입력되거나 또는 입력되지 않을 수도 있다.
&	모든 문자나 공백을 입력할 수 있으며, 반드시 입력되어야 함을 표시한다. 즉 '\', '-' 등과 같은 자리표시자들도 직접 입력할 수 있다.
C	모든 문자나 공백을 입력할 수 있으며, 입력하지 않을 수도 있다.

입력마스크를 통하여 데이터를 입력하면, 자리표시자를 입력된 데이터와 같이 저장할 수도 있으며, 자리 표시자는 제외하고 입력된 값만 저장할 수도 있다. 이러한 선택은 입력마스크 마법사를 실행하는 과정에서 선택하면 되며, 선택결과에 따라 인벽마스크의 2번째 구역이 다르게 표시된다.

두 번째 구역의 표시방법은 다음과 같다.

- 자리표시자를 테이블에 같이 저장하도록 지정하면, 두 번째 구역이 0으로 표시된다. 예를 들면 주민등록번호의 입력마스크는 다음과 같이 표시된다.
  000000\-0000000;0;_
- 자리 표시자를 제외하고 입력된 값만 저장하면, 두 번째 구역에 값이 표시되지 않는다. 예를 들면 주민등록번호의 입력마스크는 다음과 같이 표시된다.
  000000\-0000000;;_

기본값

기본값은 해당 필드에 데이터가 입력되지 않을 경우 자동으로 부여하는 값이다.

- 기본값을 지정하지 않고 데이터를 입력하지 않으면 빈값(null)이 저장된다.
- 기본값을 지정하면, 데이터가 입력되지 않을 경우 기본값이 저장된다.

가장 자주 사용하는 기본값

- 숫자의 경우는 0
- 텍스트의 경우는 space(' ')
- 예/아니오의 경우는 2개의 값 중에서 하나

기본값을 통하여 알 수 있는 바와 같이, 우리가 일상적으로 같은 것으로 취급하는 0이나 space(' ')와 빈값(null)은 같은 값이 아님을 알 수 있다. 이들의 차이를 살펴보면 다음과 같다.

- 0은 0이라는 값이 입력된 것이며, space(' ')는 space(' ')가 입력된 값이다.
- 빈값은 값이 입력되지 않아서 무슨 값인지를 모르는 경우이다. 따라서 빈값은, 숫자의 경우, 0이 될 수도 있으며, 10,000이 될 수도 있다. 즉 해당 필드에 입력될 수 있는 임의의 값들 중에서 하나가 될 수 있다.

유효성 검사 규칙 및 유효성 검사텍스트

유효성 검사규칙은 입력되는 데이터들이 반드시 충족시켜야 하는 법칙을 지정하는 필드 속성이다. 유효성 검사 규칙의 예들을 살펴보면,

- 나이가 음수일 수 없으므로 '>= 0'의 규칙을 만족시켜야 하며,
- 할인율은 0보다 크고 1보다는 작아야 하므로 'Between 0 And 1'의 규칙을 만족시켜야 한다.

그림 3-23은 주문상세(OrderDetails) 테이블에서 Discount 필드의 유효성 검사규칙을 지정하는 화면을 표시한다.

유효성 검사 텍스트는 유효성 검사규칙을 위반한 데이터가 입력될 경우 화면에 표시하는 경고 메시지를 나타낸다.

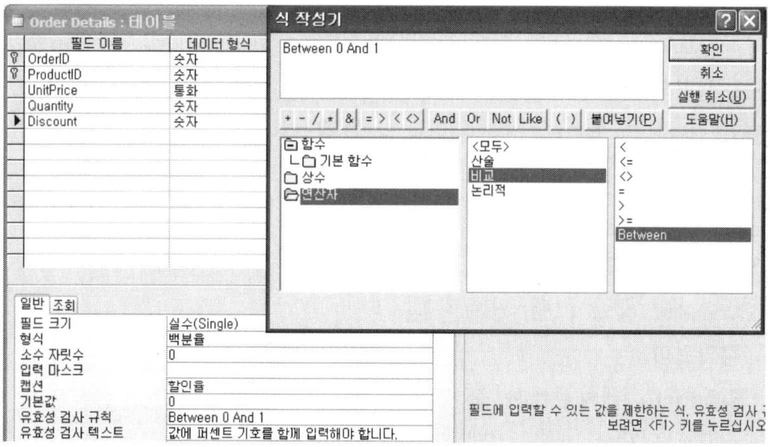

〔그림 3-23〕 유효성 검사규칙 작성화면

필수

필수는 해당 필드의 값이 반드시 입력되어야 하는지 또는 빈값(null)이 입력되어도 가능한지를 나타낸다. 앞에서 설명한 바와 같이, 입력마스크를 이용하여 입력 데이터의 형식과 자릿수들을 지정할 수 있다. 그러나 입력 마스크를 사용하지 않고 다만 필수 입력 여부만을 지정하기 위하여서는 필드 속성의 필수 속성을 사용한다.

필수는 예/아니오의 2가지 값중에서 하나를 선택한다.

- 예 : 해당 필드의 값이 모든 레코드에 대하여 입력되어야 하는 경우이다. 주키(기본키)로 지정된 필드는 반드시 필수 입력으로 지정되어야 한다.
- 아니오 : 해당 필드의 값이 모든 레코드에 대하여 반드시 입력될 필요가 없는 경우이다. 이 경우 해당 필드의 값은 빈값(null)으로 저장된다. Access에서는 필드를 생성하면, 필수 속성은 '아니오'로 지정된다.

인덱스

인덱스는 테이블의 저장 방법을 지정하는 필드 속성이다. 데이터의 저장 방법과 인덱스의 생성 여부는 데이터베이스의 성능에 매우 중요한 영향을 미치므로 이하 3.4절에서 별도로 다룬다.

4.3 필드 속성의 조회 기능을 이용한 데이터 입력 형식 정의

Access의 데이터 형식중에서 조회마법사라는 형식이 있었음을 기억할 것이다. 조회마법사는 다른 테이블에 저장된 데이터들을 조회하여, 조회된 값을 해당 필드에 입력하는 데이터 형식이다. 따라서 이는, 엄밀한 의미로 볼 때, 데이터 형식이라기보다는 데이터 값의 입력 방법이라고 설명하였다.

조회마법사를 이용하면, 데이터 형식은 조회하여 가져오는 필드의 데이터 형식과 같이 정의되고, 다만 어디서 무슨 데이터들을 조회해 오는가는 필드 속성의 조회에 대한 속성들 중에서 행 원본이 무엇인가로 정의된다.

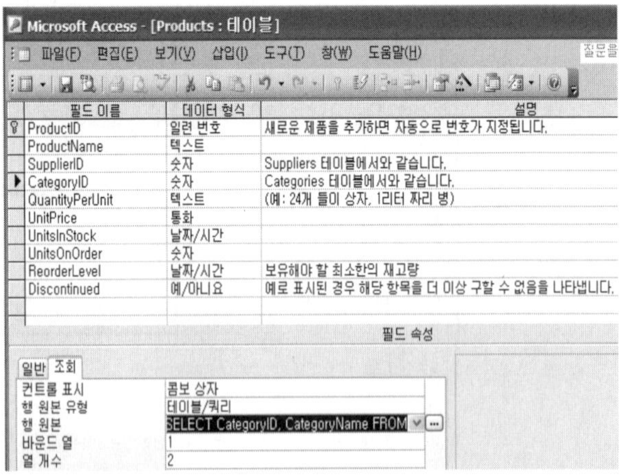

〔그림 3-24〕 조회마법사의 행 원본 표시

예를 들면, Products 테이블에서 분류번호(CategoryID)는 Categories 테이블에서 이미 정의한 8가지 제품분류의 분류번호 값이 입력된다. 따라서 직접 제품분류의 값인 가공식품, 곡류, 과자류, 유제품, 육류, 음료, 조미료, 해산물을 입력하여도 되나, 입력의 편의를 위하여 이들 값들이 자동으로 입력화면에 나타나도록 하여 이중의 하나를 선택하도록 만들어져 있다. 이렇게 데이터 형식을 정의하였을 경우, 분류번호(CategoryID)의 필드 속성 중에서 조회 속성의 행원본을 보면, 무슨 테이블로부터 무슨 필드들을 조회해 오는가를 나타내는 SQL 문장이 기록되어 있음을 볼 수 있다.

(여기서 표시된 SQL 문장은 다음과 같다.

SELECT CategoryID, CategoryName FROM Categories ORDER BY CategoryName;

이는 Categories 테이블로부터 CategoryID 필드와 CategoryName 필드를 조회하여 가져오는데 조회결과를 CategoryName 순서로 정렬하라는 뜻이다.

이에 대응하는 쿼리 화면 (쿼리화면은 행 원본을 클릭하면 나타남)은 제6장 데이터검색하기에서 공부할 내용이므로, 여기서는 다만 이들이 무슨 테이블로부터 무슨 필드들을 조회해 오는가를 나타내는 것이라고 이해하기로 한다.)

그리고, CategoryID의 행 원본에는 SELECT하는 열이 CategoryID와 CategoryName인데 입력화면에는 제품분류(CategoryName)만 표시되고, 저장되는 값은 분류번호(CategoryID)만 저장되는 것은 제2절 Access의 데이터 형식에서 설명한 바와 같이, 조회마법사를 이용하여 CategoryID의 데이터 형식을 정의할 때, 키열 숨기기를 하여 CategoryID를 숨겼기 때문이다.

이러한 점에서 조회 마법사는 도메인을 가장 충실하게 반영할 수 있는 방법이다. 즉, 해당 필드에 대하여 입력될 수 있는 모든 값들을 다른 테이블 (즉 도메인을 나타내는 테이블)에 저장하고, 이 테이블을 조회하여 이중 하나를 선택하여 필드 값으로 입력하게 함으로써, 도메인을 나타내는 테이블에 포함된 값들만이 필드 값으로 입력되도록 할 수 있다.

이와 같이 조회마법사를 이용하여 Access가 특정 필드의 도메인을 지원하는 것처럼 데이터를 입력할 수 있다.

예를 들면, 수하인국적(ShipCountry) 필드의 값은 노스윈드 데이터베이스에서는 텍스트로 입력된다. 그러나 이렇게 입력할 경우,

- 입력된 데이터 값이 서로 다를 수 있다. 예를 들면, 대한민국을 '대한민국'으로 입력할 수 있으나, '한국', '남한', 'Korea', 'Republic Of Korea', 'South Korea' 등 다양한 형태로 입력할 수 있기 때문에, 동일한 데이터가 서로 다른 값으로 표현되는 문제가 발생할 수 있다.
- 데이터의 입력 오류들이 발생할 수 있다. 예를 들면, '대한미국'이나 '대안민국' 등과 같은 입력 오류 등이 발생할 수 있다.
- 그리고 상품이 배송되지 않는 국가의 필드값이 입력될 수도 있다. 예를 들면, 이라크전으로 노스윈드사는 이라크로 배송되는 상품 주문은 받지 않는다고 가정하자. 그러나 주문 수주를 담당하는 사원이 잘못하여 이라크로 선적되는 주문을 입력할 수 있다. 이는 수주하여

서는 않되는 주문을 수주하였기 때문에 이후 주문 처리상에서 여러 가지 문제를 수반하게 된다.

이러한 입력오류를 방지하고 정확한 수하인국적들만이 입력되도록 하기 위하여서는, 수하인국적 필드의 도메인을 나타내는 테이블을 만들고, 이 도메인에 포함된 국가들만을 필드값으로 입력될 수 있도록 하면 된다. 이를 위하여,

(1) 노스윈드사에서 주문을 선적할 수 있는 국가들만을 기록한 국가목록 테이블을 작성한다. 해당 목록 테이블에서 국가명은 노스윈드사에서 사용하는 표준이름으로 기록한다. 그리고 필요하면 국가별로 코드를 부여하여 이를 주키로 사용한다.

(2) 수하인국적 필드에 입력되는 값은 국가목록 테이블에 포함된 국가들을 조회하여 이들중에서 하나를 선택하여 입력하도록 한다. 국가목록 테이블을 조회하여 필드값을 입력하기 위하여서는 데이터형식에서 살펴본 조회마법사를 이용한다.

이 예제에서 국가목록 테이블은 내용적으로 수하인국적 필드의 도메인이라고 볼 수 있다. 이와 같이 다른 테이블을 조회하여 피드값을 입력할 수 있는 기능을 이용함으로써,

- 각 필드별로 입력될 수 있는 값들만을 모아놓은 도메인 테이블을 만들고,
- 이를 필드에 대응시킴으로써 입력 오류가 발생하는 것을 원천적으로 방지할 수 있다.

4.4 필드 속성을 이용한 데이터의 저장 방법 정의 - 인덱스

Access에서 테이블을 구성하는 레코드들은 특정 기준에 따라 저장매체에 저장된다. 즉, .mdb 데이터베이스 파일 안에는 여러 테이블들의 레코드들이 저장된다. 이들 레코드들을 테이블이나 쿼리의 데이터쉬트보기 화면을 통하여 보거나 폼이나 보고서 등을 통하여 보기 위하여서는 해당 레코드들이 파일의 어디에 저장되어 있는가를 나타내는 저장위치를 알아야 한다.

예를 들어, 그림 3-25의 Customers 테이블에서 주소가 서울특별시인 레코드들을 검색하기 위하여서는 주소가 서울특별시인 레코드들이 저장된 위치를 알아야만 이 레코드들을 읽어 들일 수 있다. 만약 레코드의 저장위치를 모르면, 해당 레코드를 직접 찾아가는 것이 불가능하다. 이러한 경우에는 Customers 테이블이 저장된 위치를 알아서 테이블에 포함된 모든 레코드들을 순차적으로 읽어 들여야 한다. 따라서 많은 노력과 시간이 소요된다.

이와 같이 데이터베이스에서 특정 레코드 또는 레코드들을 쉽게 찾아내기 위하여 각 레코드들의 저장위치를 목록화하여 놓은 것을 인덱스(index)라고 한다. 즉, 인덱스는 특정 필드에 대하여 데이터값별로 해당 레코드의 위치를 쉽게 찾을 수 있도록 기록한 것이다.

인덱스는, 우리가 Access에서 직접 볼 수는 없지만, 별도의 테이블로 저장된다. 예를 들면, 그림 3-26에 예시된 바와 같이, 도시명 인덱스 테이블이 있고,

- 주소 인덱스 테이블의 첫 번째 열은 주소의 필드값(즉, '서울특별시', '광주광역시', '부산광

고객 번호	회사 이름	담당자 이름	담당자 직위	주소	도시명
ALFKI	신영상사 ㈜	한석규	영업 사원	가장동 78-3	상주시
ANATR	원창 ㈜	황영순	대표 이사	서초구 방배동 883-11	서울특별시
ANTON	동광 통상 ㈜	조자룡	대표 이사	강서구 내발산동 318	서울특별시
AROUT	경성 트레이딩 ㈜	구재석	영업 사원	남구 연수동 208-16	인천광역시
BERGS	정금 상사 ㈜	최영희	영업 과장	서구 도마동 110-6	대전광역시
BLAUS	협우 상사 ㈜	손미선	영업 사원	서대문구 남가좌 1동 121	서울특별시
BLONP	베네디스 유통 ㈜	장선희	마케팅 2과장	영등포구 당산동 3가 16	서울특별시
BOLID	삼화 상사 ㈜	정영일	대표 이사	부산진구 당감 3동 611-3	부산광역시
BONAP	서주 무역 ㈜	문익한	대표 이사	용산구 갈월동 116-7	서울특별시
BOTTM	태강 교역 ㈜	문흥미	경리 과장	사하구 신평동 701-29	부산광역시
BSBEV	월드 링크 ㈜	이강주	영업 사원	구산동 17-111	김해시
CACTU	혜성 백화점 ㈜	박광준	영업 사원	강남구 대치동 315-11	서울특별시
CENTC	진주 백화점 ㈜	홍성주	마케팅 1과장	남동구 간석 3동 270-8	인천광역시
CHOPS	동남 상사 ㈜	강태준	대표 이사	강남구 청담동 115	서울특별시
COMMI	대진 상사 ㈜	천용만	영업 사원	노원구 공릉동 178	서울특별시
CONSH	ITM ㈜	남궁익선	영업 사원	소하동 11-3	광명시
DRACD	극동 무역 ㈜	강민수	영업 과장	송파구 잠실동 220	서울특별시
DUMON	양정 물산 ㈜	주진국	대표 이사	강동구 성내동 143	서울특별시

〔그림 3-25〕 Customers 테이블

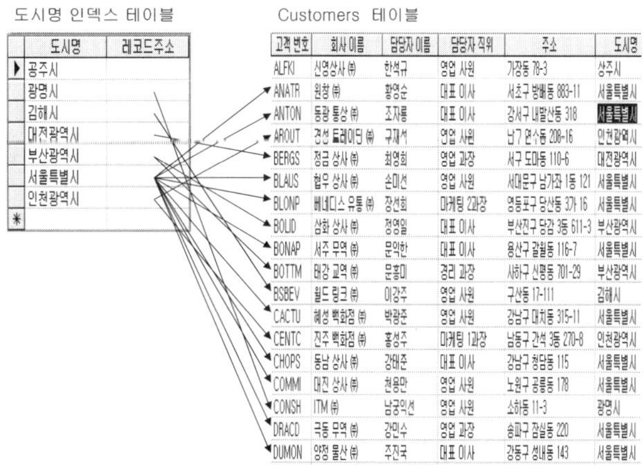

〔그림 3-26〕 도시명 인덱스 테이블

역시' 등의 값)들을 나타내고,

- 두 번째 열은 Customers 레코드의 도시명이 '서울특별시', '부산광역시' 등인 레코드들의 저장위치를 나타내는 레코드주소가 기록되어 있다.

인덱스는 테이블을 구성하는 임의의 필드에 대하여 설정될 수 있는데,

- 주키 필드에 대하여 설정된 인덱스를 주키 인덱스(primary index)라고 하며,
- 주키가 아닌 필드들에 대하여 설정된 인덱스는 2차 인덱스(secondary index)라고 한다.

Access에서 인덱스를 설정하고자 하면 필드 속성에서 인덱스를 〔예〕로 지정하면 된다. 여기서 인덱스 선택 옵션을 살펴보면 다음과 같이 3가지로 나누어진다.

(1) 아니오 : 인덱스를 만들지 않는다.

(2) 예(중복가능) : 주키가 아닌 필드들에 대하여 인덱스를 만들 경우 선택한다. 이는 인덱스가 만들어지는 필드에서 같은 값이 중복하여 발생하여도 무방함을 나타낸다. 앞에서 예시된 도시명 필드에 대하여 인덱스를 만들 경우, 예를 들면 도시명이 '서울특별시'인 레코드들이 여러개 있을 수 있다. 이러한 인덱스를 중복가능인덱스라고 한다. 이와 같이, 주키가 아닌 필드들에 대하여 만들어지는 2차 인덱스는 모두 중복가능한 인덱스들이다.

(3) 예(중복불가능) : 주키에 대하여 인덱스를 만들 경우 선택한다. 이는 인덱스가 만들어지는 필드에서 같은 값이 2번 이상 발생하여서는 않됨을 나타낸다. 예를 들면, 고객번호(CustomerID)에 대하여 인덱스를 만들 경우, 고객번호(CustomerID)의 값이 'ALFKI'인 경우는 전체 테이블에서 1번뿐이다. 왜냐하면 고객번호는 모든 레코드들이 서로 다르기 때문이다. 이와 같이, 중복불가능 인덱스는 주키에 대하여 만들어지며, 주키 인덱스는 모두 중복불가능한 인덱스들이다.

Access에서 특정 필드 또는 필드들을 주키로 정의하면, 이들에 대하여 자동으로 중복불가능 인덱스가 자동으로 만들어지는 것을 볼 수 있다. 이와 같이 Access에서 특정 필드 값을 이용한 데이터 검색이 자주 이루어지는 경우에는 인덱스를 설정하는 것이 바람직하다.

그러나 인덱스를 만듦에 있어 유의할 사항으로서, 인덱스를 만들면 다음과 같은 장•단점이 있다.

장점	해당 필드를 이용하여 레코드들을 찾는 시간이 빨라진다.
단점	갱신(업데이트) 속도가 느려진다.

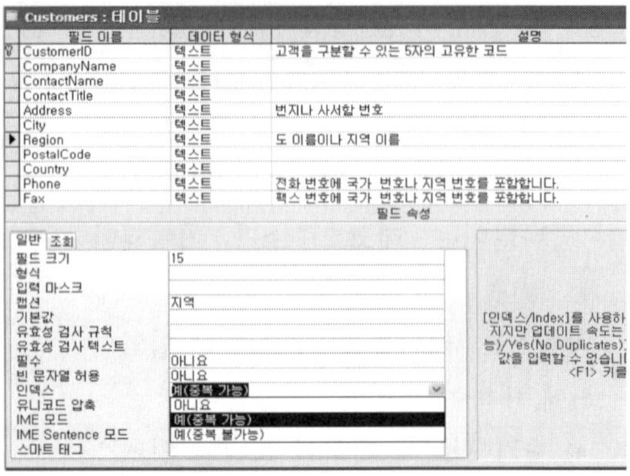

[그림 3-27] 인덱스 선택 옵션

그래서 현명한 사용이 필요하다.

그러면 왜 인덱스를 사용하면 찾기 속도가 빨라지고 갱신 속도가 느려지는가를 그림 3-25의 고객(Customers) 테이블과 그림 3-26의 도시명 인덱스 테이블을 이용하여 살펴보면,

- 만약 인덱스 테이블이 없으면, 고객(Customers) 테이블에 새로운 레코드를 입력할 경우, 해당 레코드만 입력하면 된다.
- 만약 도시명 필드에 대하여 인덱스가 만들어져 있는 경우에는, 고객(Customers) 테이블에 새로운 레코드를 입력하기 위하여서는 고객(Customers) 테이블에 해당 레코드들을 입력하는 것에 추가하여, 도시명 인덱스 테이블에서 해당 도시명을 찾아서 고객 테이블에 입력된 레코드의 레코드 주소를 새로이 추가해 주어야 한다. 즉 인덱스를 만든 경우에는, 데이터들이 저장된 테이블을 갱신할 뿐만이 아니라 인덱스 테이블도 같이 갱신하여야 하기 때문에 데이터의 갱신 속도가 느려진다.

5절. 테이블 구조 변경하기

데이터베이스는 한번 사용하고 폐기하는 일회용이 아니라 지속적으로 데이터를 저장하고 관리하여 여러 사용자들이 오랜 기간에 걸쳐 사용하는 연속적인 시스템이다. 따라서 데이터베이스에 무슨 테이블들이 포함될 것이며, 각 테이블에 무슨 필드들이 포함될 것인가 등을 매우 신중하게 설계하여야 한다.

그러나 아무리 데이터베이스 설계를 신중하게 하였다고 하여도 데이터베이스 구조는 계속 바뀌게 된다. 그 이유는 데이터들에 대한 새로운 요구가 항상 발생하기 때문이다.

5.1 데이터 구조의 변경 요인

테이블의 구조가 바뀌는 주요 요인들을 살펴보면 다음과 같다.

- 데이터베이스의 확장
- 테이블 구조의 변경
- 데이터 표현 형식의 변경

데이터베이스의 확장

데이터베이스는 지속적으로 확장된다. 즉 새로운 정보요구들이 발생함에 따라 기존 테이블에 새로운 필드들이 추가되기도 하며, 새로운 테이블이 추가되기도 한다.

데이터베이스의 확장은 데이터베이스가 일회적 시스템이 아니며, 지속적으로 운용되는 장기적인 수명주기를 갖는다는 점에서 필연적이라고 할 수 있다. 즉 아무리 현시점에서 모든 필요한 정보요구들을 다 수용하였다고 하여도 미래가 되면 새로운 정보요구가 발생한다. 따라서 데이터베이스는 새로운 정보요구가 발생할 수 있으며, 이에 따라 데이터베이스 또한 확장되어야 한다는 점을 염두에 두고 관리되어야 한다.

데이터베이스 구조의 변경

데이터베이스의 확장과 더불어 데이터베이스의 변경을 유발하는 또 다른 요인은 데이터베이스 구조의 변경이다. 즉 데이터베이스의 내용은 변경되지 않은 상태에서 구조만을 변경하는 경우이다. 예를 들면 사원(Employees) 테이블에 저장된 내용 중 주소와 자택번호는 보안이 요구되는 개인정보이다. 따라서 이의 보호를 위하여 다른 데이터들과 분리하여 관리할 수 있다. 이 경우 사원(Employees) 테이블에 저장된 내용은 변경되지 않았으나, 해당 테이블을 사원(Employees_1) 테이블과 사원개인정보(Employees_2) 테이블로 바꿀 수 있다.

데이터의 표현형식

데이터는 편의에 따라 다양한 데이터 형식(type)으로 표현될 수 있다. 예를 들면 숫자로 저장하였던 것을 문자로 변경할 수도 있다. 그리고 데이터 값을 직접 저장할 수도 있으나 이를 코드화하여 저장할 수도 있다.

예를 들면 학과명을 '경영학과', '회계학과', '정보관리학과'와 같이 기록할 수도 있으나 이를 부호화하여 각각 '31', '34', '35' 등의 문자로 기록할 수도 있다. 이러한 코드들은 저장에만 이용되며, 사용자들에게 검색될 때나 또는 입력항목의 선택 등에서는 문자로 표시되도록 할 수 있다.

5.2 테이블 구조의 변경 방법

테이블 구조를 변경하기 위한 방법을 변경 요인들 별로 살펴보면 다음과 같다.

데이터베이스의 확장

새로운 필드가 추가되는 경우는 새로운 테이블을 만드는 경우와 동일하게, 디자인보기에서 필드들을 추가하면 된다. 이미 이전에 저장되어 있는 레코드들에 대하여서는 해당 필드의 값이 빈값(null)으로 나타난다 (그림 3-28 참조).

〔그림 3-28〕 필드의 추가

데이터베이스의 확장과 더불어 경우에 따라서는 테이블에서 특정 필드들을 더 이상 필요로 하지 않아 제거할 경우들이 발생한다. 이 경우, 디자인보기에서 특정 필드를 삭제하면, 이미 입력된 모든 레코드들에 대하여 해당 필드의 값을 삭제하여도 무방한지를 물어보는 메시지가 나타난다 (그림 3-29 참조).

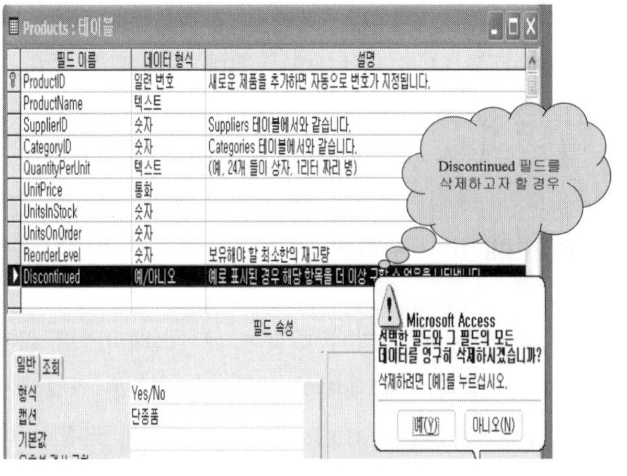

〔그림 3-29〕 기존 필드의 삭제

이와 같이 필드를 삭제하면, 이전에 이미 입력한 모든 데이터들이 소실되므로 가능하면 필드삭제는 실행하지 않는 것이 바람직하다. 필요한 경우에는 제6장에서 공부할 쿼리를 사용하여 해당 필드를 제외한 나머지 필드만으로 새로운 쿼리, 즉 가상 테이블을 만들어서 마치 해당 필드가 삭제된 것처럼 사용하는 것이 보다 나은 방법이다.

데이터베이스 구조의 변경

1개의 테이블을 2개로 분리할 경우 등과 같이, 데이터베이스의 구조만을 변경할 경우에는 다음의 절차를 따른다.

- 새로운 테이블들을 생성
- 기존 테이블에 저장된 데이터들을 내보내기 메뉴를 이용하여 다른 파일 형식으로 저장

- 내보낸 데이터들을 외부 데이터 가져오기 도구를 이용하여 새로운 테이블에 저장한다. (내보내기와 외부 데이터 가져오기는 제6장 데이터 검색하기와 제5장 데이터 입력 및 갱신하기에서 자세히 소개된다)

데이터 형식 변경

데이터 형식이 변경된 경우는 다음과 같이 2가지로 구분된다.

- Access에서 자동 변환이 지원되는 경우 (예 : 숫자 -> 텍스트, 예/아니오 -> 텍스트)에는 테이블의 디자인 보기에서 해당 필드의 데이터 형식을 변경하면 이미 저장된 해당 필드의 값들은 새로운 데이터 형식으로 저장된다.
- 만약 자동 변환이 지원되지 않는 경우(예 : 텍스트 -> 숫자)에는 기존 테이블에 저장된 데이터들을 내보내기 도구를 이용하여 다른 파일 형식으로 저장한 후, 이들 데이터들을 외부 데이터 가져오기 도구를 이용하여 새로운 테이블에 저장하여야 한다.

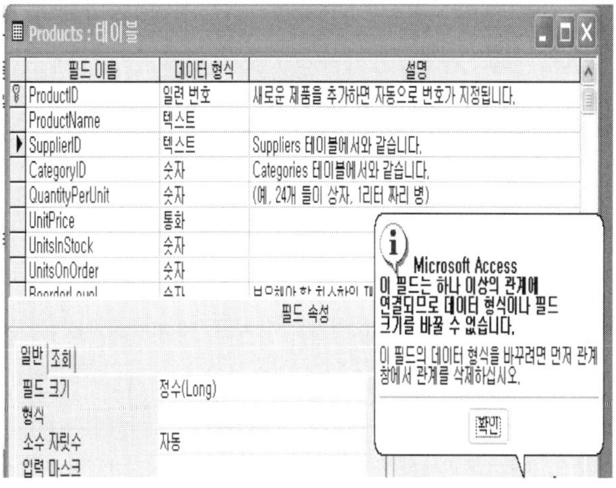

〔그림 3-30〕 조회마법사로 연결된 필드의 데이터 형식 변경

그리고, 해당 필드의 데이터들을 다른 테이블에서 사용하고 있는 경우이거나, 다른 테이블의 필드를 조회하여 가져온 경우에는 데이터 형식 변경이 불가능한 경우들이 발생한다. Access에서 해당 필드의 데이터들을 다른 테이블에서 같이 사용하는 경우는 다음과 같이 2가지 경우가 있다.

- 조회마법사
- 관계 (관계는 다음장인 제4장에서 자세히 공부한다.)

따라서 해당 필드를 다른 테이블에서 참조하거나 다른 테이블의 필드를 조회하여 가져온 경우에는 이들을 모두 제거하기 전에는 해당 필드의 데이터 형식을 바꿀 수 없다. 그림 3-30은 조회마법사를 이용하여 조회해온 SupplierID를 숫자에서 텍스트로 바꿀 수 없음을 보여준다.

직접 저장한 데이터 값을 코드화할 경우에는 코드 테이블을 만들고, 조회마법사를 이용하여 코드 테이블에 저장된 값들을 조회하여 필드에 저장한다.

< 별 첨 >

A. 잘 설계된 테이블의 기준 : 레코드와 개체

테이블 구조를 설계하는 과정에서 가장 중요한 과제는 어떻게 설계된 테이블이 잘 설계된 테이블인가 하는 점이다. 이러한 의문은 데이터베이스 설계의 가장 큰 이슈였으면, 이를 위하여 제시된 기준이 정규형이다. 즉 정규형이 높을수록 잘 설계된 테이블이라고 할 수 있다.

그러나 정규형을 이해하기 위하여서는 보다 많은 이론적 지식이 필요하므로 데이터베이스 개발에 대한 입문서인 본 교재에서 다루기에는 무리가 있다. 따라서 정규형에 보다 관심이 많은 독자들은 저자들이 집필한 관계형 데이터베이스 관리론 (홍릉과학출판사, 2004)과 같은 이론서를 참조하도록 권고한다.

따라서 여기서는 잘 설계된 테이블을 판단하는 직감적인 기준을 제시한다. 본문 1절 데이터베이스 설계하기에서 데이터베이스에 저장되는 여러 종류의 데이터들을 종류별로 각각 테이블에 저장하는 것은 효과적인 데이터베이스의 설계 방법이라고 하였다. 이러한 점에서 보면 잘 설계된 테이블의 기준은 다음과 같다.

(1) 테이블을 보면 무엇에 대한 정보들이 저장되어 있는가를 간결하게 파악할 수 있을 경우 해당 테이블은 잘 설계된 테이블이다.

예를 들면, 노스윈드사의 예제 데이터베이스를 보면,

- 고객(Customers) 테이블은 고객사들에 대한 정보를 저장한 테이블이며,
- 주문(Orders) 테이블은 고객사들이 발주한 주문들에 대한 정보를 저장한 테이블이며,
- 제품(Products) 테이블은 노스윈드사가 취급하는 제품들에 대한 정보를 저장한 테이블이며, …

이와 같이, 노스윈드사의 예제 데이터베이스를 보면, 각각의 테이블들이 무엇에 대한 데이터들을 저장하고 있는가를 직감적으로 알 수 있다. 이러한 점에서 이들 테이블들은 잘 설계된 테이블들이라고 할 수 있다.

(2) 테이블을 구성하는 레코드와 실제 현상에 존재하는 개체를 1:1로 대응시킬 수 있을 경우 해당 테이블은 잘 설계된 테이블이다.

예를 들면, 노스윈드사의 예제 데이터베이스에서 Customers 테이블의 각 레코드들은 실제 존재하는 회사들을 나타낸다 (이와 같이 실제로 존재하는 것들을 개체(Entity)라고 한다). 즉 그림 3A-1에 예시된 바와 같이, 고객번호가 ALFKI인 레코드는 신영상사(주)라는 회사를 나타내고, ANATR인 레코드는 원창(주)이라는 회사를 나타낸다.

따라서 해당 레코드들이 개체에 관한 정보를 나타내고 이들 레코드와 개체가 일대일

로 대응하도록 테이블이 만들어졌을 경우, 해당 테이블은 잘 설계된 테이블이라고 할 수 있다.

이상에서 살펴본 바와 같이, 잘 설계된 테이블은 상호 연관성이 매우 높은 필드들로 구성되어서 이들을 보면 해당 테이블이 무엇에 대한 정보를 저장하는 가를 쉽게 알 수 있으며, 이 결과 각각의 레코드들은 실제 개체와 일대일로 쉽게 대응된다. 결국 이렇게 만들어진 테이블들은 이해하기도 쉬우며, 사용하기도 편한 잘 설계된 테이블이라고 할 수 있다.

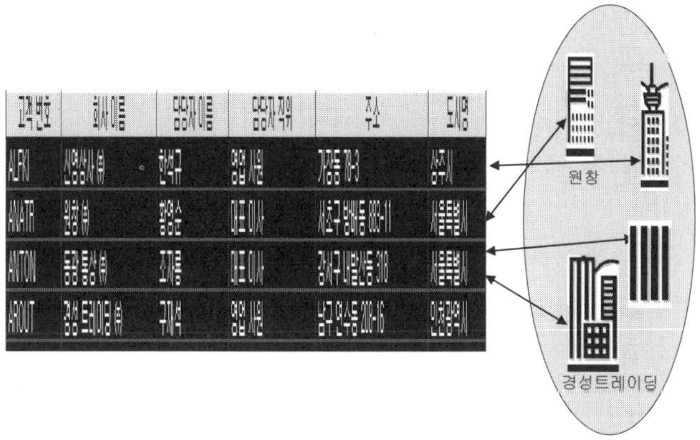

〔그림 3A-1〕 레코드와 개체

B. 주키(기본키)의 선정 기준

주키는 레코드들을 서로 구별하는 값이라는 점에서 매우 중요한 의미를 갖는다. 즉, 주키를 이용하여 레코드들을 서로 구별할 수 있을 때 비로소 테이블이 올바르게 정의되었다고 할 수 있다. 아직 주키를 정의하지 않았다는 것은 테이블에 정의된 레코드들을 서로 어떻게 구별할 것인지를 정하지 못하였다는 것을 의미하며, 따라서 아직 테이블을 제대로 정의한 것이라고 할 수 없다.

주키가 되기 위해서는 무엇보다도 다음의 2가지 조건을 만족시켜야 한다.

- 동일한 값이 발생하여서는 안됨.
- 빈값(Null)이 발생하여서도 안됨.

이러한 기본적인 기준에 추가하여 레코드들을 구별하기 위하여 주키는 다음의 사항들을 고려하여 설정하여야 한다.

(1) 레코드의 인식단위로서의 적절성

(2) 주키값의 변경 가능성

(3) 주키 구성의 단순성

레코드의 인식 단위로서의 적절성

주키는 개별 레코드들을 구별하여 인식하는 기준이다. 그리고 부록 A에서 설명한 바와 같이 레코드들은 실제 현상의 개체와 1:1로 대응한다. 따라서 주키를 설정함으로써 레코드에 대응하는 개체의 식별단위가 결정된다고 할 수 있다.

예를 들면 비디오 대여가게에서 전화번호를 고객의 주키로 사용할 수 있으며, 전화번호를 주키로 할 경우 동일한 전화를 공유하는 고객들은 모두 같은 고객으로 취급된다. 예를 들면 가족은 동일한 고객으로 취급되며, 가족들이 대여하거나 반납한 비디오는 동일인이 대여하거나 반납한 것과 같이 취급된다.

이에 반하여 주민번호를 고객의 주키로 사용할 수 있다. 이 경우 각 개인은 주민번호에 의하여 구별된다. 따라서 이 경우에는 같은 가족이라도 남편과 부인은 다른 고객으로 취급된다.

이상에서 예시한 바와 같이 일반적인 비디오 대여점의 입장에서 볼 때 전화번호는 적절한 주키라고 할 수 있다. 그러나 학교 주위의 하숙집을 생각하여 보자. 이 경우에는 동일 하숙집의 학생들을 모두 동일한 고객으로 취급하는 것은(즉, 동일 하숙집에 거주하는 여러 하숙생들을 서로 구별하지 않는 것은) 비디오 대여관리의 관점에서 볼 때에 적절하지 않다고 할 수 있다. 이와 같이, 주키는 상황에 따라 적절한 식별기준을 채택하여야 한다.

또한 개체의 인식단위로서 주키를 지정하는 과정에서 간과하기 쉬운 점의 하나는 빈값의 발생가능성이다. 주키가 빈값을 가지 수 없다는 것은 누구나 알고 있다. 그리고 주키값은 반드시 입력되도록 설계하고 있다.

앞에서 제시된 비디오 대여점의 예에서 전화번호를 주키로 사용한다는 것은 모든 고객은 전화번호를 가지고 있어야 함을 의미한다. 바꾸어 말하면, 전화를 보유하지 않은 사람은 고객이 될 수 없다. 이와 같이 주키를 무엇으로 지정한다는 것은, 다르게 말하면, 테이블에 입력될 수 있는 레코드들을 한정한다.

또 다른 예로서 고객의 주키를 주민번호로 지정할 경우 외국인은 고객이 될 수 없다. 그리고 이를 방지하기 위하여 주키를 주민번호 또는 (외국인의 경우) 여권번호로 지정할 경우, 밀입국자는 고객이 될 수 없다.

이상에서 예시한 바와 같이, 주키는 개체를 무슨 단위로 인식할 것이며, 어디까지를 개체로 인식할 것인가 등을 고려하여 설정하여야 한다.

주키값의 변경 가능성

주키는 레코드들을 구별하는 필드로서 일반 필드들과는 다른 특성을 가진다. 주키의 목적은 레코드들을 식별하는 것이며, 이들 레코드들은 (부록 A에서 설명한 바와 같이) 개체와 1:1로 대응한다.

따라서 이들 개체들이 시스템에서 존재하는 동안 주키값은 바뀌지 않아야 한다. 다르게 말하면, 주키값이 바뀌는 것은 이전 주키값을 갖는 개체는 시스템에서 제거되고, 새로운 주키값을 갖는 개체가 생성되는 것을 의미한다. 따라서 주키값은 실제현상에서의 개체와 수명을 같이 하도록 설계하는 것이 바람직하다.

만약 개체의 수명주기와 주키값의 수명주기가 일치하지 않으면, 주키에 의하여 나타내어지는 레코드(즉 데이터베이스에 저장된 개체)와 실제 개체의 수명주기가 서로 다르게 되는 모순이 발생하게 된다. 그리고 이것은 데이터베이스시스템이 실제현상을 제대로 나타내지 못하였음을 의미한다.

앞에서 예시한 비디오 대여시스템에서 고객의 수명주기는 전화번호가 동일한 기간이다. 만약 전화번호가 바뀌게 되면, 비록 동일한 사람이라고 하여도 서로 다른 고객이라고 할 수 있다. 따라서 새로운 전화번호의 고객은 비록 이전 전화번호의 고객과 동일인이라고 하여도 고객 테이블에서는 서로 다른 레코드로 취급된다.

비디오 대여와 같은 경우에는 고객의 이력관리가 크게 중요하지 않으며, 이전 전화번호의 고객이 대여한 테이프들을 새로운 전화번호의 고객이 알 수 없다고 하여도 크게 문제될 것은 없다고 하겠다.

또 다른 예로서 학생의 주키인 학번이 다음과 같이 구성되었다고 가정하자.

학번 = 9 6 1 2 0 1 2
입학년도 전공코드 일련번호 (학과내)

이 경우 학생이 전공을 바꾸게 되면 학생의 식별단위인 학번도 바뀌게 된다. 그러나 실제현상에서는 비록 소속학부나 학과가 바뀌었어도 학생은 여전히 해당학교의 동일한 학생이다. 그리고 이전 학부나 학과에서 수강한 과목, 성적들은 전공을 바꾼 후에도 학사관리를 위하여 계속 필요하다. 그러나 학번이 바뀌게 되면, 새로운 학번으로는 이전 학번으로 수강한 과목이나 성적들을 찾을 수 없다[2]. 이와 같이, 예시된 학번은 실제학생의 수명주기와 서로 일치하지 않으며, 이로 인하여 학생들에 대한 데이터관리에서 여러 가지 문제들이 발생할 수 있다.

주키 구성의 단순성

테이블 정의에서 복합키는 가능한 사용하지 않는 것이 바람직하다. 예를 들면, 동명이인(同名異人)이 존재할 경우 이름만으로는 고객을 구별할 수 없다. 이러한 동명이인 고객들을 구분하기 위한 한 가지 방법은 출생지와 출생시각 등을 같이 사용하는 것이다. 즉, 어디서 언제 태어난 누구라는 식으로 모든 고객을 구별하여 식별할 수 있다. 그러나 이러한 복합키를 사용하여 고객을 식별하는 것은 매우 번거로우며 효과적이지 못하다. 따라서 가능하면 단일 식별자를 사용하는 것이 바람직하며, 이러한 속성이 존재하지 않을 경우에는 고객번호와 같은 인위적인 식별자를 새로 설정하여 사용하는 것이 바람직하다.

2) 기술적으로 이야기하면, 수강과목 테이블은 일반적으로 학생 테이블과 과목 테이블을 참조하는 과목번호와 학번을 복합키로 가진다. 따라서 이전 학번을 모르면 이전에 수강한 과목들을 검색하는 데에 많은 어려움이 발생한다.

C. 인덱스를 이용한 데이터 검색 속도의 향상과 이진 검색

인덱스의 주목적은 레코드의 저장위치를 효율적으로 검색하는 것이라고 하였다. 이러한 인덱스의 효율성을 개략적인 예를 이용하여 수치적으로 분석하여 보자.

먼저, K 대학교의 졸업생이 100,000명이라고 가정하자.

1) 인덱스가 설정되지 않은 경우

졸업생 테이블에서 특정 학생의 레코드를 식별하기 위해서는 100,000개의 레코드를 검색하여야 한다. 이들 학생 레코드들은 디스크에 저장되며, 한 번의 디스크 입·출력에서 10개의 레코드들을 읽어 들일 수 있다고 하면,

- 최악의 경우 10,000번의 디스크 입·출력을 실행하여야 한다. 이는 찾고자 하는 레코드가 제일 뒤에 저장된 경우이다.
- 최상의 경우에는 물론 1번의 디스크 입·출력으로 찾고자 하는 레코드를 찾을 수 있다. 이는 찾고자 하는 레코드가 제일 앞에 저장된 경우이다.
- 평균적으로는 5,000번의 디스크 입·출력을 실행하여야 한다.

2) 인덱스가 설정되어 있을 경우

졸업생 테이블이 학번순서로 인덱싱되어 정렬되어 있다고 가정하자. 이 경우, 졸업생 인덱스 테이블은 한 번의 디스크 입·출력으로 주기억장치에 읽어 들일 수 있다. 따라서 특정 학번의 학생을 검색하기 위해서는, 인덱스 테이블을 읽어 들이는 것과 인덱스 테이블에서 검색된 레코드주소를 이용하여 학생 레코드를 읽어 들이는 것, 이렇게 2번의 디스크 입·출력이 필요하다. 그리고 인덱스 테이블에서 해당 학생의 학번을 이용하여 레코드주소를 검색하기 위해서는 학번 순서를 이용하여 보다 효과적으로 해당 학번의 레코드가 저장된 주소를 찾아낼 수 있다.

정열된 값을 비교하는 방법 중 가장 일반적이며 효과적인 방법이 이진검색이다. 이진검색은 정렬된 값의 중간값을 먼저 비교하여, 찾고자 하는 값이 중간값의 오른쪽에 위치하는지 또는 왼쪽에 위치하는지를 판단하여 찾고자 하는 값이 포함된 영역을 반으로 줄여 가는 방법이다.

예를 들면, 학번이 245인 학생의 인덱스 레코드를 졸업생 인덱스 테이블에서 찾는다고 가정하고, 인덱스 테이블에 그림 3C-1에 예시된 바와 같이 100부터 915까지의 17개의 학번이 저장되어 있다고 가정하자.

그러면 이진검색은, 그림 3C-1에 예시된 바와 같이,

(1) 제일 처음에는 이들 학번들 중 가장 중간에 위치하는 값, 즉 8번째 값인 217과 비교한다. 비교의 결과, 245가 217보다 크므로 찾고자 하는 학번은 217보다 큰 영역에 포함

됨을 알 수 있다.

(2) 두번째는 217보다 큰 영역에서 가장 중간에 위치하는, 즉 5번째 값인 890과 비교한다. 비교의 결과, 245가 890보다 작으므로 찾고자 하는 학번은 890보다 작은 영역에 포함됨을 알 수 있다.

(3) 세번째는 217보다 크고 890보다 작은 영역에서 가장 중간에 위치하는, 즉 세번째 값인 870과 비교한다. 비교의 결과, 245가 870보다 작으므로, 찾고자 하는 학번은 870보다 작은 영역에 포함됨을 알 수 있다.

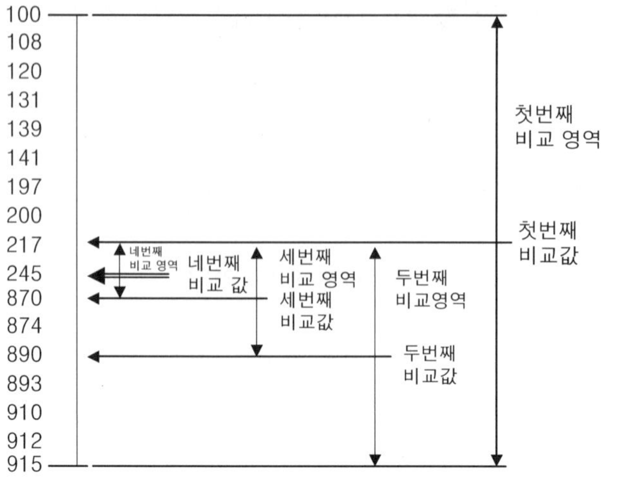

〔그림 3C-1〕 이진검색

(4) 네번째는 217보다 크고 870보다 작은 영역에서 비교되지 않은 값은 245 하나만이 존재한다. 따라서 찾고자 하는 학번이 발견된 것이다. 만약 이들 값이 같지 않으면 찾고자 하는 학번이 인덱스 테이블에 없는 경우이다.

이상에서 예시된 바와 같이 이진 검색을 이용할 경우, 17개의 값을 비교하는 데 최악의 경우에도 4번만에 원하는 값을 모두 찾아낼 수 있다. 즉 최악의 경우에도, 순차검색의 경우와 같이 17번의 비교가 필요한 것이 아니라 4번만의 비교를 하면 충분하다. 그 이유는 순차검색의 경우는 한번 비교로 한 개의 값이 비교대상에서 제외되나 이진검색의 경우에는 총 개수 중 반이 제외되기 때문이다.

제4장 관계 설정하기

일반적으로 이야기하는 데이터베이스의 개발 과정을 살펴보면 다음과 같이 구성된다.

1. 데이터베이스 생성
2. 데이터베이스를 구성하는 테이블 생성
3. 테이블에 데이터들을 입력

이들 단계들 중에서 2번째 단계인 데이터베이스를 구성하는 테이블들의 생성 단계를 다시 세분화하면,

2.1 정보시스템에서 사용되는 모든 데이터들을 포함하는 테이블들을 생성한다.

예를 들면, 노스위드사의 업무 처리를 위한 데이터들은 모두 Categories, Customers, Employees, Orders, OrderDetails, Products, Shippers, Suppliers의 8개의 테이블에 저장된다.

2.2 이들 테이블을 서로 연결하는 관계를 설정한다. 즉 테이블들에 저장된 데이터들을 잘 관리하고 사용하기 위하여 특정 테이블에 저장된 데이터를 다른 테이블에 저장된 데이터들과 연결시켜준다.

예를 들면 특정 제품이 무슨 제품분류에 포함되며, 특정 주문이 어느 고객이 발주한 것인가를 나타낼 수 있어야 데이터들을 상호 연결하여 사용할 수 있다. 즉, 1996년 7월 5일 김찬지 사원이 수주한 주문번호 10249 주문을 발주한 고객사의 담당자 이름이나 전화번호, 팩스번호들을 알 수 있어야 해당 주문에 대한 문의사항이나 수정할 내용이 있으면 해당 고객사에 연락을 취할 수 있다.

이와 같이 데이터들은 효과적으로 이용하기 위하여서는 1개의 테이블에 저장된 데이터들만으로는 불충분하고 여러 테이블들에 저장된 데이터들을 같이 사용하여야 하며, 이렇게 할 수 있기 위하여서는 무슨 테이블들이 무슨 테이블들과 어떻게 연결되는가를 데이터베이스를 설계하는 과정에서 정의하여야 하며, 이를 테이블들 사이에 관계 설정이라고 한다.

이들 과정 중에서 테이블의 생성은 제3장에서 학습하였다. 여기서는 이들 테이블들을 서로 연결시키는 관계 설정에 대하여 살펴본다.

1절. 관계 생성하기

데이터베이스는 테이블들로 구성되며, 이들 테이블들은 다시 레코드들로 구성된다. 따라서 테이블을 보면 무엇에 대한 데이터들이 저장되어 있는가를 알 수 있다.

예를 들면 노스윈드 예제 데이터베이스에서 고객(Customers) 테이블을 보면 고객들에 대한 정보, 즉 고객사의 회사명, 담당자, 담당자의 직위, 주소, ... 등이 기록되어 있음을 알 수 있다. (다만 여기서 고객번호는 데이터베이스에서 고객들을 구분하기 위하여 인위적으로 부여한 번호이다. 그리고 이 고객번호는 노스윈드사에서 고객들을 지칭하기 위하여 사용되는 번호이다.)

그리고, 주문(Orders) 테이블을 보면 주문번호, 수주일, 납기일, 고객들에 대한 정보가 기록되어 있다. 그러면, 다음과 같은 의문점이 있을 수 있다.

- 어느 고객이 어느 주문을 발주한 것인가를 어떻게 알 수 있을까?
- 다른 말로 하면, 주문(Orders) 테이블의 레코드들과 고객(Customers) 테이블의 레코드들을 어떻게 연관시킬 수 있을까?

이러한 테이블들 사이의 연관관계가 중요한 이유는 데이터의 입력이나 검색이 개별 테이블별로 이루어지지 않고 상호 연관된 테이블들을 서로 연결하여 이루어지기 때문이다. 예를 들면

- 주문(Orders) 레코드들 입력할 경우, 주문번호 10248 레코드의 주문번호, 고객, 수주일, 납기일들만을 입력하는 것이 아니라
- 10248 주문을 발주한 고객이 해바라기 백화점(주)이며, 이 고객이 이미 고객(Customers) 테이블에 등록이 되어 있는 고객이라는 것을 확인한 후 데이터의 입력이 이루어진다.
- 해바라기 백화점(주)이 신규 고객일 경우에는 이 고객에 대한 정보를 고객(Customers) 테이블에 먼저 입력하고, 그리고 난 뒤 주문(Orders) 테이블에 주문을 입력한다.
- 데이터 검색과 연관하여서는 고객(Customers) 테이블에 저장된 고객에 대한 정보를 검색하고, 주문(Orders) 테이블에 저장된 주문에 대한 정보를 별도로 검색하는 것이 아니라, 고객에 대한 정보와 더불어 이들 고객이 주문한 주문에 대한 정보를 한꺼번에 같이 검색한다.

따라서 데이터베이스를 개발하기 위하여서는 다음의 2가지가 함께 이루어져야 한다.

- 개별 테이블들의 생성
- 테이블들 사이의 연관관계 정의

테이블들의 생성은 앞장에서 공부하였으므로 여기서는 테이블들 사이의 관계 정의를 살펴본다.

1.1 테이블들 사이의 연관관계의 표현

고객(Customers) 테이블과 주문(Orders) 테이블의 연결은, 해당 필드들을 비교해보면 쉽게 알 수 있다. 즉,

- 주문 레코드가 고객 필드를 포함하고 있기 때문에, 이 주문 레코드의 고객(CustomerID) 필드의 값을 고객 레코드의 고객번호(CustomerID)와 서로 비교하여 같은 값을 가지는 레코드들을 쉽게 연결할 수 있다.

  (데이터쉬트에서 주문 레코드의 고객 필드는 고객이름을 나타내나, 이는 해당 필드의 데이

터 유형을 조회마법사를 통하여 지정하였기 때문이고, 실제로는 고객번호가 저장된다. 즉 값은 고객번호가 저장되고, 만약 고객번호가 화면에 나타나면 사용자들이 고객번호를 잘 모르기 때문에, 화면에는 보다 익숙한 고객이름을 표시한 것이다.)

- 예를 들면, 주문번호가 10248인 주문을 발주한 고객은 고객번호가 VINET인 해바라기 백화점이므로, 해바라기 백화임이 10248 주문을 발주한 것임을 쉽게 알 수 있다.

이와 같이, 테이블들 사이의 연결은 해당 필드값을 비교해보면 쉽게 알 수 있다. 이러한 테이블들 사이의 관계 설정이 중요한 이유는, 사람들은 쉽게 알 수 있는 이러한 방법을 컴퓨터는 (보다 구체적으로 이야기하면 Access 라는 DBMS는) 누가 가르쳐주지 않으면 모르기 때문이다. 즉,

- 사람들은 주문(Orders) 테이블의 고객(CustomerID) 필드가 고객(Customers) 테이블의 고객번호(CustomerID) 필드를 나타낸다는 것을 알고 있다.
- 그러나 Access는 주문(Orders) 테이블의 고객(CustomerID) 필드와 고객(Customers) 테이블의 고객번호(CustomerID) 필드가 같은 필드라는 것을 알지 못한다.

그러면, 어떻게 하면 Access도 주문(Orders) 테이블의 CustomerID 필드가 고객(Customers) 테이블의 CustomerID 필드를 나타낸다는 것을 알 수 있도록 설정해 줄 수 있을까?

이러한 기능을 수행하는 것이 Access에서 관계 도구이다.

즉, 그림 4-1에 예시된 바와 같이, 주문(Orders) 테이블과 고객(Customers) 테이블 사이에 관계를 설정하면 (그림에서는 선으로 표시) Access는 이들 필드가 같은 정보를 나타내는 필드들이라는 것을 알게 된다.

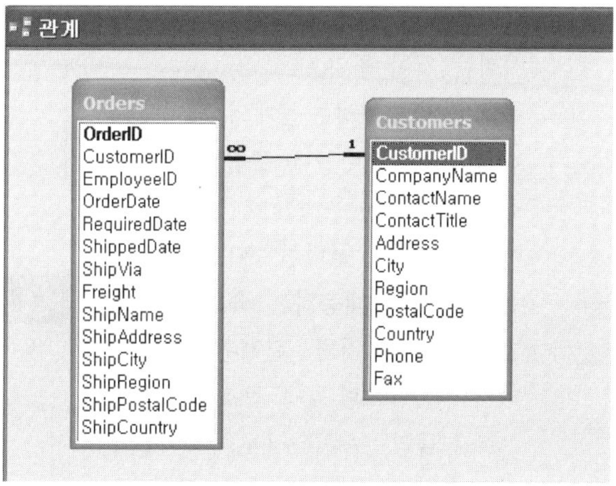

〔그림 4-1〕 관계 설정 예시

이하에서는

- 먼저 관계 도구를 이용하여 관계를 생성해 보고,
- 그 다음에 데이터베이스를 구성하는 테이블들 사이에 관계를 구성하기 위하여서는 구체적으로 무슨 내용들을 지정해 주어야 하는가를 살펴본다.

1.2 관계 생성하기

테이블들 사이에 관계를 생성하기 위하여서는,

(1) Access 메뉴에서 관계를 나타내는 아이콘을 클릭하거나, 도구 메뉴에서 관계를 선택하여 관계 도구를 실행한다. (그림 4-2 참조)

(2) 관계를 맺고자하는 테이블들을 관계 화면에 추가한다. (그림 4-3 참조) 이때 데이터베이스에 포함된 모든 테이블을 한꺼번에 추가하고 이들 사이에 관계를 한꺼번에 설정해 주는 것이 좋다. 즉, 두 테이블 사이의 관계를 그때그때마다 따로 따로 설정해 주는 것보다 모든 테이블들 사이의 관계를 한꺼번에 만드는 것이 바람직하기 때문에 이미 설계된 테이블들은 관계 화면에 모두 포함시키는 것이 좋다.

(3) 관계를 맺고자하는 2개의 테이블에 대하여, 한 테이블에 포함된 속성을 선택한 후 (마우스를 해당 속성위에 끌고 가서 클릭한 후), 이를 다른 테이블의 대응하는 속성으로 끌고 간다. 그러면 관계편집화면이 나타난다. (그림 4-4 참조)

예를 들면, 주문(Orders) 테이블의 CustomerID 필드를 선택하여 고객(Customers) 테이블의 CustomerID 필드로 끌고 간다.

(4) 관계편집화면을 보면, 해당 테이블의 필드이름들과 관계종류가 나타난다.

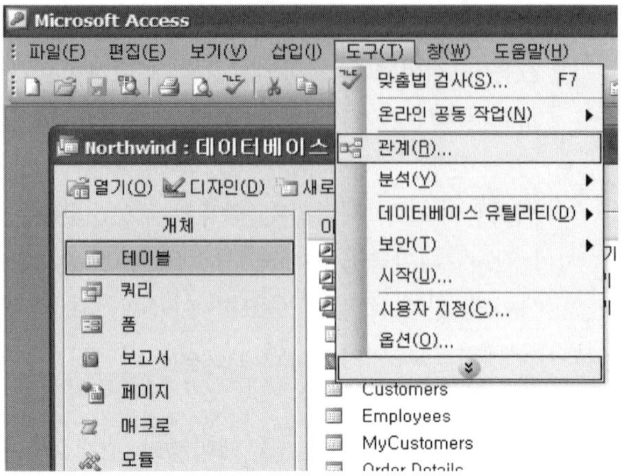

〔그림 4-2〕 관계 도구 메뉴

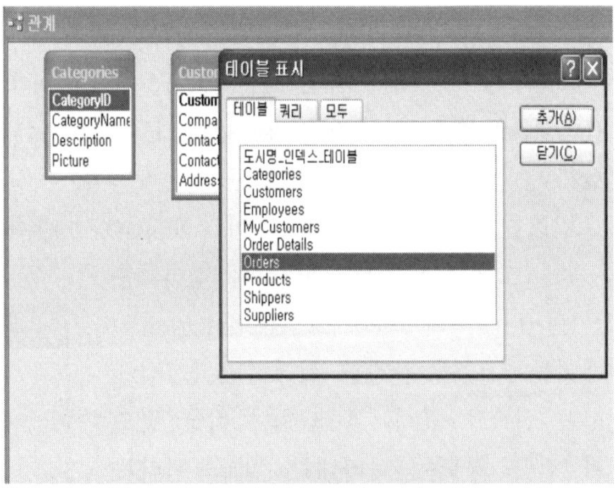

〔그림 4-3〕 관계 화면에 테이블 추가

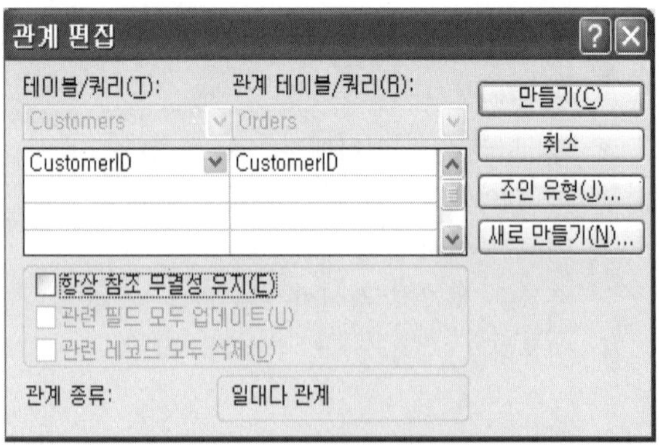

〔그림 4-4〕 관계편집화면

예를 들면, 테이블/쿼리(T)를 나타내는 열에는 Customers 테이블의 CustomerID가 표시되며, 관련 테이블/쿼리(R)을 나타내는 열에는 Orders 테이블의 CustomerID가 표시된다. 그리고 관계종류는 일대다 관계로 표시된다.

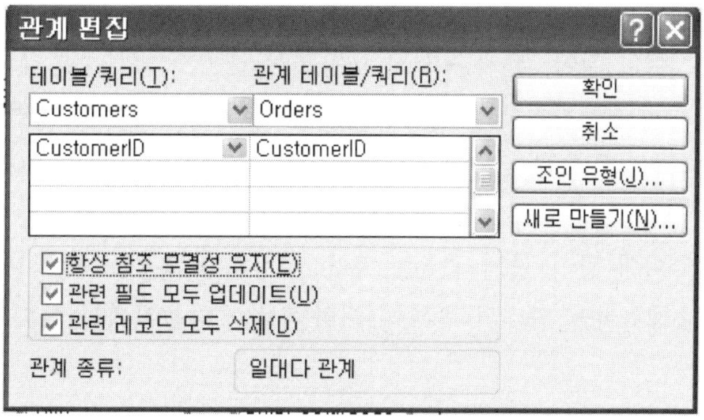

〔그림 4-5〕 참조무결성 법칙 적용 화면

테이블 이름과 필드가 정확하고, 관계 종류가 정확하면, 항상 참조무결성 법칙 유지를 선택하고, 만들기 버턴을 클릭하면 관계가 만들어진다. (그림 4-5 참조)
(항상 참조무결성 법칙 유지가 의미하는 바는 다음 절에서 보다 자세히 설명된다. 간략히 설명하면, 테이블들 사이의 관계를 Access DBMS가 자동으로 체크하여 항상 검사하겠다는 것을 뜻한다.

조금 더 자세히 설명하면, 주문(Orders) 테이블에 고객번호가 VINET인 레코드가 입력되기 위하여서는 이 고객번호를 갖는 레코드가 고객(Customers) 테이블에 먼저 저장되어 있어야 하는 참조무결성 법칙이라고 한다.
따라서, 만약 항상 참조무결성 법칙 유지를 선택하지 않으면, 비록 관계편집화면에서 작업은 하였지만, 관계를 설정하지 않은 것과 마찬가지다.)

(5) 관계 편집이 끝나면, 관계가 맺어진 테이블들의 필드들이 서로 선으로 연결됨을 볼 수 있다. 여기서 1, ∞라는 부호는 특정 값을 갖는 레코드 수를 나타낸다 (그림 4-6 참조).

예를 들면, Customers 테이블의 CustomerID는 1이고, Orders 테이블의 CustomerID는 ∞인데, 이는

- Customers 테이블에는 특정 CustomerID 값을 가지는 레코드(예를 들면, 고객번호가 VINET인 레코드)는 1개만 있다.
- 그러나 Orders 테이블에는 특정 CustomerID 값을 가지는 레코드

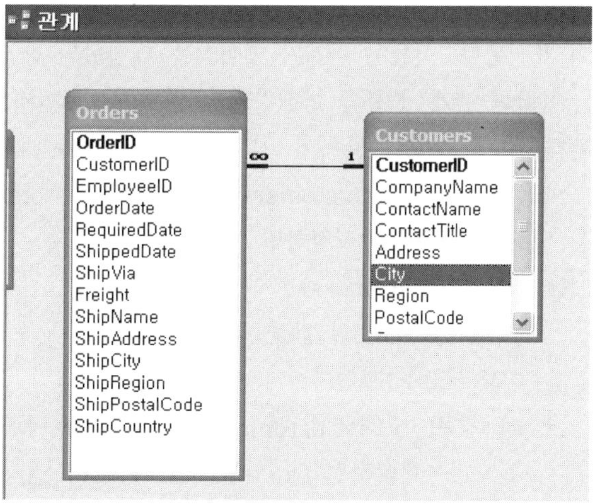

〔그림 4-6〕 관계 설정 예시

(예를 들면, 고객 필드의 값이 VINET인 Orders 레코드)는 여러개 있음을 나타낸다.

이와 같이, 관계는 서로 대응하는 레코드들의 수를 같이 나타내는데, 이렇게 표현되는 이유는,

- 관계편집에서 관계종류를 일대다 관계로 지정되었기 때문이다.
- 만약 관계 종류를 일대일로 지정되면, 다른 형태의 관계(즉, 관계를 나타내는 선의 양쪽 끝에 모두 1이 표시되는 관계)가 나타남을 알 수 있다.

이와 같이 관계 종류는 무슨 속성을 이용하여 테이블들을 연결하는가에 따라 자동으로 결정되는데, 이들 관계의 종류에 대하여서는 다음절에서 보다 자세히 설명한다.

2절. 관계의 종류

1절 관계 생성하기에서 실제로 관계를 만드는 관계 도구의 실행 방법을 살펴보았다. 그런데 그림 4-4의 관계편집화면에서 볼 수 있는 바와 같이, 관계를 생성하는 과정에서는 다음의 2가지를 설정하여야 한다.

- 관계의 종류
- 항상 참조무결성 법칙 유지 등과 같은 선택사항

이러한 관계 생성과 연관된 선택사항들을 잘 설정하기 위하여서는 이들이 의미하는 바를 잘 이해하여야 한다. 즉 테이블들 사이에 관계를 구성하기 위하여서는 다음의 2가지를 알아야한다.

- 관계의 종류
- 관계에 의하여 연결된 테이블들 사이에 적용되는 참조 무결성법칙의 형태

본 절에서는 이러한 관계의 종류에 대하여 다루며, 참조 무결성법칙은 다음 절에서 살펴본다.

관계 화면에서 관련 필드들을 서로 연결시키면, 관계 편집 화면에 관계 종류가 표시된다. 이때 관계 종류는 관계를 맺는 필드들의 종류에 따라 일대다 관계, 일대일 관계 또는 확정되지 않음이 표시된다. 이들은 관계가 맺어지는 테이블의 레코드들이 어떻게 대응하는 가를 나타낸다.

이러한 관계 종류를 이해하기 위하여서는, 먼저 Access DBMS에서 관계가 무슨 기능을 수행하는가를 이해할 필요가 있다. Access에서 관계는 레코드와 레코드를 맺어주는 기능을 한다.

예를 들면, 고객(Customers) 테이블의 CustomerID와 주문(Orders) 테이블의 CustomerID를 연결하여 관계를 설정하면,

- 고객(Customers) 레코드와 주문(Orders) 레코드가 서로 연결되는데, 이들은 CustomerID의 값을 통하여 연결된다. 즉 CustomerID의 값이 서로 같은 레코드들 끼리 서로 연결된다.
- 이 경우, 고객(Customers) 테이블에서 특정 CustomerID값을 가지는 레코드는 1개가 있으며 (왜냐하면 CustomerID가 고객(Customers) 테이블의 주키(기본키)이기 때문에, 예를 들면, 고객번호가 VINET인 레코드는 회사이름이 해바라기 백화점(주)인 레코드로

서 1개만 존재한다), 주문(Orders) 테이블에는 특정 CustomerID값을 가지는 레코드가 여러개 있을 수 있기 때문에 (왜냐하면 CustomerID가 주문(Orders) 테이블의 주키가 아니기 때문에, 예를 들면, 고객번호가 VINET인 고객이 주문한 주문(Orders) 레코드들은 여러개 있을 수 있다), 관계종류는 일대다 관계로 지정된다.

앞에서 살펴본 예제에서 고객(Customers) 테이블과 주문(Orders) 테이블의 경우는 CustomerID라는 같은 이름의 필드에 의하여 관계가 맺어진다. 그러나, 만약 서로 필드명이 다르다고 하여도, 내용적으로는 같은 필드들이면 관계를 맺을 수 있다. 예를 들면 고객(Customers) 테이블에는 CustomerID이나 주문(Orders) 테이블에는 CustomerNo라고 하여도 이들 사이에 관계를 맺을 수 있다. 이와 같이 관계는 항상 의미적으로 동일한 필드에 의하여 맺어진다.

이와 같이 특정 필드를 이용하여 2개의 테이블을 연결할 경우, 맺어지는 레코드의 수는 다음과 같이 3종류로 나누어진다.

- 일대일 관계
- 일대다 관계
- 다대다 관계

이하에서는 이들 각각의 관계 종류에 대하여 설명한다[3].

2.1.1 일대다 관계

일대다 관계는, 앞에서 살펴본 고객(Customers) 테이블의 레코드와 주문(Orders) 테이블의 레코드들을 연결하는 경우와 같이, 특정 테이블의 레코드 1개에 대하여 다른 테이블의 레코드들이 여러개 대응하는 경우이다. 일대다 관계는 다음과 같은 경우에 발생한다.

- 발생 경우
  특정 테이블의 주키와 다른 테이블의 주키가 아닌 필드를 이용하여 관계를 맺을 경우
- 이유 :
  주키 필드의 경우에는 특정값을 갖는 레코드가 1개만 존재하며, 주키가 아닌 필드의 경우에는 특정 값을 가지는 레코드가 여러개 존재할 수 있기 때문에 일대다 관계가 됨.

이와 같이, 주키와 주키가 아닌 필드를 이용하여 관계를 설정하면, 관계편집 화면에서,

- (기준이 되는) 테이블은 주키를 포함하는 테이블이 되며,
- (기준 테이블을 참조하는) 관련 테이블은 주키가 아닌 필드를 포함하는 테이블이 된다.

예를 들면, 고객(Customers) 테이블의 CustomerID와 주문(Orders) 테이블의 CustomerID를 연결하여 관계를 설정할 경우,

3) 데이터베이스에서 관계를 설정할 경우, 가장 자주 발생하는 관계 종류는 일대다 관계이므로, 일대일관계보다 일대다 관계를 먼저 설명한다.

- 기준이 되는 테이블 : 고객(Customers) 테이블
- 참조하는 관련 테이블 : 주문(Orders) 테이블
- 관계 종류 일대다 관계

따라서, 새로운 주문을 입력할 경우나 기존 주문을 갱신할 경우, 주문(Orders) 테이블의 CustomerID는 고객(Customers) 테이블의 CustomerID를 참조하여 해당 CustomerID가 이미 존재하는가를 체크한다. 만약 해당 CustomerID가 고객(Customers) 테이블에 없을 경우에는, 존재하지 않는 고객이 주문을 발주한 것이 되므로, DBMS가 자동으로 오류를 발생시켜 새로운 주문이 입력되는 것을 방지한다. DBMS가 이러한 기능을 하도록 하는 것을 항상참조무결성법칙 적용이라고 한다.

2.1.2 일대일 관계

일대일 관계는, 특정 테이블의 레코드 1개에 대하여 다른 테이블의 레코드도 1개만 대응하는 경우이며, 다음과 같은 경우에 발생한다.

- 발생 경우 :
  특정 테이블의 주키와 다른 테이블의 주키를 이용하여 관계를 맺을 경우
- 이유 :
  주키 필드의 경우에는 특정값을 갖는 레코드가 1개만 존재하고, 다른 테이블의 필드도 주키이므로 특정 값을 가지는 레코드가 한개만 있기 때문에 일대일 관계가 됨.

이와 같이, 주키와 주키가 아닌 필드를 이용하여 관계를 설정하면, 아래 관계편집 화면처럼 된다.

- (기준이 되는) 테이블은 먼저 선택한 주키를 포함하는 테이블
- (기준 테이블을 참조하는) 관련 테이블은 관계가 맺어지는 주키를 포함하는 테이블

노스윈드 예제 데이터베이스에는 일대일 관계에 해당하는 경우가 없으므로 그림 4-7에서 예시된 바와 같이 사원(Employees) 테이블과 배우자(Spouses) 테이블을 이용하여 살펴본다. 사원(Employees) 테이블은 사원에 대한 정보를 나타내며, 배우자(Spouses) 테이블은 사원의 배우자에 대한 정보를 나타낸다. 사원(Employees) 테이블의 사원번호(EmployeeID)와 배우자(Spouses) 테이블의 사원번호(EmployeeID)를 연

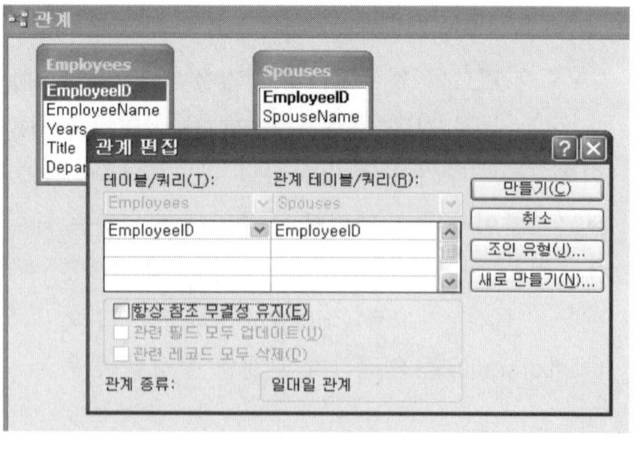

〔그림 4-7〕 일대일 관계의 관계편집화면

결하여 관계를 설정하는 경우, 기준이 되는 테이블은 Employees 테이블이 되며, Spousess 테이블은 이를 참조하는 관련 테이블이 되며, 관계 종류는 일대일 관계가 된다.

이와 같이 일대일 관계에서는,

- 두 테이블 모두 (기준이 되는) 테이블이 될 수 있으므로,
- 관계를 설정하는 과정에서, 어느 테이블의 주키를 먼저 선택하여 다른 테이블의 주키와 관계를 맺어주는 가의 순서가 매우 중요하다.

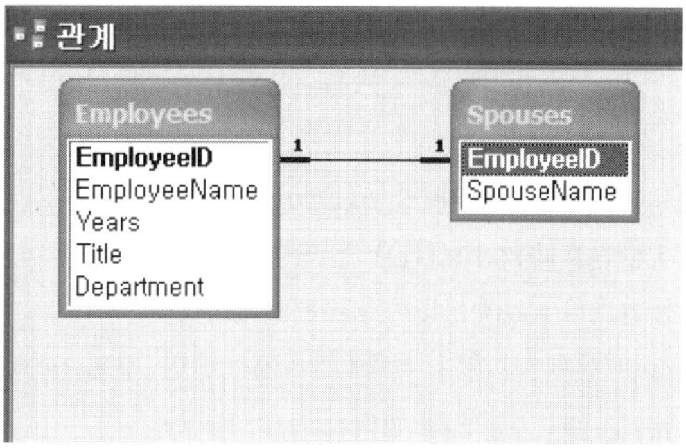

〔그림 4-8〕 일대일 관계 예시

즉,

- 사원(Employees) 테이블의 사원번호(EmployeeID)를 먼저 선택하면 사원(Employees) 테이블이 기준 테이블이 되며,
- 배우자(Spouses) 테이블의 사원번호(EmployeeID)를 먼저 선택하면 배우자(Spouses) 테이블이 기준 테이블이 된다.

그러나 내용적으로는 사원(Employees) 테이블이 기준 테이블이 되어야 하므로, 순서를 바꾸지 않도록 조심하여야 한다. (일대다 관계에서는 어느 테이블을 먼저 선택할 것인가 신경쓸 필요가 없다. 그 이유는 한 필드는 주키이며, 다른 필드는 주키가 아니므로, 무엇을 먼저 선택하더라도, 주키를 포함하는 테이블이 기준 테이블이 되기 때문이다.)

2.1.3 다대다 관계

일대일 관계와 일대다 관계에 추가하여 다대다 관계를 생각할 수 있다. 다대다 관계는,

- 특정 테이블의 레코드 1개에 대하여 다른 테이블의 레코드들이 여러개 대응하는 경우이며,
- 다른 테이블의 레코드1개에 대하여 특정 테이블의 레코드도 여러개 존재하는 경우이다.

예를 들면, 주문(Orders) 테이블과 제품(Products) 테이블을 연결할 경우,

- 1개의 주문은 여러 종류의 제품을 구입할 수 있으므로 주문(Orders) 테이블에 있는 1개의 레코드는 제품(Products) 테이블에 있는 여러 레코드와 연결될 수 있어야 하며,
- 1 종류의 제품은 여러 주문에 의하여 판매될 수 있으므로, 제품(Products) 테이블에 있는 1개의 레코드는 주문(Orders) 테이블의 여러 레코드들과 연결될 수 있어야 한다.

그러나, 일상적으로 발생하는 이러한 다대다 관계를 테이블들 사이에 표현할 수 있는 방법이 없다. 그 이유는,

- 주문(Orders) 레코드는 제품번호(ProductID) 필드를 포함하지 않으며,

- 제품(Products) 레코드는 주문번호(OrderID) 필드를 포함하지 않기 때문이다.

왜냐하면, 만약 주문(Orders) 레코드가 제품번호(ProductID) 필드를 포함하면 제품번호(ProductID)는 1개의 값만을 가지기 때문에, 1개의 제품(Products)만 구입할 수 있는 경우가 된다.

따라서 이러한 다대다 관계를 테이블로 표시하기 위하여서는

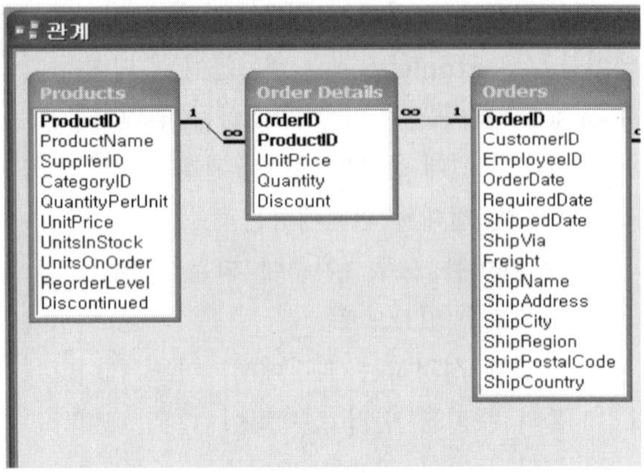

〔그림 4-9〕 다대다 관계의 표현 방법

- 그림 4-9에 표시된 바와 같이, 주문상세(OrderDetails)라는 매개 테이블을 만들고, (이때 매개 테이블인 주문상세(OrderDetails) 테이블의 주키는 제품(Products) 테이블의 주키인 제품번호(ProductID)와 주문(Orders) 테이블의 주키인 주문번호(OrderID)를 결합한 복합키가 된다.)
- 해당 테이블의 주키와 매개 테이블의 주키를 연결하여 관계를 맺어준다. 즉 제품(Products) 테이블의 주키인 제품번호(ProductID)와 매개 테이블인 주문상세(OrderDetails) 테이블의 제품번호(ProductID)를 연결하여 일대다 관계를 설정하고, 주문(Orders) 테이블의 주키인 주문번호(OrderID)와 주문상세(OrderDetails) 테이블의 제품번호(ProductID)를 연결하여 일대다 관계를 설정한다.

이와 같이 하면, 각각의 관계는 일대다 관계가 된다. 즉, 데이터베이스에서 다대다 관계를 직접 표현할 수 있는 방법은 없으며, 매개 테이블을 이용하여 2개의 일대다 관계로 표현하여야 한다.

2.1.4 확정되지 않음

이상에서 우리는 일대다 관계와 일대일 관계 및 다대다 관계에(물론 다대다 관계는 직접 표현되지 않고 일대다 관계 형태로 표현되어야 하지만) 대하여 살펴보았다. 그런데 이러한 모든 관계들은 반드시 주키와 주키 또는 주키와 주키가 아닌 필드 사이에 맺어진다.

만약 주키가 아닌 필드들 사이에 관계를 생성하면, 관계종류가 확정되지 않음으로 표시되는 것을 알 수 있다. 이는 관계가 주키가 아닌 필드들 사이에 맺어졌기 때문에, DBMS가 관계의 종류를 자동으로 파악할 수 없음을 나타낸다.

- 발생 경우 :
  특정 테이블의 주키가 아닌 필드와 다른 테이블의 주키가 아닌 필드를 이용하여 관계를 맺을 경우

- 이유 :
  관계를 맺는 필드들이 둘다 주키가 아니므로 특정 값을 가지는 레코드가 몇 개 있을지 DBMS가 알 수 없음.

이와 같이, 관계종류가 확정되지 않은 경우에는, 항상 참조무결성 법칙을 유지할 수 없으므로,

- (기준이 되는) 테이블이 무슨 테이블이며, 다음의 사항들이 아무런 의미가 없게 된다.
- (기준 테이블을 참조하는) 관련 테이블이 무슨 테이블이라는 것

따라서, 데이터베이스를 설계하는 과정에서 관계를 맺어줌에 있어서, 관계 종류가 확정되지 않은 관계는 생성할 필요가 없으며, 생성하여서도 않된다. 바꾸어 이야기하면, 주키를 포함하지 않는 관계는 생성할 필요가 없다.

이러한 관계 종류가 확정되지 않은 관계는 이후 공부할 쿼리 생성에서 사용된다. 그러나 데이터베이스 구조를 결정하는 관계 생성에서는 사용하지 않는다.

3절. 외래키와 참조무결성법칙

관계를 생성하는 과정에서 살펴본 바와 같이, 관련 테이블의 필드값은, (기준이 되는) 테이블에 이미 저장되어 있어야 한다. 이러한 법칙을 참조 무결성 법칙이라고 하며, 데이터베이스 설계에서 테이블들 사이에 관계를 생성하는 이유는 참조무결성 법칙이 항상 유지되도록 하기 위함이라고 할 수 있다.

참조무결성 법칙은 관계를 맺어주는 필드들에 적용되는데, 이들 필드는 반드시 기준이 되는 테이블에서 주키이다. 이러한 필드를 전문용어로 외부키 또는 외래키(foreign key)라고 한다[4].

3.1 외래키(외부키)

특정 테이블에 포함된 임의의 필드(예를 들면, 주문(Orders) 테이블의 고객(CustomerID) 필드)가 다fms 테이블에서 주키로 사용될 경우 이를 외래키라고 한다. 예를 들면, 주문(Orders) 테이블에 있는 CustomerID 필드는 외래키인데 그 이유는 CustomerID가 고객(Customers) 테이블의 주키이기 때문이다. 즉,

- 고객(Customers) 테이블의 CustomerID 필드는 주키이며,
- 주문(Orders) 테이블의 CustomerID 필드는 외래키(외부키)이다.

바꾸어 말하면, 외부키라는 의미는 다른 테이블에서 주키로 사용된다는 것을 의미한다.

외래키의 또 다른 형태를 살펴보면, 주문상세(OrderDetails) 테이블의 OrderID는 외래키이

4) 일반적으로 foreign key는 외래키로 번역되고 있다. 그러나 마이크로소프트사에서는 이를 외부키로 번역하여 사용하고 있으므로, 본 교재에서는 외래키와 외부키를 혼용하여 사용한다.

다. 그 이유는 OrderID는 주문(Orders) 테이블에서 주키로 사용되고 있기 때문이다. 이와 같이, 외래키는

- 해당 테이블에서는 주키가 아닌 필드(주문(Orders) 테이블의 CustomerID 필드와 같은 경우)이거나,
- 복합키를 구성하는 필드(주문상세(OrderDetails) 테이블의 OrderID와 같은 경우)이다.

외래키라는 개념을 이용하여 앞절에서 설명한 관계 설정을 다시 설명하면,

- 관계는 외래키를 매개로 하여 테이블들을 연결하는 것이라고 할 수 있다.

3.2 참조무결성 법칙

외래키라는 개념을 이용하여 앞절에서 살펴보았던 참조무결성 법칙을 다시 설명하면,

- 외래키의 값은 해당 필드를 주키로 하는 테이블(즉, 참조되는 테이블)에 이미 존재하여야 한다.
- 만약 외래키가 주키 또는 주키의 일부가 아닌 경우에는 값이 입력되지 않을 수가 있는데, 이 경우에는 상관이 없다.

이러한 참조무결성 법칙이 의미하는 바는 관련 테이블에 저장되는 외래키의 값(기준이 되는) 테이블에 이미 등록이 되어있어야 한다는 것이다. 만약 외래키의 값이 참조되는 테이블에 존재하지 않으면, 이는 존재하지 않는 레코드를 참조하는 것이 되므로 있을 수 없는 일이며, 이러한 데이터는 데이터베이스에 기록되어서는 않된다.

예를 들면, 주문(Orders) 레코드에 CustomerID 값을 기록하는데 이 값과 같은 레코드가 고객(Customers) 테이블에 존재하지 않는다는 것은, 주문을 수주하였지만, 해당 주문을 발주한 고객이 누군지 모른다는 것이다. 이와 같이 누군지 알 수 없는 고객으로부터 주문을 수주할 수 없다는 것은 자명한 사실이다.

이러한 참조무결성 법칙을 일상적인 용어로 풀어서 설명하면,

- 기준이 되는 목록 테이블이 이미 만들어져 있는 경우, 이후 입력되는 데이터들은 목록 테이블을 참조하여 목록 테이블에 등록된 값들만이 입력되어야 하며,
- 목록 테이블에 존재하지도 않는 가상의 값들 즉 유령 값들은 절대 입력되어서는 않됨을 의미한다.

이러한 참조무결성 법칙을 이용하면, 일상적인 업무처리에서 발생하는 여러 가지 오류들을 방지할 수 있는데, 대표적인 것들을 예시하면 다음과 같다.

- 유령 사원들에게 인건비를 지출
- 존재하지도 않는 회사에 물건을 판매
- 이미 죽은 사람에게 생활보호지원금 지급

3.3 참조무결성 법칙의 적용 방법

참조 무결성 법칙은 다음의 경우에 적용된다.

- 관련 테이블에 새로운 레코드가 입력되거나 기존 레코드의 값이 갱신될 경우
- 참조되는 테이블(즉, 기준이 되는 테이블)의 레코드가 갱신될 경우
- 참조되는 테이블(즉, 기준이 되는 테이블)의 레코드가 삭제될 경우

관련 테이블에 새로운 레코드가 입력되거나 기존 레코드의 값이 갱신될 경우

참조무결성 법칙이 적용되는 경우는 관련 테이블의 레코드가 입력되거나 갱신될 경우이다. 이는 관계편집 화면에서 항상 참조무결성 법칙 유지라는 칸을 체크할 경우 적용된다. 이를 체크하면, 모든 입력되거나 갱신되는 레코드들에 대하여 참조 무결성 법칙을 적용하여, 법칙을 위반하는 레코드들은 입력되거나 갱신될 수 없다.

예를 들면, 그림 4-10에 예시된 바와 같이 주문(Orders) 테이블에 없는 OrderID를 참조하는 주문상세(OrderDetails) 레코드를 입력할려고 하면, 입력할려고 하는 주문번호 3이 주문(Orders) 테이블에 없기 때문에 해당 레코드를 입력할 수 없다는 오류 메시지가 나타난다.

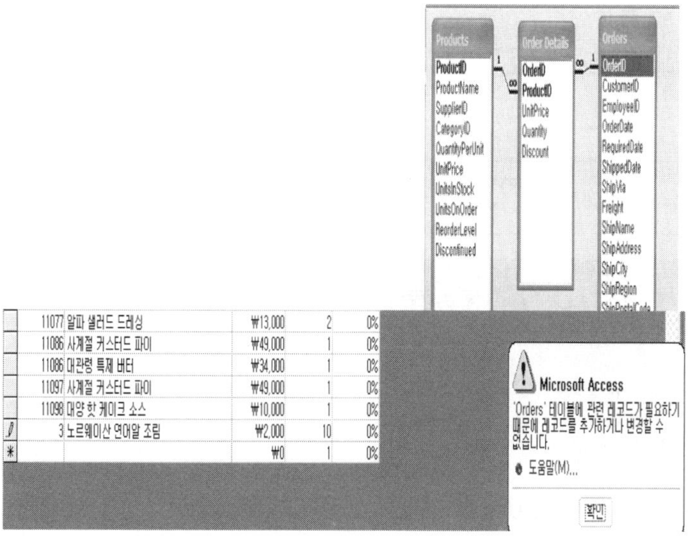

〔그림 4-10〕 참조무결성법칙의 적용 예제 - 데이터 입력

참조되는 테이블(즉 기준이되는 테이블)의 레코드가 갱신될 경우

관련 레코드들이 입력되거나 갱신될 경우 참조무결성 법칙이 잘 유지되었더라도, 기준이 되는(즉, 참조되는) 레코드의 주키가 갱신되면, 참조무결성 법칙이 위반되는 경우가 발생하게 된다. 예를 들면, 특정 주문(Orders) 레코드의 OrderID가 변경된다면, 주문상세(OrdersDetails) 테이블에 포함되어 있는 변경되기 이전의 OrderID는 이제는 주문(Orders) 테이블에는 존재하지 않는 OrderID가 될 수 있다.

이러한 경우, 관계편집 화면에서 관련필드 모두 업데이트를 체크하면, 해당 외래키의 값들은(즉, Orders Details 테이블에 포함되어 있는 레코드들의 OrderID값들은) 자동으로 새로운 값으로 모두 갱신된다 (그림 4-11 참조).

만약 관계편집 화면에서 관련필드 모두 업데이트를 체크하지 않았으면,

- OrderID의 값을 갱신하기 위하여서는 관련된 Order Details 레코드들을 먼저 삭제한 뒤
- Orders 레코드에서 OrderID의 값을 갱신하여야 한다는 오류 메시지가 제공된다.

〔그림 4-11〕 참조무결성법칙의 적용 - 관련 필드 모두 업데이트의 예제

참조되는 테이블(즉, 기준이 되는 테이블)의 레코드가 삭제될 경우

관련 레코드들이 입력되거나 갱신될 경우 참조무결성 법칙이 잘 유지되었더라도, 기준이 되는(즉, 참조되는) 레코드가 삭제되면, 참조무결성 법칙이 위반되는 경우가 발생하게 된다.

예를 들면, 특정 주문(Orders) 레코드가 삭제되면, 삭제된 OrderID를 참조하던 주문상세(OrdersDetails) 레코드들은 이제는 주문(Orders) 테이블에 존재하지 않는 OrderID를 참조하게 된다.

이러한 경우, 관계편집 화면에서 관련필드 모두 삭제를 체크하면, 해당 외래키의 값들은 갖는 모든 레코드(즉, 삭제된 레코드의 OrderID값과 같은OrderID값을 갖는 주문상세(OrdersDetails) 레코드)들은 자동으로 삭제된다.

만약 관계편집 화면에서 관련필드 모두 삭제를 체크하지 않으면,

- 관련된 Order Details 레코드들을 먼저 삭제한 뒤
- Orders 레코드를 갱신하여야 한다는 오류 메시지가 제공된다.

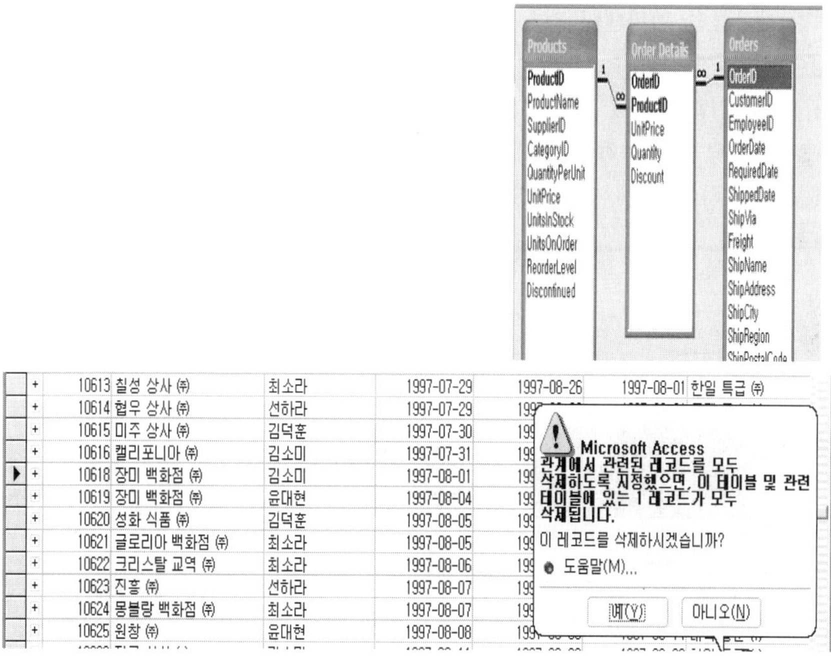

〔그림 4-12〕 참조무결성법칙의 적용 - 관련 레코드 모두 삭제 예제

< 별 첨 >

A. 데이터베이스와 실제현상 그리고 개체관계 모형

데이터베이스는 정보시스템의 주요 구성요소이며, 정보시스템은 실제현상을 추상화한 가상적 현실을 나타낸다. 즉 정보시스템이 추구하는 바는 정보기술을 이용하여 궁극적으로 실제현상과 가장 근접하는 가상적인 현실을 구현하는 것이다. 이와 같이 정보시스템을 실제현상의 투영으로 보는 것을 실제현상 투사 패러다임(real world mapping paradigm)이라고 한다.

실제현상의 투사 패러다임에 따라 데이터베이스를 개발함에 있어 가장 중요한 것은 데이터베이스가 실제현상에 있는 개체들을 잘 나타내는 것이다.

예를 들면 그림 4A-1에 표시된 바와 같이, 실제 현상에는 고객, 주문 등과 같은 여러 종류의 개체들 이 존재한다. 이들을 개체 유형이라고 한다. 이러한 개체유형들은 데이터베이스에서 테이블로 표시된다. 따라서, 쉽게 이야기하면 특정 종류의 개체들은 테이블로 표시되며, 테이블의 레코드는 개별 개체들을 나타낸다.

이러한 점에서, 데이터베이스 개발의 시작은 실제 현상에 있는 개체 유형을 찾아내어 모델링 하는 것이며, 이를 위하여 가장 보편적으로 많이 사용되는 기법이 개체 관계 모형이다.

개체관계모형은, 명칭을 통하여 알 수 있는 바와 같이, 실제현상을 구성하는 개체들과 이들 사이의 관계를 이용하여 실제현상을 모델링한다. 그리고 이들로부터 데이터베이스를 구성하는 테이블들을 추출한다.

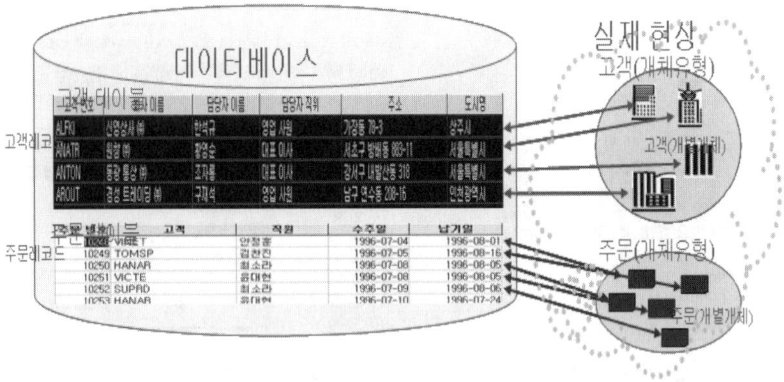

〔그림 4A-1〕 데이터베이스와 실제 현상

여기서 실제현상을, 개체들과 이들 사이의 관계로 구성한다는 것은, 실제현상을 제3자에게 설명할 때,

- 실제현상을 구성하는 구성물들이 무엇이며,
- 구성물들 사이에 어떠한 관계가 존재하는가를 중심으로 설명함을 의미한다.

이렇게 개체 모형에 따라 설계한 설계도를 개체관계도라고 한다. 그림 4A-2는 노스윈드사의 예제 데이터베이스의 일부에 대한 개체관계도로 예시한 것이다[5]. 그림 4A-2에서,

- 사각형은 개체를 나타내는데, 개체의 이름과 각 개체들에 대하여 무슨 데이터들이 관리되어야 하는 가를 나타내는 데이터 필드들을 포함하며,
- 실선은 이들 개체들 사이의 상호연관성을 나타내는 관계이다.

그림을 통하여 개략적으로 알 수 있겠지만,

- 개체관계도에서의 개체와 데이터베이스에서의 테이블은 서로 대응하며,
- 개체관계도에서의 관계와 Access에서의 관계는 서로 대응하는 것으로 보인다.

그러나 이들을 보다 자세히 분석하면, 서로 비슷하기는 하나 동일하지 않음을 알 수 있다. 즉, 이들 사이의 차이점을 자세히 분석하면 표 4-1과 같다.

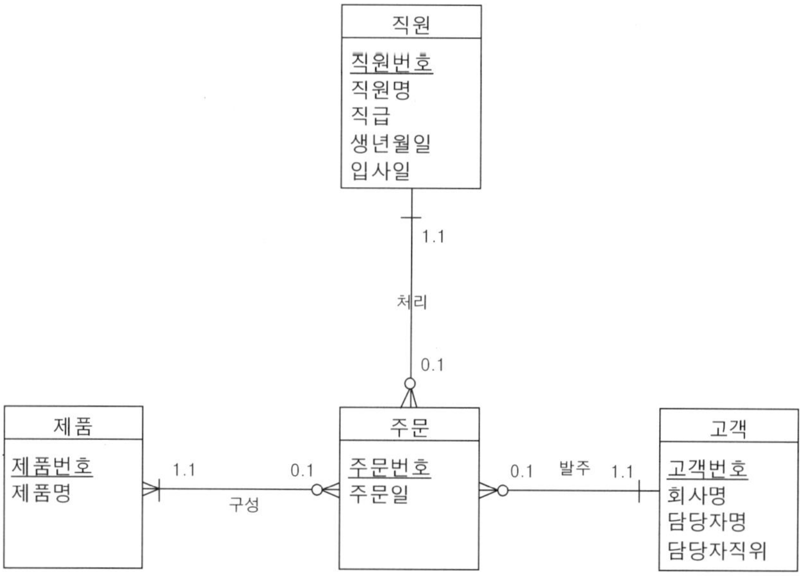

〔그림 4A-2〕 개체관계모형

5) 개체관계도는 Chen이 제안한 이후 다양한 확장모형들이 제시되었다. 이 결과 표현방법에 있어 조금씩 차이가 있다. 본 교재에서는 Chen이 제안한 개체관계모형과 Sybase사에서 공급하는 개체관계모델링 도구인 PowerDesigner의 표현 기법을 같이 사용한다. 그림 4-2는 PowerDesigner를 이용하여 작성한 개체관계도이다.

〔표 4-1〕 개체관계모형과 관계형 데이터베이스의 차이

	차이점
개체관계모형의 개체	해당 개체의 특성을 나타내는 필드들만을 포함 (예 : 주문 개체는 주문번호와 주문일만 포함)
관계형 데이터베이스의 테이블	외래키와 같이 테이블과 테이블을 연결하는 필드들을 포함 (예 : 주문 테이블은 고객 테이블의 주키인 고객번호를 외래키로 포함)
개체관계모형의 관계	개체와 개체 사이에 관계를 정의 (예 : 주문 개체는 주문번호와 고객 개체의 고객번호를 맺어줌)
관계형 데이터베이스의 관계	테이블과 테이블 사이의 관계를 동일한 필드를 매개로 정의 (예 : 주문 테이블의 고객번호와 고객 테이블의 고객번호를 맺어줌)
개체관계모형의 다대다 관계	다대다 관계를 직접 정의할 수 있음 (예 : 주문 개체와 제품 개체 사이에 다대다 관계를 맺어줌.)
관계형 데이터베이스의 다대다 관계	다대다 관계를 직접 정의할 수 없으며, 중간에 매개 테이블을 만들어서 이를 이용하여 2개의 1대다 관계로 표시 (예 : 주문 테이블과 제품 테이블 사이의 다대다 관계를 맺어주기 위해서는 다음과 같은 작업들을 해 주어야 한다. - 주문번호와 제품번호를 복합키로 갖는 주문상세 테이블을 생성 - 주문 테이블과 주문상세 테이블 사이에 1대다 관계를 맺어줌 - 제품 테이블과 주문상세 테이블 사이에 1대다 관계를 맺어줌

개체관계모델링과 관계형 데이터베이스 설계는 이러한 차이점을 충분히 인식하고 이루어져야 한다. 그리고 개체관계모델링을 위한 자동화 도구들인 PowerDesigner나 ERwin 등은 그림 4A-2와 같은 개체관계모형을 관계형 데이터베이스 스키마로 자동으로 변환시켜주는 기능들을 포함하고 있다. 따라서 그림 4A-2와 같이 개체와 관계를 설계하며, 테이블과 관계가 모두 자동으로 만들어진다.

그러나 이러한 작업이 자동으로 이루어진다고 하여 데이터베이스 스키마 설계를 할 필요가 없다는 것은 아니며, 이들 작업을 이해하기 위하여서는 개체관계모형과 관계형 데이터베이스 스키마를 모두 잘 이해하는 것이 필요하다. 비록 본 교재에서는 관계형 데이터베이스 스키마를 주 대상으로 학습하나, 관심이 있는 독자들은 저자들이 집필한 관계형 데이터베이스 관리론(홍릉과학출판사, 2004)과 같은 이론서를 참조하여 개체관계모형을 학습하면 많은 도움이 될 것이다.

제2부 데이터베이스 이용하기

제5장 데이터 입력 및 갱신하기

통상적으로 데이터베이스는 데이터들을 모아놓은 저장소라고 이야기한다. 이러한 데이터베이스에서 데이터들을 효과적으로 저장하고 관리하기 위하여서는 이들 데이터들을 아무렇게나 쌓아놓고 관리하는 것이 아니다. 즉,

- 체계적인 데이터베이스의 구조를 설계하고,
- 설계된 구조에 따라 저장하고, 관리하여야 한다.

체계적인 데이터베이스 구조의 설계를 위하여서는, 제1부에서

- 데이터베이스를 구성하는 테이블들을 생성하고,
- 이들 테이블들 사이에 관계를 설정하였다.

그리고, 테이블을 생성하기 위하여

- 테이블들을 구성하는 필드들을 정의하고
- 테이블의 주키를 지정하였다.

여기서는 Access를 이용하여, 이렇게 설계된 데이터베이스에 실제로 데이터들을 입력하고, 갱신함으로써 데이터베이스를 구축하는 과정을 살펴본다.

Access 데이터베이스에 데이터를 입력하는 방법은 크게 다음의 3가지로 나누어진다.

- 테이블의 데이터쉬트에 직접 데이터를 입력하는 방법
- 데이터 입력을 위한 애플리케이션을 개발하여 데이터를 입력하는 방법
- 외부 데이터가져오기 도구를 이용하여 다른 파일에 이미 저장되어 있는 대용량의 데이터들을 한꺼번에 입력하는 방법

1절. 데이터쉬트를 이용한 데이터 입력 및 갱신하기

테이블의 설계는 〔디자인 보기〕를 이용하여 작업하였다.

- 〔디자인 보기〕는 테이블의 구조, 즉 디자인(design)을 보는 화면이다.
- 그러나 실제로 데이터들이 입력된 테이블을 보기위하여서는 〔데이터쉬트 보기〕를 실행하여야 한다.

〔데이터쉬트 보기〕를 실행하면, 그림 5-1에 표시된 바와 같이,

- 레코드를 나타내는 가로 열과
- 필드를 나타내는 세로 행으로 구성된 테이블이 표시되고,
- 첫 번째 행은 각 필드의 필드이름을 표시한다.

이는 마치 계산표(spreadsheet)처럼 생겼으나, 데이터들을 표시한다는 점에서 데이터 표, 즉

데이터쉬트(datasheet)라고 부른다.

데이터쉬트 보기에서 직접 데이터를 입력하는 과정을 단계별로 살펴보면 다음과 같다. 이는 스프레드쉬트에 데이터를 입력하는 과정과 매우 유사하다.

- 〔디자인 보기〕를 이용하여 처음 테이블을 설계한 후, 데이터쉬트 보기를 실행하면, 테이블 이름과 필드이름만 표시된 빈 테이블이 표시된다 (그림 5-1 참조).

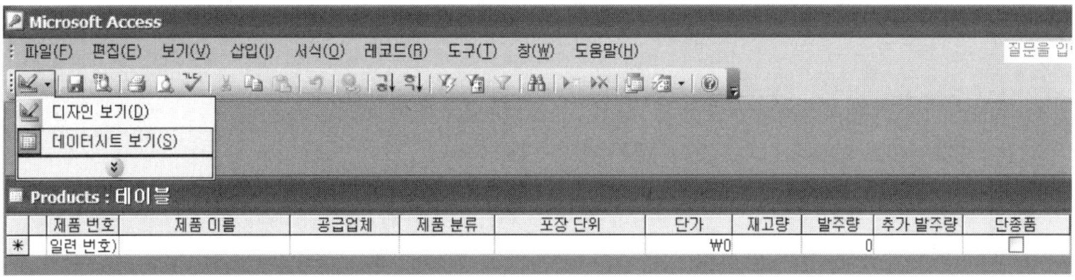

〔그림 5-1〕 제품(Products) 테이블의 데이터쉬트 보기

빈 테이블이라는 것을 나타내기 위하여 첫 번째 레코드에 비어있는 레코드를 표시하는 * 표시가 나타나 있다.

- 커서를 첫 번째 레코드의 필드로 가져가면, 입력중 임을 나타내는 아이콘이 표시되고, 비어있는 레코드 표시는 다음 레코드로 이동함을 알 수 있다. 커서를 움직이면서 각 필드의 데이터를 입력한다.
- 레코드를 입력하고 난 뒤, 커서를 비어있는 레코드로 이동하면, 입력된 레코드가 저장되고 입력중 임을 나타내는 아이콘이 없어진다.

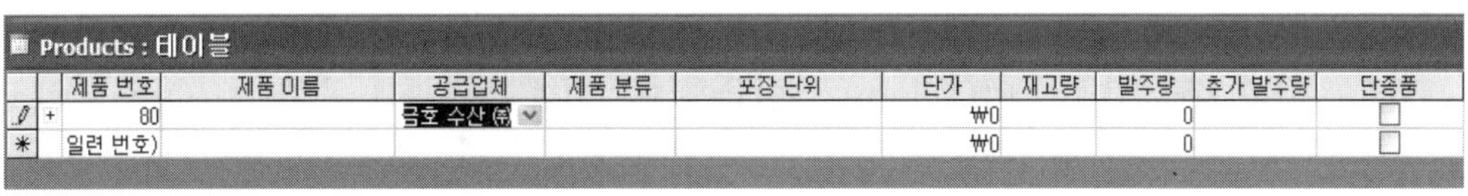

〔그림 5-2〕 데이터쉬트에서 데이터 입력하기

- 만약 각 필드에 입력된 내용이 데이터 형식이나 필드 속성에서 정의한 사양과 일치하지 않을 경우에는 오류 메시지가 나타난다.

 그리고 주키를 위시하여 필수 입력 필드의 값을 입력하지 않은 경우에도 오류 메시지가 나타난다.

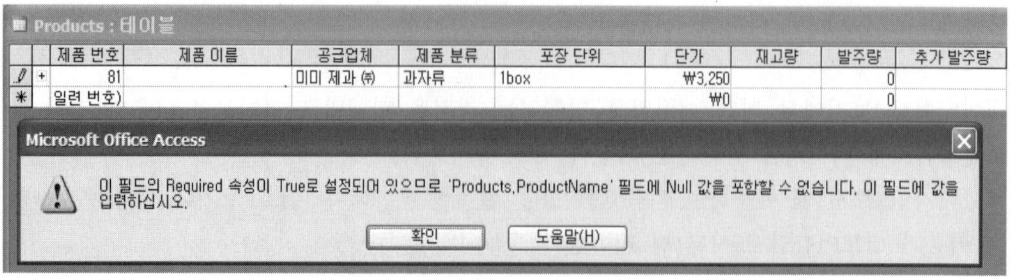

〔그림 5-3〕 입력 오류 메시지

- 오류가 있는 레코드를 수정하지 않고 다음 레코드로 커서를 이동할 경우에는, 오류 레코드는 저장할 수 없음을 나타내는 메시지가 나타난다.

이와 같이, 〔데이터쉬트 보기〕는 간단히 레코드들을 입력하기 위하여 편리하게 사용할 수 있다. 그러나, 데이터입력이나 갱신을 위하여서는 직접 〔데이터쉬트 보기〕를 통하여 데이터들을 입력하는 것은 바람직하지 않다. 그 이유를 살펴보면,

- 데이터 입력시 잘못하여 이미 입력된 레코드의 데이터들을 갱신하는 오류가 발생할 수 있다.
- 입력된 데이터들이 필드의 도메인 (즉, 자료값 영역)을 벗어나는 잘못된 데이터인가를 분석하기에 필드 속성에서 정의한 내용이 불충분할 수 있다. 이러한 경우에는 추가적인 모듈들을 프로그래밍하여 실행하여야 하는데, 데이터쉬트 보기에서는 이러한 모듈을 실행할 수 없다.
- 일상적인 단일 업무 처리를 위하여 2개 이상의 테이블에 데이터를 같이 입력하는 것이 편리한 경우가 많다. 예를 들면 주문 처리를 위하여서는 주문에 관한 데이터들을 한꺼번에 처리하고 입력한다. 그러나 노스윈드사의 예제 데이터베이스에는 주문(Orders) 테이블과 주문상세(OrderDetails) 테이블이 구분되어 있다. 따라서 〔데이터쉬트 보기〕에서 데이터를 입력할 경우에는 주문(Orders) 테이블에 데이터를 입력하고 주문상세(OrderDetails) 테이블에 데이터를 입력하여야 한다. 이와 같이 별도의 테이블에 따로따로 입력하여야 하기 때문에 번거롭고 오류가 발생할 확률이 높다.

이상에서 열거된 이유들 때문에, 실제 데이터베이스 구축을 위하여서는,

- Access 폼이나 ADO.NET등을 이용하여 애플리케이션을 개발하고, 이들 애플리케이션에서 데이터 입력이나 갱신 화면을 이용하여 데이터들을 입력하고 갱신하는 것이 바람직하다.
- 그리고 대량 데이터들을 한꺼번에 입력할 경우에는 파일 메뉴에 있는 외부데이터 가져오기 도구를 사용하는 것이 바람직하다.

2절. 애플리케이션을 이용한 데이터 입력 및 갱신하기

데이터베이스에 데이터를 입력하거나 검색하기 위하여서는 먼저 이를 위한 애플리케이션을 개발하고, 애플리케이션의 화면 등을 통하여 입력하고 갱신, 삭제하는 것이 바람직하다. 이와 같이 애플리케이션을 이용하면 다음과 같은 작업들이 가능하다.

- 사용자들이 보다 친숙한 화면을 통하여 데이터를 입력, 갱신, 삭제
- 한 화면이나 또는 관련된 화면에서 관련된 데이터들을 동시에 입력
- 입력된 데이터들에 대하여 다양한 체크가 가능하므로 적합한 값들만이 입력되도록 설정

Access 데이터베이스를 이용하여 애플리케이션을 개발하는 방법은 다음과 같이 2가지로 나누어진다.

- 첫째는 Access DBMS가 제공하는 객체인 폼을 이용하여 애플리케이션을 개발하는 방법이다. 이 방법은 사용하기가 매우 간단하다는 장점을 갖는다. 그러나 다른 사용자들이 데이터베이스를 실행할 수 없기 때문에, 개인용 데이터베이스의 경우에만 사용된다.

  〈장점〉
  - Access 데이터베이스의 일부로서 폼들을 포함한다. 따라서 이들 폼과 데이터베이스를 별도로 연결할 필요가 없다

  〈단점〉
  - 애플리케이션이 데이터베이스의 일부로 포함된다. 따라서 애플리케이션을 데이터베이스가 위치한 컴퓨터에서만 실행할 수 있다. 즉 다른 사용자들이 다른 컴퓨터에서는 애플리케이션을 실행할 수 없다.
  - 개인용 데이터베이스에만 사용될 수 있다.

- 둘째는 ADO.NET, J2EE 등과 같은 분산 개발환경에서 데이터베이스를 개발하는 것이다. 이 방법은 인트넷 등과 같은 분산 환경에서 애플리케이션을 사용할 수 있다는 장점이 있다.

  〈장점〉
  - 애플리케이션과 데이터베이스가 별도로 존재한다. 따라서 다른 사용자들이 인트넷 등과 같은 통신망을 통하여 다른 컴퓨터에서도 애플리케이션을 실행할 수 있다. 즉, 우리가 실생활에서 경험하는 여러 애플리케이션들과 동일한 형태의 애플리케이션이다.

  〈단점〉
  - Access 데이터베이스와 애플리케이션을 별도로 연결하여야 한다.
  - 통합 개발 환경(즉 ADO.NET 또는 J2EE 등)을 이해하는데 많은 노력이 든다.
  - Visual Basic, Java 등과 같은 프로그래밍 언어를 학습하여야 한다.

그림 5-4는 노스워드사의 예제 데이터베이스에 저장된 수주내역(Orders) 폼을 예시한 것이다. 폼을 통하여 알 수 있는 바와 같이 폼을 이용한 데이터 입력은 다음과 같은 장점이 있다.

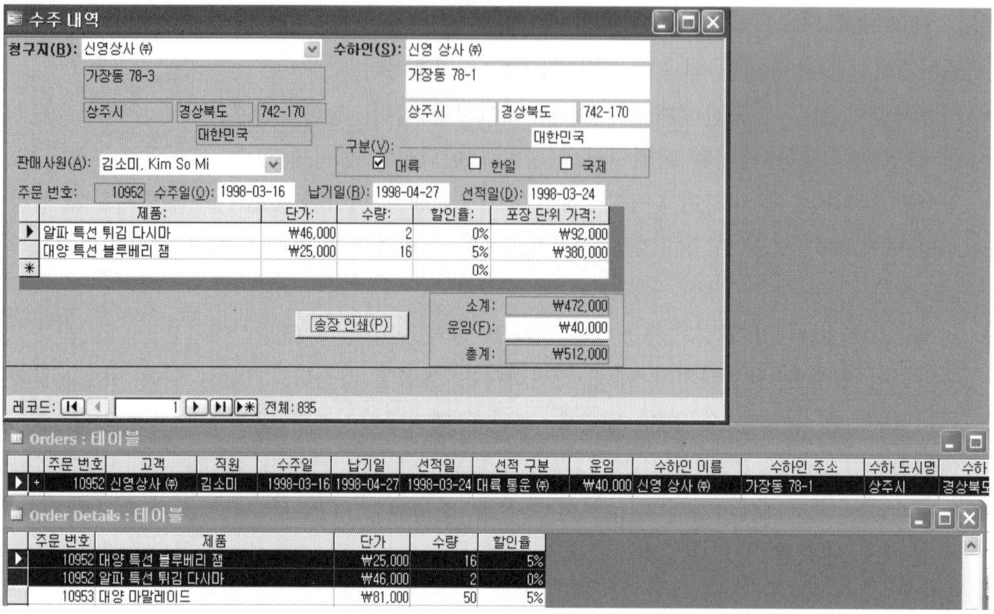

〔그림 5-4〕 폼을 이용한 데이터 입력 예시 - 수주내역(Orders) 폼

(1) 수주내역 폼은 주문(Orders) 테이블에 저장되는 데이터들뿐만이 아니라 주문상세(OrdersDetail) 테이블에 저장되는 데이터들도 같이 입력한다. 따라서 일상 업무처리와 유사한 방법으로 데이터처리를 할 수 있게 한다. 일상업무처리에서 주문을 수주하면서, 고객명, 수주일, 납기일, 수하인 등과 같은 주문테이블에 저장되는 내용을 먼저 수주하고, 주문상세에 저장되는 개별 제품명, 수량, 단가, 할인율과 같은 내용은 다음에 수주하지 않는다. 즉, 주문으로서 이들을 한번에 1개의 트랜잭션으로 수주한다.

그러나 데이터쉬트를 이용하면, 이들을 따로따로 입력하여야 한다. 이에 반하여 폼과 같은 애플리케이션을 이용하면, 한 화면에서 같이 입력할 수 있다.

(2) 소계, 총계 등과 같이, 입력하지 않고 계산되는 값들을 애플리케이션이 자동으로 계산하여 화면에 보여줌으로써 데이터입력이 제대로 되었는지 확인할 수 있으며, 고객과 상담시에 유용하게 활용할 수 있다.

(3) 고객(CustomerID)을 입력하면 고객의 주소, 도시명, 지역 우편번호, 국가명 등이 자동으로 검색되어 화면에 표시됨으로써 고객에 대한 정보를 확인할 수 있다.

(4) 송장인쇄등과 같은 수주 업무와 연관된 작업들을 수주내역 화면에서 같이 처리할 수 있다.

이와 같이 애플리케이션을 이용한 데이터입력은 데이터쉬트와 비교하여 많은 장점을 가지고 있다. 이들 애플리케이션 개발에 대하여서는 3부와 4부에서 보다 자세히 소개한다.

3절. 외부 데이터 가져오기 도구를 이용한 데이터 입력하기

외부 데이터 가져오기는 외부에 이미 만들어져 있는 파일로부터 데이터들을 가져와서 테이블에 입력하는 방법이다. 앞에서 설명한 바와 같이, 데이터베이스에의 데이터 입력은 데이터쉬트나 폼을 이용하여 레코드 단위로 이루어진다. 그러나 경우에 따라서는 대용량의 외부 데이터를 가져와서 데이터베이스에 입력할 경우들이 발생한다.

- 대용량 데이터들을 입력하여야 하는 경우에는, 레코드단위로 데이터베이스에 직접 입력하는 것보다 이들 데이터들을 워드프로세스나 스프레드쉬트 등과 같은 도구를 이용하여 작성하는 것이 보다 효과적이다.
- 바코드 리더 등과 같은 데이터 수집장치들이 다량의 데이터를 수집한 후 이들 데이터들을 주기적으로 데이터베이스에 입력하는 경우들이 많다.
- 다른 데이터베이스나 스프레드쉬트 등에 저장되어 있는 데이터들을 Access 데이터베이스에 입력하는 경우가 발생한다.

이러한 경우 외부 데이터 가져오기를 이용하여 손쉽게 데이터 입력을 실행할 수 있다. 외부 데이터 가져오기는 Access, dBASE, Excel, Lotus 1-2-3, Paradox, ASP, 텍스트 파일, XML 등 다양한 형식으로 저장된 데이터들을 가져올 수 있으나, 여기서는 텍스트 파일에 저장된 데이터들을 가져오는 방법을 살펴본다.

외부 데이터 가져오기를 실행하기 위하여서는,

- 파일메뉴에서 〔외부 데이터 가져오기〕를 실행한다 (그림 5-5 참조).
- 가져올 데이터들이 저장될 파일 형식을 정하고 파일 이름을 지정해준다. 파일 형식은 메뉴를 통하여 알 수 있는 바와 같이 다음과 같은 다양한 형식들을 지원한다.

  - Access, dBASE, Excel, Lotus 1-2-3, Paradox, ASP, 텍스트 파일, XML 등

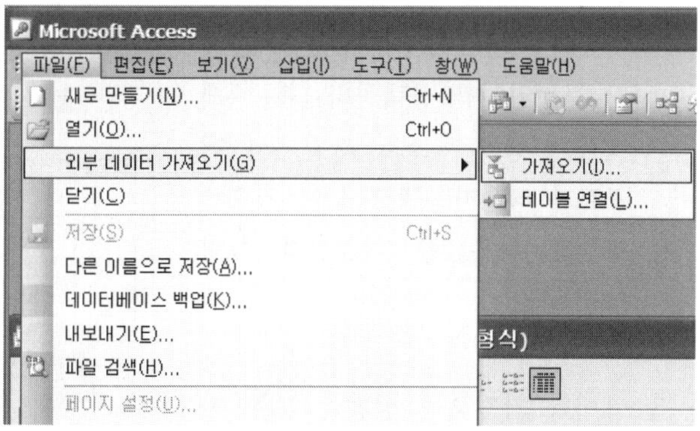

〔그림 5-5〕 외부 데이터 가져오기 -초기화면

이들 데이터 형식들 중에서, 본 예제에서는, 가장 일반적인 데이터 형식인 텍스트파일(.txt)을 선택한다. 데이터 형식을 선택하고 나면, 파일 이름을

지정하고 가져오기 버턴을 클릭한다(그림 5-6 참조).

- 〔가져오기〕 버턴을 클릭하면, 텍스트 가져오기 마법사가 실행된다. 마법사의 실행단계를 살펴보면,

〔그림 5-6〕 외부 데이터 가져오기에서 파일 이름 지정

① 먼저 데이터 가져오기 방법을 지정하는 화면이 나타난다. 가져오는 방법은 고정너비와 구분의 2가지가 있는데, 본 예제에서는 구분을 선택한다. (그림 5-7 참조)

- 구분은 쉼표 등을 이용하여 각 필드를 구분하는 방법이다.
- 고정너비는 필드별로 공백을 사용하여 일정 너비를 유지하는 방법이다.

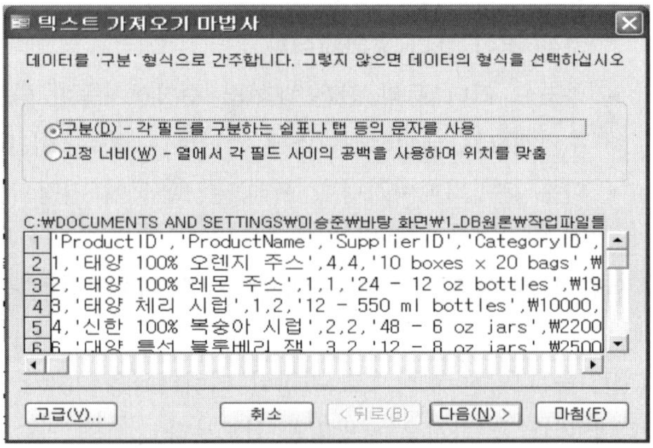

〔그림 5-7〕 필드 구분 방법 지정

② 구분을 선택하면, 구분자가 무엇으로 되어있는지를 지정한다. 본 예제에서는 입력 텍스트 파일에서 구분자가 쉼표로 되어 있으므로 쉼표를 선택한다. 그리고 가져올 파일의 첫 행에 필드이름이 포함되어 있는지를 선택하고, 각 필드 데이터의 묶음표가 있으면 이것이 따옴표와 작은따옴표 중에서 무엇인지를 선택한다. 본 예제에서는 입력 텍스트 파일에서 텍스트가 작은따옴표로 묶여 있으므로 작은따옴표를 지정한다.(그림 5-8 참조)

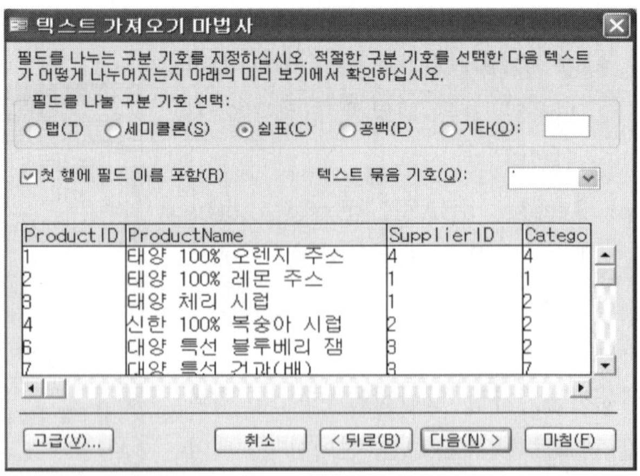

〔그림 5-8〕 필드 구분 지정 및 필드 이름

③ 데이터 가져오는 방법을 모두 지정하며, 각 필드별로 필드이름과

데이터 형식이 자동적으로 지정된다. 필요하면, 이들 필드 이름과 데이터 형식을 수정할 수 있다. 그리고 인덱스를 만들것인가를 지정한다. (그림 5-9 참조)

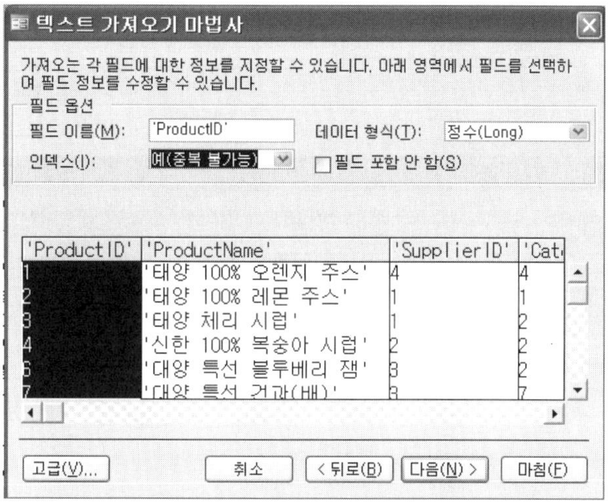

〔그림 5-9〕 필드 이름 및 데이터 형식 지정

④ 마지막으로 주키(기본키)를 지정한다. 그리고 테이블 이름을 지정하고 마침을 클릭하면 데이터 가져오기가 종료된다. (그림 5-10 참조)

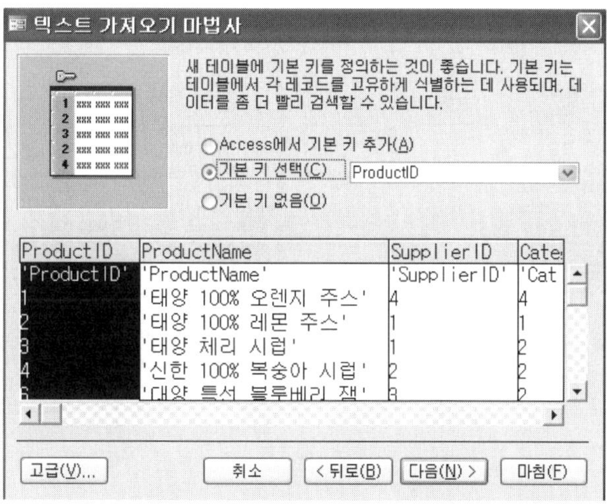

〔그림 5-10〕 기본키 선택

- 가져오기 마법사를 마치면, 지정한 테이블 구조에 따라 테이블이 만들어진다. 마지막으로 테이블 개체를 통하여 새로운 테이블이 만들어졌는가를 확인한다.

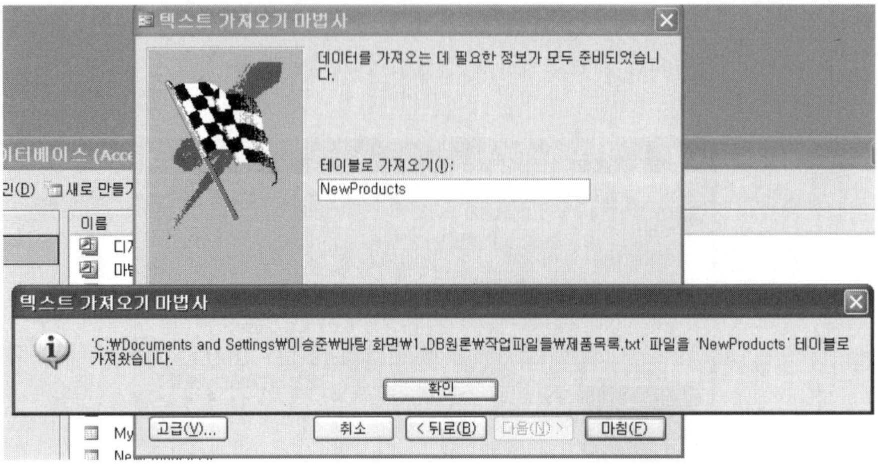

〔그림 5-11〕 외부 데이터 가져오기의 종료화면

ProductID	ProductName	SupplierID	CategoryID	QuantityPerUnit	UnitPrice	UnitsInStock	UnitsOnOrder
1	태양 100% 오렌7	4	4	10 boxes x 20 b	₩80,000	1900-02-07	
2	태양 100% 레몬	1	1	24 - 12 oz bottle	₩19,000	1900-01-16	4
3	태양 체리 시럽	1	2	12 - 550 ml bottl	₩10,000	1900-01-12	7
4	신한 100% 복숭(	2	2	48 - 6 oz jars	₩22,000	1900-02-21	
6	대양 특선 블루버	3	2	12 - 8 oz jars	₩25,000	1900-04-29	
7	대양 특선 건과(t	3	7	12 - 1 lb pkgs.	₩30,000	1900-01-14	
8	대양 특선 딸기 =	3	2	12 - 12 oz jars	₩40,000	1900-01-05	
10	노르웨이산 연어	4	8	12 - 200 ml jars	₩31,000	1900-01-30	
11	현진 커피 밀크	5	4	1 kg pkg.	₩21,000	1900-01-21	3
12	현진 바닐라 엣선	5	4	10 - 500 g pkgs.	₩13,800	1900-03-26	
13	유미 돌김	6	8	2 kg box	₩16,000	1900-01-23	
14	유미 건조 다시다	6	7	40 - 100 g pkgs.	₩23,000	1900-02-03	
15	유미 간장	6	2	24 - 250 ml bottl	₩15,000	1900-02-07	
16	파블로바 피넛 스	7	3	32 - 500 g boxe	₩17,000	1900-01-28	
18	대륙 냉동 참치	7	8	16 kg pkg.	₩62,000	1900-02-10	
19	신한 초콜릿 소스	8	3	10 boxes x 12 p	₩19,000	1900-01-24	
20	대양 마말레이드	8	3	30 gift boxes	₩81,000	1900-02-08	
21	대양 핫 케이크 =	8	3	24 pkgs. x 4 pie	₩10,000	1900-01-02	4
22	신성 시리얼	9	5	24 - 500 g pkgs.	₩21,000	1900-04-13	
23	신성 쌀 튀김 과7	9	5	12 - 250 g pkgs.	₩9,000	1900-03-01	

〔그림 5-12〕 데이터 가져오기로 만들어진 테이블

제6장 데이터 검색하기

데이터베이스는 데이터들을 모아놓은 데이터의 저장소이다. 이와 같이 데이터들을 저장하고 관리하는 것은 이들을 사용하기 위함이다. 데이터베이스는 일반적으로 한명의 사용자를 대상으로 하는 것이 아니라 여러 사용자들을 대상으로 한다. 즉, 여러 사용자들이 하나의 데이터베이스를 사용함으로써 데이터 관리의 효율성을 높이고, 정보를 공유하도록 하는 것이 데이터베이스의 목적이다.

이러한 정보 공유가 효과적이고 효율적으로 이루어지도록 하기 위하여서는 다음의 2가지가 가능하여야 한다.

- 저장된 데이터를 효과적으로 검색
- 여러 사용자들이 동일한 데이터베이스를 사용하더라도 각자의 필요에 따라 다른 형태로 사용

이러한 목적을 위하여 사용되는 것이 쿼리이다.

Access 데이터베이스에 저장된 데이터들을 검색하는 방법은 크게 다음의 3가지로 나누어진다.

- 쿼리를 이용하여 직접 데이터를 검색하는 방법
- 데이터 검색을 위한 애플리케이션을 개발하여 데이터를 검색하는 방법
- 내보내기 도구를 이용하여 테이블에 저장된 대용량의 데이터들을 한꺼번에 검색하여 다른 형식의 파일로 저장하는 방법

본 장에서는 데이터베이스를 여러 사용자들이 검색하고 사용하기 위하여 어떻게 쿼리나 애플리케이션을 이용하는가를 살펴본다.

1절. 쿼리를 이용한 데이터 검색하기

쿼리(Query)는 데이터베이스에 저장된 테이블들로부터 필요한 데이터들(즉, 필요한 레코드들과 각 레코드의 필드들 중에서 필요한 필드들)만을 추출한 것을 지칭한다. 예를 들면, 그림 6-1의 Current Product List는 제품(Products) 테이블에 저장된 제품들 중에서 단품종(Discontinued)이 아닌 제품들을 검색하여 제품번호와 제품이름만을 표시한 것이다.

제품 번호	제품 이름
10	노르웨이산 연어알 조림
31	대관령 바닐라 아이스크림
32	대관령 초콜릿 아이스크림
72	대관령 특제 버터
18	대륙 냉동 참치
63	대륙 사과 식초
58	대성 어묵
20	대양 마말레이드
7	대양 특선 건과(배)
8	대양 특선 딸기 소스
6	대양 특선 블루베리 잼
21	대양 핫 케이크 소스
60	대일 파메쌍 치즈
59	대일 포장 치즈

〔그림 6-1〕 Current Product List 쿼리

그리고 Sales by Category는 1997-01-01과 1997-12-31 사이에 수주한 모든 주문을 제품 분류별, 제품별로 분류하여 각 제품별 판매액을 계산하여 표시한 것이다.

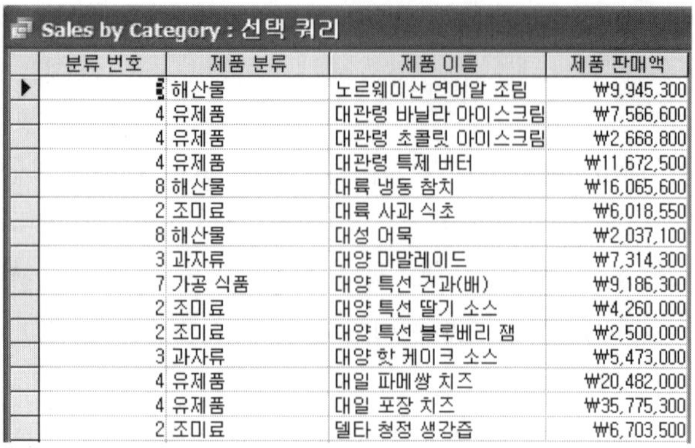

Sales by Category : 선택 쿼리

분류 번호	제품 분류	제품 이름	제품 판매액
8	해산물	노르웨이산 연어알 조림	₩9,945,300
4	유제품	대관령 바닐라 아이스크림	₩7,566,600
4	유제품	대관령 초콜릿 아이스크림	₩2,668,800
4	유제품	대관령 특제 버터	₩11,672,500
8	해산물	대륙 냉동 참치	₩16,065,600
2	조미료	대륙 사과 식초	₩6,018,550
8	해산물	대성 어묵	₩2,037,100
3	과자류	대양 마말레이드	₩7,314,300
7	가공 식품	대양 특선 건과(배)	₩9,186,300
2	조미료	대양 특선 딸기 소스	₩4,260,000
2	조미료	대양 특선 블루베리 잼	₩2,500,000
3	과자류	대양 핫 케이크 소스	₩5,473,000
4	유제품	대일 파메쌍 치즈	₩20,482,000
4	유제품	대일 포장 치즈	₩35,775,300
2	조미료	델타 청정 생강즙	₩6,703,500

〔그림 6-2〕 Sales by Category

이와 같이 쿼리는 다음의 2가지로 분류된다.

- 특정 테이블의 일부 또는 전부를 추출한 것
- 2개 이상의 테이블을 결합하여, 결합된 것의 일부 또는 전부를 추출한 것

그리고 쿼리는 이미 만들어진 다른 쿼리들로부터도 데이터를 검색할 수 있다.

바꿔서 이야기 하면, 쿼리에 의하여 검색된 데이터들도 데이터베이스에 저장된 테이블과 같은 구조로 데이터들을 저장하고 있다고 취급할 수 있다. 다만,

- 쿼리는 실제로 저장매체에 데이터들을 저장한 것은 아니고, 저장된 테이블들로부터 검색한 데이터들이 가상적으로 저장된 것처럼 취급하는 것이며,
- 이러한 점에서 쿼리를 가상 테이블(virtual table) 또는 뷰(view) 라고도 한다.

따라서, 쿼리에 대하여서도 다시 쿼리를 만들 수 있으며, 물론 테이블과 쿼리를 결합하여 데이터를 검색할 수도 있다.

이와 같이 쿼리를 이용함으로써 데이터베이스에 저장된 데이터들을 매우 다양한 형태로 볼 수 있다. 예를 들면, 노스윈드사의 예제 데이터베이스는 제품분류(Categories), 제품(Products), 고객(Customers) 등의 8개의 테이블로 구성된다. 그러나 데이터베이스 사용자들은 이들 테이블 이외에도 Current Product List, Sales by Category 등의 다양한 형태로 데이터들이 저장되어 있다고 가정하고 이용할 수 있다. 이와 같이 사용자별로 사용하기 편리한 형태로 쿼리를 만들어 데이터를 이용할 수 있음으로써, 여러 사용자들이 동일 데이터베이스를 편리하게 사용할 수 있다.

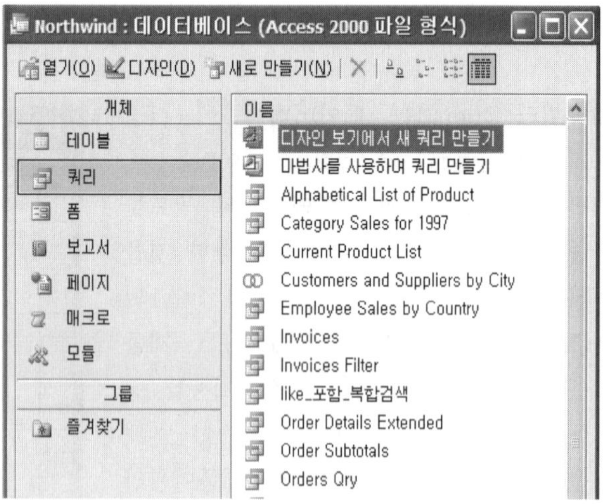

〔그림 6-3〕 쿼리 개체 화면

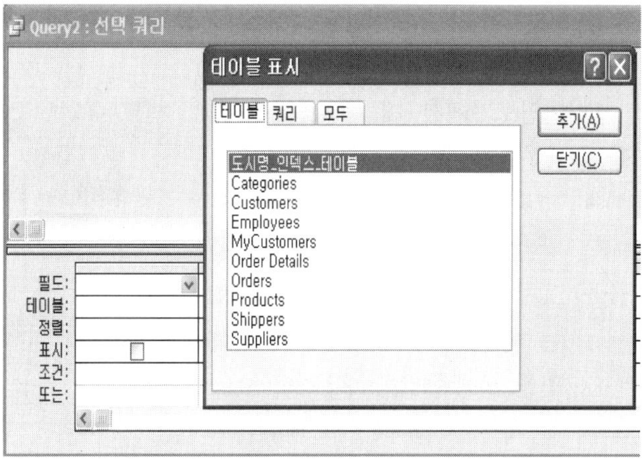

〔그림 6-4〕 쿼리 디자인 보기 화면

부록 A. 쿼리(가상 테이블)와 정보공유에서 보다 자세히 설명하겠지만, 쿼리는 단일 데이터베이스를 여러 사용자들이 공동으로 사용하기 위하여 반드시 필요한 기능이다. 예를 들면, 데이터베이스에는 제품(Products) 테이블과 제품분류(Categories) 테이블 2개가 저장되어 있지만, 사용자들은 Current Product List, Discontinued Product List, 음료 Product List, 조미료 Product List, 과자류 Product List, 유제품 Product List, 곡류 Product List, 유제품 Product List, 가공식품 Product List, 해산물 Product List 등 10개의 테이블들이 저장된 것처럼 사용할 수 있다.

이와 같이, 실제 저장된 테이블과 사용자들에게 제시되는 쿼리가 반드시 같을 필요가 없음으로써, 쿼리는 사용사들의 요구별로 다양한 형태로 데이터들이 제공될 수 있게 한다.

Access에서 쿼리를 실행하기 위하여서는 다음과 같은 작업들이 필요하다.

(1) 먼저 Access를 실행하고, 생성된 데이터베이스를 연다. 따라서 쿼리는 2개 이상의 데이터베이스를 대상으로 테이블을 검색할 수는 없으며, 반드시 1개의 데이터베이스만을 대상으로 하여야 한다.

(2) Access 개체에서 쿼리를 클릭하면, 새로운 쿼리를 생성하기 위한 도구들과 이미 만들어진 쿼리의 이름들이 화면에 표시된다. (그림 6-3 참조)

(3) 쿼리 화면에서 〔디자인보기에서 새 쿼리 만들기〕를 선택하여 클릭한다. 그러면 새로운 쿼리를 만들기 위한 쿼리 디자인 보기 화면이 나타난다. (그림 6-4 참조)

이러한 쿼리의 작성 방법은, 쿼리에서 사용하는 테이블 또는 쿼리가 (이미 만들어진 쿼리도 테이블과 같이 취급할 수 있다고 앞에서 설명하였다.)

- 1개인지 또는
- 2개 이상인지에 따라 다르다.

그리고,

- 대상이 되는 테이블에 포함된 데이터들만을 검색하는 것이 아니라,
- 이들로부터 계산되는 합계, 평균 등과 같은 다양한 함수값들도 같이 산출할 수 있다.

이하에서는 이들 각각의 형태별로 쿼리를 작성하는 방법을 소개한다.

1.1절 단일 테이블을 대상으로 한 쿼리

〔디자인보기에서 새 쿼리 만들기〕를 실행하면,

- 그림 6-4에 표시되었던 바와 같이 쿼리 작성 화면과 테이블 표시화면이 같이 나타낸다. (또는 이후 추가로 테이블 표시화면을 실행하려면 마우스의 오르쪽 버턴을 클릭한 후 메뉴에서 테이블 표시화면을 실행한다)

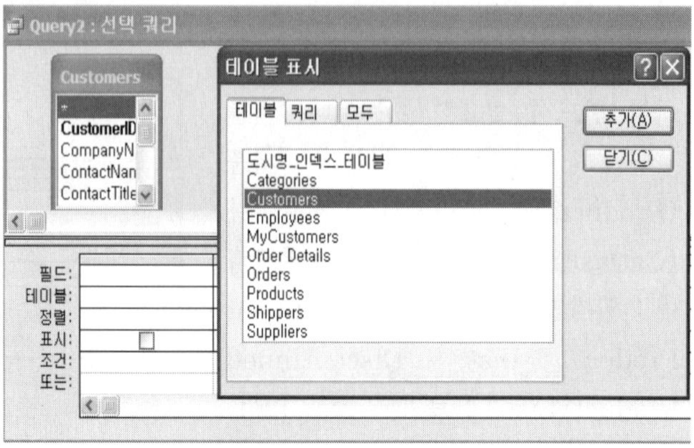

〔그림 6-5〕 쿼리 디자인 보기 화면에서 테이블 추가

여기서는 고객(Customers) 테이블로부터 "인천광역시"에 있는 고객사들의 고객번호, 회사이름, 도시명, 전화번호를 검색하는 쿼리 작성 과정을 살펴본다.

- 테이블 표시화면에서 데이터를 검색할 대상이 되는 테이블을 쿼리화면에 추가한다. 본 예제에서는 고객(Customers) 테이블을 추가한다.

  (앞에서 이야기한 것과 같이 쿼리로부터 다시 쿼리를 만들 수 있기 때문에 테이블 표시화면에는 테이블들뿐만이 아니라 쿼리도 같이 포함되어 있음을 볼 수 있다)

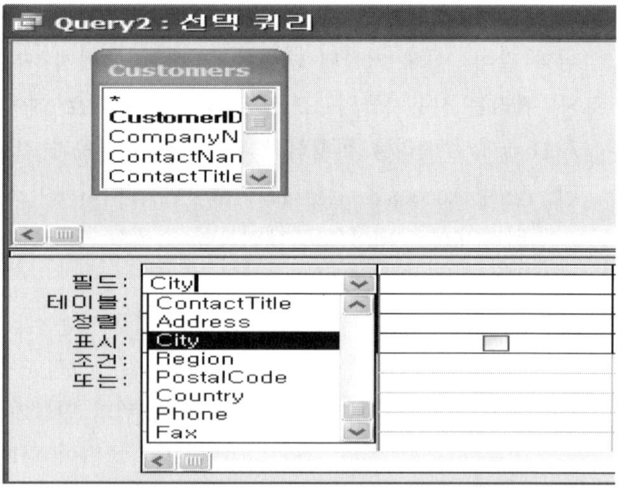

〔그림 6-6〕 쿼리 디자인 보기 화면에서 필드 선택

- 그러면 선택된 테이블이 쿼리 화면에 표시됨을 알 수 있다. 더 이상 추가할 테이블이 없으면 (본 예제에서는 1개의 테이블만을 대상으로 하는 쿼리를 실습하므로), 닫기버턴을 클릭하여 테이블 표시화면을 닫는다. (그림 6-5 참조)
- 대상 테이블로부터 특정 조건을 만족시키는 레코드들을 검색하기 위한 검색 기준을 정의한다. 검색기준을 정의하기 위하여서는 다음과 같이 검색의 기준이 되는 필드명과 필드 값을 입력한다.

  - 검색 기준이 되는 필드를 쿼리화면의 필드 행에서 선택한다. 이를 위하여 필드 행의 드

룹다운 버턴을 클릭하면 대상 테이블에 포함된 모든 필드들이 나타난다. 이들 중에서 1개를 선택하면 된다. (본 예제에서는 도시(City)를 선택한다.)

- 선택된 필드의 검색조건을 쿼리화면의 조건행에 입력한다. (본 예제에서는 "인천광역시"라고 입력하면 된다.)

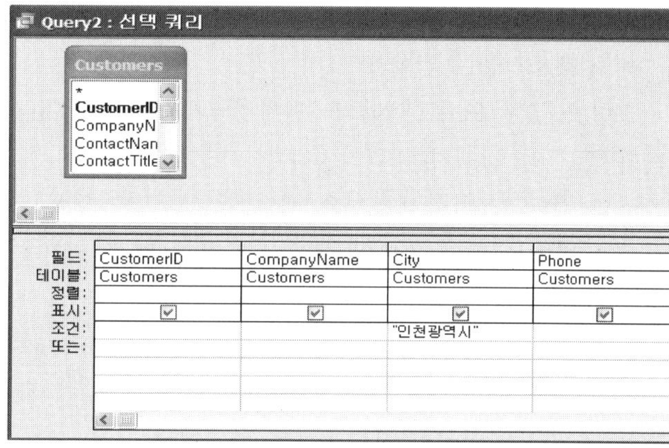

〔그림 6-7〕 쿼리디자인 보기 화면에서 검색 조건 선택 및 검색 필드 선택

- 검색 기준의 입력이 끝났으면, 검색하고자 하는 필드명들을 선택한다. 이를 위하여,
  - 쿼리화면의 필드행에서 검색하고자 하는 필드명을 선택하고 (본 예제에서는 먼저 고객번호를 선택한다.)
  - 쿼리화면의 표시행을 체크하여 선택된 필드를 결과 화면에 표시할 것임을 지정한다. 위의 과정을 검색하고자하는 필드들에 대하여 반복한다. (이 경우에는 회사이름, 도시명, 전화번호들에 대하여 반복한다.)

이상에서 우리는 1개의 테이블에 대하여 1가지 검색조건을 이용한 쿼리의 작성 과정을 살펴보았다. 그러나 대상이 되는 테이블이 2개 이상일 수 있으며, 검색 조건이 2개 이상일 경우도 있다.

이하에서는 쿼리 검색 조건의 표시에 대하여 보다 자세히 살펴본 후 2개 이상의 테이블에 대한 쿼리에 대하여 살펴본다.

1.2절 검색조건의 표시

쿼리 검색조건은 테이블로부터 데이터들을 추출하는 기준이다. 따라서 이러한 기준들은 매우 다양할 수 있다. 이렇게 다양한 검색조건들을 다음의 2가지를 나누어진다.

- 검색조건이 하나뿐인 단일 검색조건
- 검색조건이 둘 이상인 복합 검색조건

1.2.1 단일 검색조건의 표시

검색 조건이 하나뿐인 단일 검색조건은 쿼리의 디자인 보기 화면에서 다음과 같이 하면 된다.

- 검색 조건을 나타내는 필드를 선택
- 검색조건을 조건행에 표시

그림 6-7은 도시(City)가 "인천광역시"인 고객(Customers)의 고객번호, 회사이름, 도시명, 전화번호들을 검색하는 쿼리이다.

이와 같이 단일 검색조건은 해당 필드의 조건행에 표시하면 되는데, 검색조건을 조건행에 표시하는 방법은 해당 필드의 데이터 유형과 검색 조건을 얼마나 명확하게 표시할 수 있느냐에 따라 조금씩 다르다.

- 필드의 데이터 유형이 숫자, 일련번호, 통화, 날짜/시간일 경우나 찾고자하는 텍스트를 정확하게 알고 있는 경우는 찾고자 하는 값을 명시하면 된다.
- 그러나 찾고자하는 텍스트를 정확하게 모를 경우 등에는 보다 유연한 방법의 검색조건 표시기법들을 활용할 수 있다.

데이터 유형별로 검색조건을 표시하는 방법을 보다 자세히 살펴보면 다음과 같다.

숫자, 일련번호, 통화

- 찾고자하는 값 또는 값의 범위를 〉, 〉=, =, 〈, 〈=, NOT, Between ... and 등을 이용하여 표시

텍스트

- 찾고자하는 텍스트를 정확하게 알 경우 : 텍스트를 표시
- 찾고자할 텍스트를 정확하게 모를 경우 : 다음과 같이 like를 사용하여 표시

예 제	의 미
Like "삼*"	"삼"이라는 문자로 시작되는 텍스트
Like "*상사"	"상사"라는 단어로 끝나는 텍스트
Like "[ㄱ-ㅁ]*"	ㄱ에서 ㅁ사이의 문자로 시작하는 텍스트
Like "*월드*"	"월드"라는 일련 문자가 포함되어 있는 텍스트
Like "경성 트레이?"	전체 7문자 중 첫 6자가 "경성 트레이"로 시작하는 텍스트

날짜/시간

- 찾고자하는 날짜를 #YYYY-MM-DD# 형식으로

(예 : 2005년 1월 1일은 #2005-01-01#로 표시) 표시.

- 이전, 이후 표시 : 숫자와 같은 형식으로 〉, 〉=, =, 〈, 〈=, NOT 등을 이용하여 표시
- 기간 표시 : Between #YYYY-MM-DD# and #YYYY-MM-DD#로 표시

1.2.2 복합 검색조건의 표시

복합 검색조건이란 2개 이상의 단일 검색조건들을 결합한 경우이다. 따라서 복합 검색조건은 단일 검색조건들을 어떻게 결합하는가에 따라 표시 방법이 달라진다.

단일 검색조건들을 결합하는 방법은 이들 조건들을 모두 충족시켜야 하는 AND 조건과 하나만 충족시켜도 되는 OR 조건의 2가지 방법이 있다.

AND 조건

AND로 연결된 검색조건들은 이들을 모두 만족시키는 레코드들만을 검색하는 검색조건이다. 예를 들면, 도시(city)가 '인천광역시'이면서, 회사이름이 정확하지는 않지만 '상사'를 포함하는 고객을 검색할려고 하면, 그림 6-8에 표시된 바와 같이,

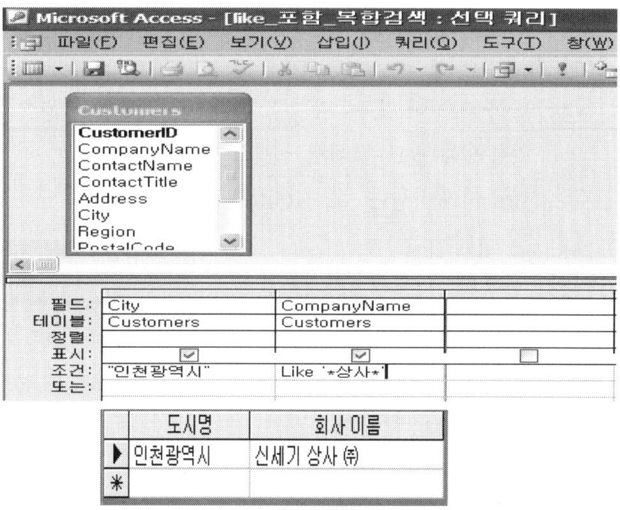

〔그림 6-8〕 복합 검색조건 쿼리

(1) 검색 기준이 되는 필드를 쿼리화면의 필드 행에서 선택한다.
 (본 예제에서는 도시(City)를 선택한다.)

(2) 선택된 필드의 검색조건을 쿼리화면의 조건행에 입력한다.
 (본 예제에서는 "인천광역시" 라고 입력하면 된다.)

(3) AND로 연결된 또 다른 검색조건의 필드를 선택한다.
 (본 예제에서는 회사이름(Companyname)을 선택한다.)

(4) 선택된 필드의 검색조건을 쿼리화면의 조건행에 입력한다.
 (본 예제에서는 like '*상사*' 라고 입력하면 된다.)

(5) 만약 검색 조건이 3개 이상이면, 동일한 방법으로 검색조건들을 추가하면 된다.

이와 같이 서로 다른 필드들에 대한 검색조건들을 나열하면, 이들 필드들에 대한 조건을 모두

충족시키는 레코드들만을 검색한다. 그림 6-8 쿼리의 검색 결과는 도시명이 인천광역시이고 회사이름에 상사가 포함된 신세기상사(주)만이 검색된다.

OR 조건

OR로 연결된 검색조건들은 이들 중 하나이상을 만족시키는 레코드들을 모두 검색하는 검색조건이다.

예를 들면, 부산광역시 또는 인천광역시에 거주하는 고객을 검색하기 위한 검색조건은 city = "인천광역시" OR "부산광역시" 이다.

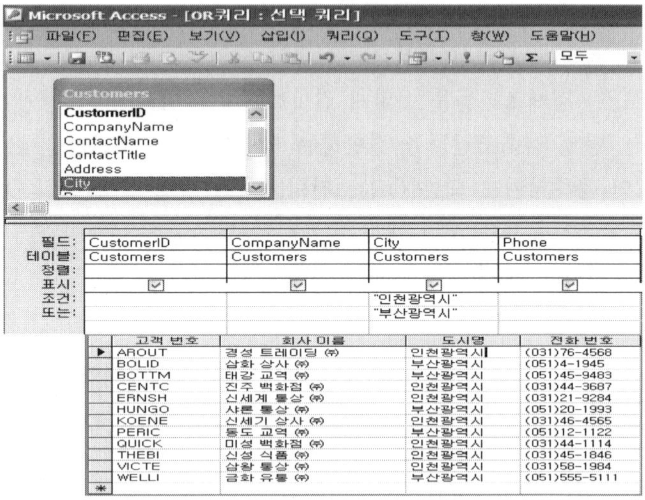

〔그림 6-9〕 OR 조건 검색 쿼리

이러한 OR 조건을 검색하기 위하여서는, 그림 6-9에 예시된 바와 같이 하면 된다.

(1) 검색 기준이 되는 필드를 쿼리화면의 필드 행에서 선택 (본 예제에서는 도시(City)를 선택한다.)

(2) 선택된 필드의 검색조건을 쿼리화면의 조건행에 입력 (본 예제에서는 "인천광역시"라고 입력하면 된다.)

(3) OR로 연결된 또 다른 조건을 또는 행에 입력 (본 예제에서는 "부산광역시"라고 입력하면 된다.)

(4) 만약 또다른 OR로 연결된 검색조건이 있다면 이를 그 다음 행에 입력

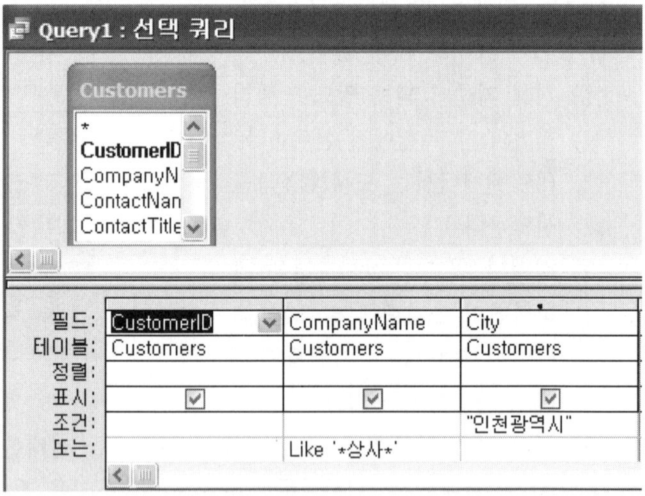

〔그림 6-10〕 OR 조건 검색 쿼리 -2

이상에서 살펴본 바와 같이 또는 OR로 연결된 검색조건들은 동일 필드에 대한 검색조건들이어야 한다.

만약 서로 다른 필드에 대하여 OR로 연결된 검색조건들을 나타내기 위하여서는 동일한 방법

으로 OR 조건을 표시한다. 다만 이들 검색조건을 같은 행에 표시하도록 유의한다.

예를 들면, 도시가 인천광역시이거나 회사이름이 정확하지는 않지만 '상사'를 포함하는 고객을 검색할려고 하면, 그림 6-10과 같이 작성한다. 만약 그림 6-8에 예시되었던 것처럼, 도시(City)와 회사이름(CompanyName)에 대하여 따로 따로 검색조건을 표시하면, AND조건이 되어 원래 원하는 레코드들을 검색할 수 없다.

1.3절 2개 이상의 테이블을 대상으로 한 쿼리 : 조인 (Join)

사용자들이 검색하고자 하는 데이터들이 항상 1개의 테이블에 모두 저장되어 있는 것은 아니다. 즉, 2개 이상의 여러 테이블들에 나누어져 있는 경우가 대부분이다. 이와 같이 여러 테이블에 나누어져 있는 데이터들을 쿼리를 이용하여 모두 추출하기 위하여서는,

- 이들 데이터들을 먼저 결합하여야 하며, 이를 조인(join)이라고 한다.
- 이렇게 조인된 테이블들로부터 데이터들을 검색하는 것은 단일 테이블을 대상으로 하여 검색조건들을 표시하는 것과 동일하다.

예를 들어 특정 지역에 있는 고객들이 특정 기간동안 발주한 주문(Orders) 들을 검색하고자 한다고 가정하자. 이 경우에는 다음과 같은 검색 작업이 필요하다.

- 특정 지역에 있는 고객들을 검색하기 위하여서는 고객(Customers) 테이블을 검색
- 검색된 고객들이 특정 기간동안 주문한 주문(Orders)를 검색하기 위하여서는 Orders 테이블을 검색

이와 같이 검색하고자하는 데이터들이 2개 이상의 테이블에 포함되어 있는 경우에는, 이들 테이블들을 각각 검색하여서는 않되며 이들을 결합할 수 있는 방안을 모색하여야 한다.

Access에서 2개의 테이블이 서로 같은 필드들을 포함할 경우에는 이 필드를 매개로 하여 2개의 테이블을 결합(즉, 조인)할 수 있다. 예를 들면, 고객(Customers) 테이블과 주문(Orders) 테이블은 고객번호(CustomerID)를 매개로 하여 결합될 수 있다.

- 고객(Customers) 테이블과 주문(Orders) 테이블을 조인하기 위하여서는, 고객(Customers)레코드의 고객번호(CustomerID)와 주문(Orders) 테이블의 고객(CustomerID) 필드의 값이 일치하는 레코드들을 서로 결합한다.

  (주문(Orders) 테이블의 고객 필드는 화면에 표시되기로는 회사이름(CompanyName)이 표시되나, 저장되기로는 고객번호(CustomerID)가 저장된다. 즉 사용자들이 이해하기 쉽도록 조회마법사를 이용하여 고객번호(CustomerID)에 해당하는 회사이름(CompanyName)을 검색하여 화면에 표시한 것이다.)

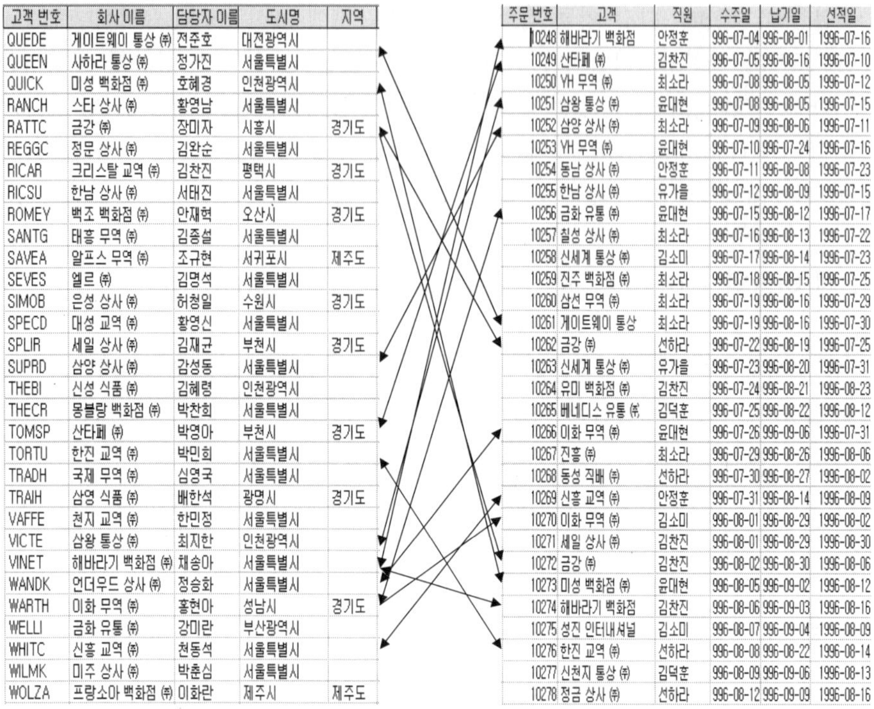

고객 번호	회사 이름	담당자 이름	도시명	지역
QUEDE	게이트웨이 통상 ㈜	전준호	대전광역시	
QUEEN	사하라 통상 ㈜	정가진	서울특별시	
QUICK	미성 백화점 ㈜	호혜경	인천광역시	
RANCH	스타 상사 ㈜	황영남	서울특별시	
RATTC	금강 ㈜	장미자	시흥시	경기도
REGGC	정문 상사 ㈜	김완순	서울특별시	
RICAR	크리스탈 교역 ㈜	김찬진	평택시	경기도
RICSU	한남 상사 ㈜	서태진	서울특별시	
ROMEY	백조 백화점 ㈜	안재혁	오산시	경기도
SANTG	태흥 무역 ㈜	김종설	서울특별시	
SAVEA	알프스 무역 ㈜	조규현	서귀포시	제주도
SEVES	엘르 ㈜	김명석	서울특별시	
SIMOB	은성 상사 ㈜	허청일	수원시	경기도
SPECD	대성 교역 ㈜	황영신	서울특별시	
SPLIR	세일 상사 ㈜	김재균	부천시	경기도
SUPRD	삼양 상사 ㈜	감성동	서울특별시	
THEBI	신성 식품 ㈜	김혜령	인천광역시	
THECR	몽블랑 백화점 ㈜	박찬희	서울특별시	
TOMSP	산타페 ㈜	박영아	부천시	경기도
TORTU	한진 교역 ㈜	박민희	서울특별시	
TRADH	국제 무역 ㈜	심영국	서울특별시	
TRAIH	삼영 식품 ㈜	배한석	광명시	경기도
VAFFE	천지 교역 ㈜	한민정	서울특별시	
VICTE	삼왕 통상 ㈜	최지한	인천광역시	
VINET	해바라기 백화점 ㈜	채송아	서울특별시	
WANDK	언더우드 상사 ㈜	정승화	서울특별시	
WARTH	이화 무역 ㈜	홍현아	성남시	경기도
WELLI	금화 유통 ㈜	강미란	부산광역시	
WHITC	신흥 교역 ㈜	천동석	서울특별시	
WILMK	미주 상사 ㈜	박춘심	서울특별시	
WOLZA	프랑소아 백화점 ㈜	이화란	제주시	제주도

주문 번호	고객	직원	수주일	납기일	선적일
10248	해바라기 백화점	안정훈	996-07-04	996-08-01	1996-07-16
10249	산타페 ㈜	김찬진	996-07-05	996-08-16	1996-07-10
10250	YH 무역 ㈜	최소라	996-07-08	996-08-05	1996-07-12
10251	삼왕 통상 ㈜	윤대현	996-07-08	996-08-05	1996-07-15
10252	삼양 상사 ㈜	최소라	996-07-09	996-08-06	1996-07-11
10253	YH 무역 ㈜	윤대현	996-07-10	996-07-24	1996-07-16
10254	동남 상사 ㈜	안정훈	996-07-11	996-08-08	1996-07-23
10255	한남 상사 ㈜	유가을	996-07-12	996-08-09	1996-07-15
10256	금화 유통 ㈜	윤대현	996-07-15	996-08-12	1996-07-17
10257	칠성 상사 ㈜	최소라	996-07-16	996-08-13	1996-07-22
10258	신세계 통상 ㈜	김소미	996-07-17	996-08-14	1996-07-23
10259	진주 백화점 ㈜	최소라	996-07-18	996-08-15	1996-07-25
10260	삼선 무역 ㈜	최소라	996-07-19	996-08-16	1996-07-29
10261	게이트웨이 통상	최소라	996-07-19	996-08-16	1996-07-30
10262	금강 ㈜	선하라	996-07-22	996-08-19	1996-07-25
10263	신세계 통상 ㈜	유가을	996-07-23	996-08-20	1996-07-31
10264	유미 백화점 ㈜	김찬진	996-07-24	996-08-21	1996-08-23
10265	베네디스 유통 ㈜	김덕훈	996-07-25	996-08-22	1996-08-12
10266	이화 무역 ㈜	윤대현	996-07-26	996-09-06	1996-07-31
10267	진흥 ㈜	최소라	996-07-29	996-08-26	1996-08-06
10268	동성 직배 ㈜	선하라	996-07-30	996-08-27	1996-08-02
10269	신흥 교역 ㈜	안정훈	996-07-31	996-08-14	1996-08-09
10270	이화 무역 ㈜	김소미	996-08-01	996-08-29	1996-08-02
10271	세일 상사 ㈜	김찬진	996-08-01	996-08-29	1996-08-30
10272	금강 ㈜	김찬진	996-08-02	996-08-30	1996-08-06
10273	미성 백화점 ㈜	윤대현	996-08-05	996-09-02	1996-08-12
10274	해바라기 백화점	김찬진	996-08-06	996-09-03	1996-08-16
10275	성진 인터내셔널	김소미	996-08-07	996-09-04	1996-08-09
10276	한진 교역 ㈜	선하라	996-08-08	996-08-22	1996-08-14
10277	신천지 통상 ㈜	김덕훈	996-08-09	996-09-06	1996-08-13
10278	정금 상사 ㈜	선하라	996-08-12	996-09-09	1996-08-16

〔그림 6-11〕 고객번호(CustomerID)를 매개로 한
고객(Customers) 레코드와 주문(Orders) 레코드의 결합

- 이렇게 결합하면, 결합된 레코드는 Customers 테이블과 Orders 테이블의 필드를 모두 포함하는 테이블이 된다.

이와 같이 2개의 테이블을 결합하기 위하여서는 다음의 사항들을 지정해 주어야 한다.

- 두 테이블이 무슨 필드를 매개로 하여 결합되는가를 지정
- 서로 일치하는 조인 필드의 값이 없는 레코드들도 조인된 테이블에 같이 표시할 것인지 또는 표시하지 않을 것인지를 나타내는 조인 유형을 조인 속성에서 지정

고객 번호	회사 이름	담당자 이름	주소	도시명	주문 번호	고객	직원	수주일	납기일	선적일	선적 구분
ALFKI	신영상사 ㈜	한석규	가장동 78-3	상주시	10952	신영상사 ㈜	김소미	1998-03-16	1998-04-27	1998-03-24	대륙 통운 (
ALFKI	신영상사 ㈜	한석규	가장동 78-3	상주시	11011	신영상사 ㈜	윤대현	1998-04-09	1998-05-07	1998-04-13	대륙 통운 (
ANATR	원창 ㈜	황영순	서초구 방배동 883-11	서울특별시	10308	원창 ㈜	오영수	1996-09-18	1996-10-16	1996-09-24	국제 특송 (
ANATR	원창 ㈜	황영순	서초구 방배동 883-11	서울특별시	10625	원창 ㈜	윤대현	1997-08-08	1997-09-05	1997-08-14	대륙 통운 (
ANATR	원창 ㈜	황영순	서초구 방배동 883-11	서울특별시	10759	원창 ㈜	윤대현	1997-11-28	1997-12-26	1997-12-12	국제 특송 (
ANATR	원창 ㈜	황영순	서초구 방배동 883-11	서울특별시	10926	원창 ㈜	최소라	1998-03-04	1998-04-01	1998-03-11	국제 특송 (
ANTON	동광 통상 ㈜	조자룡	강서구 내발산동 318	서울특별시	10365	동광 통상 ㈜	윤대현	1996-11-27	1996-12-25	1996-12-02	한일 특급 (
ANTON	동광 통상 ㈜	조자룡	강서구 내발산동 318	서울특별시	10507	동광 통상 ㈜	오영수	1997-04-15	1997-05-13	1997-04-22	대륙 통운 (
ANTON	동광 통상 ㈜	조자룡	강서구 내발산동 318	서울특별시	10535	동광 통상 ㈜	최소라	1997-05-13	1997-06-10	1997-05-21	대륙 통운 (
ANTON	동광 통상 ㈜	조자룡	강서구 내발산동 318	서울특별시	10573	동광 통상 ㈜	오영수	1997-06-19	1997-07-17	1997-06-20	국제 특송 (
ANTON	동광 통상 ㈜	조자룡	강서구 내발산동 318	서울특별시	10677	동광 통상 ㈜	김소미	1997-09-22	1997-10-20	1997-09-26	국제 특송 (
ANTON	동광 통상 ㈜	조자룡	강서구 내발산동 318	서울특별시	10682	동광 통상 ㈜	윤대현	1997-09-25	1997-10-23	1997-10-01	한일 특급 (
ANTON	동광 통상 ㈜	조자룡	강서구 내발산동 318	서울특별시	10856	동광 통상 ㈜	윤대현	1998-01-28	1998-02-25	1998-02-10	한일 특급 (
AROUT	경성 트레이딩	구재석	남구 연수동 208-16	인천광역시	10355	경성 트레이!	김찬진	1996-11-15	1996-12-13	1996-11-20	대륙 통운 (
AROUT	경성 트레이딩	구재석	남구 연수동 208-16	인천광역시	10383	경성 트레이!	선하라	1996-12-16	1997-01-13	1996-12-18	국제 특송 (
AROUT	경성 트레이딩	구재석	남구 연수동 208-16	인천광역시	10453	경성 트레이!	김소미	1997-02-21	1997-03-21	1997-02-26	한일 특급 (

〔그림 6-12〕 Customers 테이블과 Orders 테이블을 조인한 테이블

1.3.1 조인 필드의 지정 방법

조인 필드들을 지정하는 방법은 관계를 통하여 지정하는 방법과 쿼리에서 지정하는 방법이 있다. 그러나 테이블들은 특별한 경우를 제외하고는 외래키(외부키 : Foreign Key)를 매개로 하여 조인되는 것이 일반적이다. 따라서 조인 필드들은 쿼리화면에서 지정하는 것 보다는 〔관계〕를 이용하여 지정하는 것이 보다 바람직하다.

- 관계 도구에서 지정하는 방법

  제4장 관계 설정하기에서 설명한 관계가 설정된 (특정 테이블의 주키와 관련 (되는) 테이블에 포함된 외래키 사이에 관계가 설정된) 테이블들을 쿼리 화면에 추가하면, 이들 사이의 관계가 쿼리 화면에도 자동으로 표시된다. 이는 관계가 맺어진 필드들에 의하여 2개의 테이블이 이미 조인(join) 되었음을 나타내는 것이다. 따라서 별도로 조인 필드들을 지정할 필요가 없다. (그림 6-13 참조)

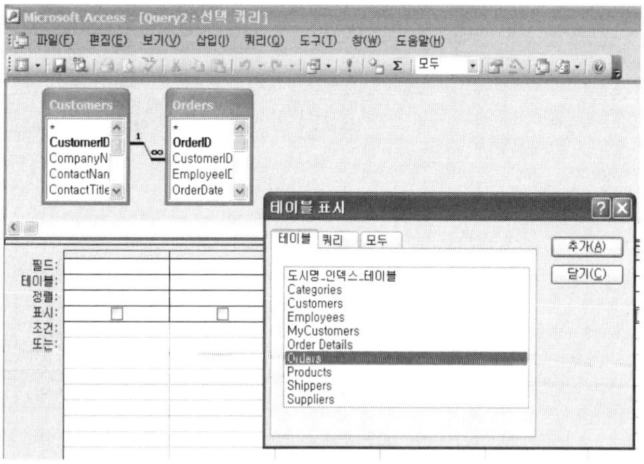

〔그림 6-13〕 관계에서 정의된 조인 필드의 표시

- 쿼리 화면에서 지정하는 방법

  (1) 관계가 맺어져 있지 않은 테이블들을 조인하고자 할 경우에는 이들 테이블을 쿼리 화면에 추가

  (2) 한 테이블에서 조인 필드를 선택한 후, 이를 다른 테이블의 필드로 이동

  (3) 조인 속성 보기를 실행하여 조인 필드들이 바르게 지정되었는가를 확인

  (4) 조인 유형을 지정

이와 같이, 임의의 필드를 이용하여 2 테이블을 조인할 수 있다.

그림 6-14는 고객(Customers) 테이블의 도시명(City)과 공급자(Suppliers) 테이블의 도시명(City)이 서로 같은 레코드들을 조인하는 쿼리이다. (이러한 쿼리는 왜 필요한지 의문이 들 수도 있겠지만, 경우에 따라서는 같은 도시에 거주하는 고객들과 공급사들을 검색하여 이를 영업활동에 활용할 수 있다.)

그림 6-15는 같은 도시에 거주하는 고객들과 공급사들을 조인한 쿼리 결과이다.

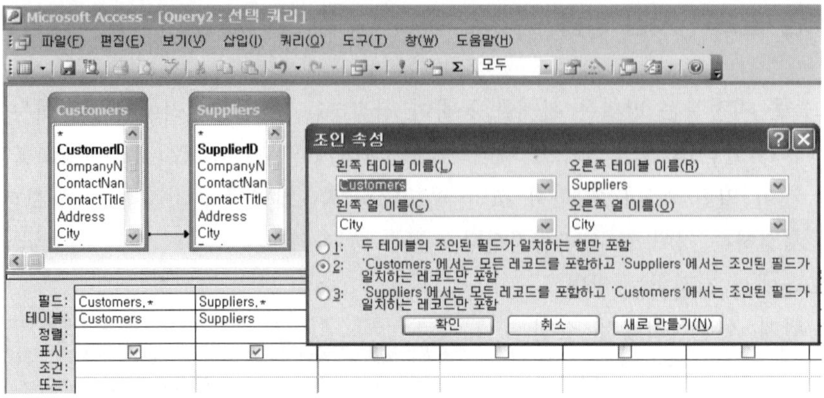

〔그림 6-14〕 쿼리화면에서 조인 필드 지정하기

고객 번호	회사 이름	담당자 이	담당자 직위	도시명	공급업체 번호	회사 이름	도시명
ALFKI	신영상사 ㈜	한석규	영업 사원	상주시			
ANATR	원창 ㈜	황영순	대표 이사	서울특별시	16	태일 양조 ㈜	서울특별시
ANATR	원창 ㈜	황영순	대표 이사	서울특별시	2	신한 식품 ㈜	서울특별시
ANATR	원창 ㈜	황영순	대표 이사	서울특별시	3	대양 농산 ㈜	서울특별시
ANATR	원창 ㈜	황영순	대표 이사	서울특별시	6	유미 식품 ㈜	서울특별시
ANATR	원창 ㈜	황영순	대표 이사	서울특별시	7	대륙 교역 ㈜	서울특별시
ANATR	원창 ㈜	황영순	대표 이사	서울특별시	8	미미 제과 ㈜	서울특별시
ANATR	원창 ㈜	황영순	대표 이사	서울특별시	10	삼화 음료 ㈜	서울특별시
ANATR	원창 ㈜	황영순	대표 이사	서울특별시	11	우미 제과 ㈜	서울특별시
ANATR	원창 ㈜	황영순	대표 이사	서울특별시	13	태평양 수산 ㈜	서울특별시
ANATR	원창 ㈜	황영순	대표 이사	서울특별시	1	태양 식품 ㈜	서울특별시
ANATR	원창 ㈜	황영순	대표 이사	서울특별시	15	한라 유업 ㈜	서울특별시
ANATR	원창 ㈜	황영순	대표 이사	서울특별시	29	사계절 식품 ㈜	서울특별시
ANATR	원창 ㈜	황영순	대표 이사	서울특별시	17	원양 수산 ㈜	서울특별시
ANATR	원창 ㈜	황영순	대표 이사	서울특별시	18	OK 유업 ㈜	서울특별시
ANATR	원창 ㈜	황영순	대표 이사	서울특별시	22	진미 식품 ㈜	서울특별시
ANATR	원창 ㈜	황영순	대표 이사	서울특별시	23	미왕 식품 ㈜	서울특별시
ANATR	원창 ㈜	황영순	대표 이사	서울특별시	26	한성 제분 ㈜	서울특별시
ANATR	원창 ㈜	황영순	대표 이사	서울특별시	27	대성 육가공 ㈜	서울특별시
ANATR	원창 ㈜	황영순	대표 이사	서울특별시	28	대일 유업 ㈜	서울특별시
ANATR	원창 ㈜	황영순	대표 이사	서울특별시	14	대관령 유업 ㈜	서울특별시
ANTON	동광 통상 ㈜	조자룡	대표 이사	서울특별시	16	태일 양조 ㈜	서울특별시
ANTON	동광 통상 ㈜	조자룡	대표 이사	서울특별시	2	신한 식품 ㈜	서울특별시
ANTON	동광 통상 ㈜	조자룡	대표 이사	서울특별시	3	대양 농산 ㈜	서울특별시
ANTON	동광 통상 ㈜	조자룡	대표 이사	서울특별시	6	유미 식품 ㈜	서울특별시
ANTON	동광 통상 ㈜	조자룡	대표 이사	서울특별시	7	대륙 교역 ㈜	서울특별시
ANTON	동광 통상 ㈜	조자룡	대표 이사	서울특별시	8	미미 제과 ㈜	서울특별시

〔그림 6-15〕 그림 6-14의 실행 결과

1.3.2 조인 유형의 지정 방법

조인은 2개의 테이블을 결합하는 방법이다. 이들을 각각 왼쪽 테이블과 오른쪽 테이블이라고 한다면, 왼쪽 테이블의 레코드는 오른쪽 테이블의 레코드와 결합하여 1개의 레코드를 구성하는데, 이때 결합의 기준이 되는 것이 조인 필드의 값이다. 즉, 조인 필드의 값이 같은 레코드들끼리 조인된다.

그러나 만약 왼쪽 테이블의 조인 필드의 값과 일치하는 레코드가 오른쪽 테이블에 없거나, 오른쪽 테이블의 조인 필드의 값과 일치하는 레코드가 왼쪽 테이블에 없애면 이들 레코드들을 조인된 테이블에 포함되어야 할 것인가 또는 포함되지 말아야 할 것인가? 이들 레코드의 처리 방법에 따라 조인은 다음과 같이 3가지로 구분된다.

(1) 두 테이블의 조인된 필드가 일치하는 행만 포함
(2) 왼쪽 테이블에서는 모든 레코드를 포함하고, 오른쪽 테이블에서는 조인된 필드가 일치하는 레코드만 포함
(3) 오른쪽 테이블에서는 모든 레코드를 포함하고, 왼쪽 테이블에서는 조인된 필드가 일치하는 레코드만 포함

이들 중에서 첫 번째 방법을 순수조인(natural join 또는 inner join) 이라고 한다. 그리고 두 번째 방법을 왼쪽 외부 조인(left outer join), 세 번째 방법을 오른쪽 외부 조인(right Outer join) 이라고 하며, 이들을 총괄하여 외부조인(outer join) 이라고 한다.

남자회원(Male) 테이블

남자회원번호	남자회원이름	거주도시
1	홍길동	서울특별시
2	김북악	인천광역시
3	이수일	서울특별시
4	이몽룡	광주광역시

여자회원(Female) 테이블

여자회원번호	여자회원이름	거주도시
1	심순애	서울특별시
2	성춘향	광주광역시
3	박그녀	부산광역시

〔그림 6-16〕 조인 유형 비교를 위한 예제 데이터베이스

이러한 조인 유형들은 조인 속성 화면을 실행하면 나타나므로, 여기서 1가지 유형을 선택하면 된다. 노스윈드 예제 데이터베이스에서는 레코드들이 너무 많아서 순수 조인과 외부 조인의 차이를 쉽게 확인하기가 어려우므로 이하에서는 그림 6-16의 남자회원(Male) 테이블과 여자회원(Female) 테이블을 이용하여 이들의 차이를 분석한다.

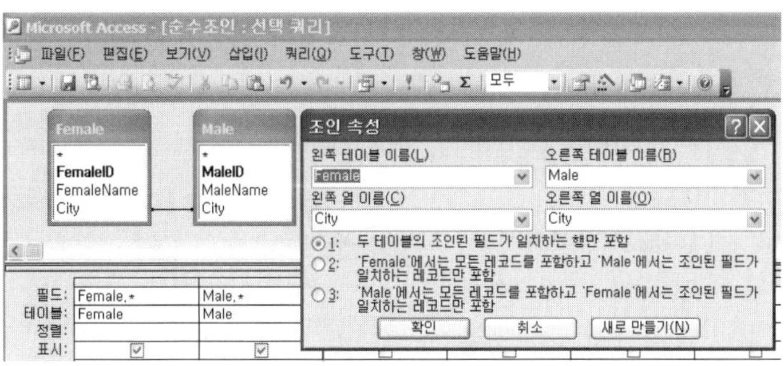

여자회원번호	여자회원이름	거주도시	남자회원번호	남자회원이름	거주도시
1	심순애	서울특별시	3	이수일	서울특별시
1	심순애	서울특별시	1	홍길동	서울특별시
2	성춘향	광주광역시	4	이몽룡	광주광역시

〔그림 6-17〕 순수조인 예제

순수조인

순수 조인은 두 테이블의 조인된 필드가 일치하는 행만 포함하는 방법으로서 특별한 조건을 명시하지 않으면 보통 순수조인을 말한다. 순수조인을 지정하기 위하여서는 조인 속성에서 '두 테이블의 조인된 필드가 일치하는 행만 포함'이라는 사양을 선택한다. 그림 6-16의 예제 데이터베이스에서 남자회원(Male) 테이블과 여자회원(Female) 테이블을 거주도시를 매개로 하여 순수조인하면, 같은 도시에 거주하는 남녀 회원들의 쌍을 검색할 수 있다 (그림 6-17 참조).

순수조인은 그림 6-17에 예시된 바와 같이, 조인 조건을 만족시키는 〈심순애, 이수일〉, 〈심순애, 홍길동〉, 〈성춘향, 이몽룡〉의 3쌍만 표시되며, 같은 도시에 거주하는 이성회원이 없는 박그녀와 김북악은 표시되지 않는다.

외부조인

외부조인이 필요한 이유는 그림 6-17의 순수조인 예제를 통하여 잘 알 수 있다. 즉 순수조인의 결과는 조인조건을 만족시키는 레코드들만 조인 결과에 포함되며, 조인조건을 만족시키지 않는 레코드들은 포함되지 않는다.

따라서 순수조인 결과만을 보면, 여자 회원이 심순애와 성춘향 2명이며, 남자회원이 이수일, 홍길동, 이몽룡의 3명인 것으로 잘못 오해할 수 있다. 즉, 박그녀와 김북악 회원이 있다는 것을 모를 수 있다.

이러한 오해를 방지하고, 조인조건을 만족시키지 못하는 레코드들도 조인된 결과에 포함하도록 하는 것을 외부조인이라고 한다.

외부조인의 결과를 이용하면, 어떠한 회원들이 있으며, 이들 중 누가 같은 도시에 거주하는 이성회원이 있으며 누가 같은 도시에 거주하는 이성회원이 없는지를 알 수 있다.

외부조인은 왼쪽 외부 조인(left outer join)과 오른쪽 외부 조인(right Outer join) 으로 구분할 수 있다.

왼쪽 외부조인을 지정하기 위하여서는, 그림 6-18에 표시된 바와 같이, 조인 속성에서 〔 Female에서는 모든 레코드를 포함하고, Male에서는 조인된 필드가 일치하는 레코드만 포함〕하는 사양을 선택하면 된다. 왼쪽 외부조인 결과에서 알 수 있는 바와 같이, 부산광역시에 거주하는 박그녀 회원은 같은 도시에 이성회원이 없음을 알 수

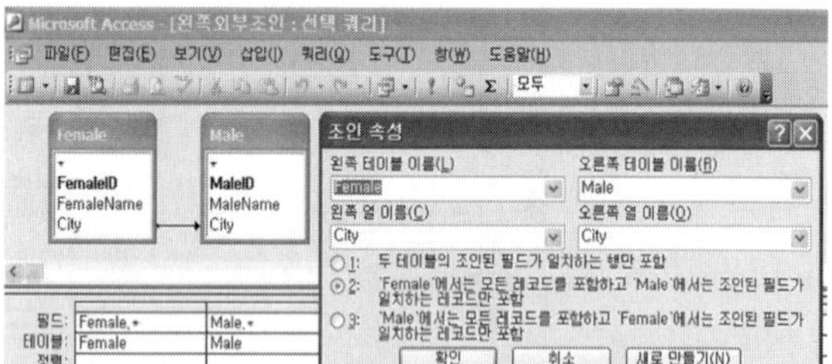

〔그림 6-18〕 왼쪽외부조인 예제

있다.

오른쪽 외부조인을 지정하기 위하여서는, 조인 속성에서 〔Male 에서는 모든 레코드를 포함하고, Female에서는 조인된 필드가 일치하는 레코드만 포함〕하는 사양을 선택하면 된다. 오른쪽 외부조인 결과에서 알 수 있는 바와 같이, 인천광역시에 거주하는 김북악 회원은 같은 도시에 이성회원이 없음을 알 수 있다.

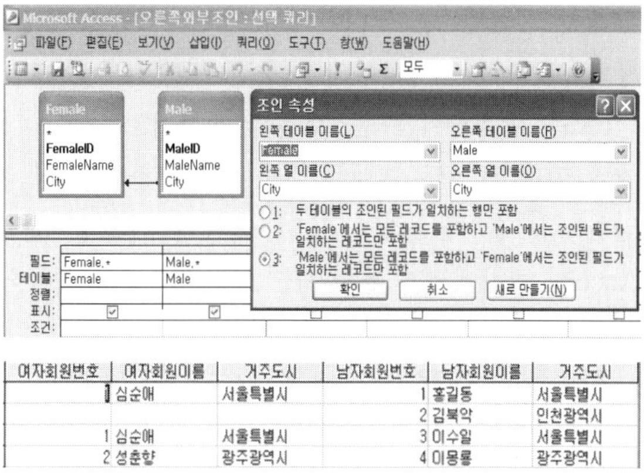

〔그림 6-19〕 오른쪽 외부조인 예제

1.4절 통합 쿼리

2개 이상의 테이블로부터 데이터를 검색하기 위하여서는 이들 테이블들을 조인하여 수행하는 것을 살펴보았다. 그러나 만약, 2개의 테이블을 조인하지 않고 이들 테이블에 있는 레코드들을 순수하게 합치고자 한다면 어떻게 하여야 할까?

예를 들면, 특정지역에 있는 고객사(Customers)와 공급사(Suppliers)를 모두 알고 싶다고 하면, 이상에서 우리가 배운 방법은 이들 테이블을 조인하는 방법이었다. 그러나 특정 지역에 있는, 예를 들면 "서울특별시"에 있는, 고객사와 공급사의 목록을 모두 추출하고 싶은 경우에는 이들 테이블을 조인하면 그림 6-15에 잠깐 예시된 바와 같이 서울특별시에 있는 모든 고객에 대응하여 서울시에 있는 공급사들이 대응하여 매우 복잡한 테이블이 만들어진다.

이와 같이 서로 다른 필드에 대하여 OR로 연결된 검색조건들을 검색하기 위하여서는 우리가 학습한 쿼리 작성방법이외의 별도의 방법을 필요로 하며, 이를 위한 쿼리가 통합쿼리이다.

통합쿼리는 실행 방법은 다음과 같다.

- 각각의 쿼리를 실행한다. 즉 도시가 서울특별시인 고객을 검색하는 쿼리를 실행하고, 도시가 서울특별시인 공급사를 검색하는 쿼리를 실행한다.
- 각각 실행된 쿼리의 결과를 합하는 통합 쿼리를 실행한다. 즉 2개의 쿼리를 실행한 결과로 만들어진 2개의 가상 테이블을 합하는(즉 2개의 테이블에 포함된 레코드들을 모두 포함하는) 합집합 테이블을 만든다.

이러한 통합 쿼리는 디자인보기에서는 설계할 수 없으며, SQL 보기에서 직접 SQL 문장을 작성하여야 하기 때문에 부록 B. SQL에서 보다 자세히 설명한다.

1.5절 데이터 검색시 함수의 적용

쿼리는 테이블에 저장된 데이터들을 검색할 뿐만이 아니라 이들로부터 산출될 수 있는 새로운 값들을 계산할 수 있다. 예를 들면, 주문상세에 포함된 단가(UnitPrice), 판매량(Quantity), 할인율(Discount)로부터 제품별 판매소계를 계산할 수 있으며, 주문별로 이들 제품별 판매소계를 모두 합계하여 주문 소계를 계산할 수 있다. 그리고 제품(Products) 테이블에 포함된 제품들을 카테고리별로 평균가격이나 최고가격 최적 가격들을 계산할 수 있다. 이와 같이 쿼리는 다양한 함수를 활용하여 보다 유용한 값들을 산출할 수 있다. 이러한 함수값 계산을 위하여, Access 쿼리에서 이용할 수 있는 함수들의 종류와 이들의 이용 방법에 대하여 살펴본다.

함수식을 이용한 새로운 필드값의 계산

쿼리를 이용하여 새로운 값을 계산하는 경우들 중에서 가장 간단한 예는 각 행별로 새로운 값을 계산하는 것이다. 예를 들면, 주문상세(OrderDetails)에 포함된 단가(UnitPrice), 판매량(Quantity), 할인율(Discount)로부터 제품별 판매소계를 계산하는 것 등이다. 이러한 경우에는 계산된 값을 저장하는 필드를 새로 만들어야 하는데, 디자인보기에서 새 쿼리 만들기를 실행한 후, 다음의 절차에 따라 실행한다.

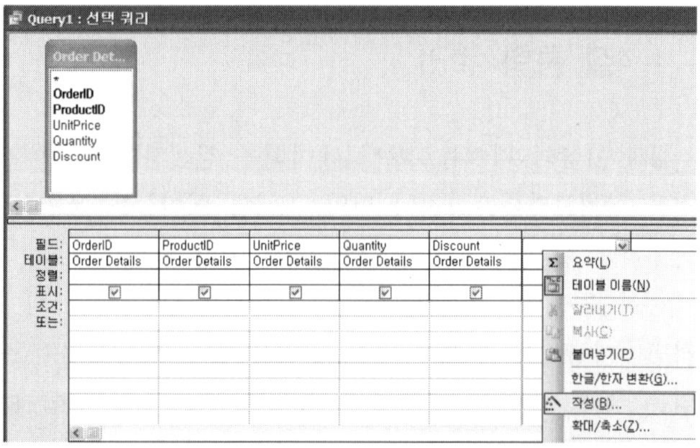

〔그림 6-20〕 식 작성 도구의 실행

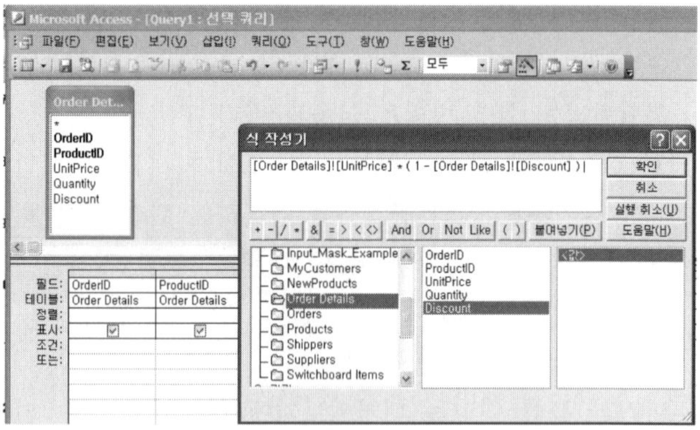

〔그림 6-21〕 식 작성기를 이용한 계산식의 작성

(1) 쿼리화면에서 검색할 필드들을 선택한다. 이 경우에는 주문번호(OrderID), 제품번호(ProductID), 단가(UnitPrice), 할인율(Discount)을 선택한다.

(2) 새로이 계산할 값이 입력될 열(즉 비어있는 필드)를 선택하고, 〔작성〕 도구를 실행한다.

(3) 〔작성〕 도구를 실행하면, 〔식 작성기〕가 나타나는데, 〔식 작성기〕에서 테이블이나 쿼리 (이 경우에는 주문상세(OrderDetails) 테이블)를 열어서 필드들을 선택한 후 이들 필드들을 인수로하는 계산식을 작성한다.

(4) 필드를 선택하면, 〔Order Details〕! 〔UnitPrice〕와 같이 표시되는데 ! 앞의 〔〕안에 포

시되는 것은 테이블 이름이며 !뒤의 []안에 표시되는 것은 필드이름이다. 즉, 필드이름만으로 필드를 지정하는 것이 아니라 그 필드가 포함된 테이블 이름까지 포함하여 필드를 지정한다 (그림 6-21 참조).

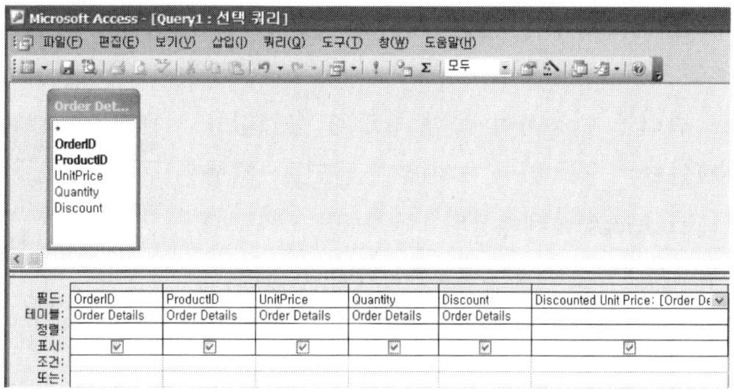

[그림 6-22] 새로이 계산된 필드의 이름 부여

(5) 계산식이 다 작성되고 난 뒤, 확인 버턴을 클릭하면, 해당 필드에 계산식이 추가되고 필드 이름은 Expr1으로 자동으로 주어진다. 이렇게 자동으로 주어진 필드 이름보다 의미있는 이름을 부여하고자 하면, Expr1 을 새로운 이름으로 고쳐주면 된다. (이 경우에는 'Discounted Unit Price:'를 입력한다.) (그림 6-22 참조)

디자인보기에서 쿼리를 다 설계하고 난 뒤 데이터쉬트 보기를 실행하면, 주문상세 레코드별로 단가(UnitPrice), 판매량(Quantity), 할인율(Discount)에 추가하여 할인된 가격(Discounted Unit Price)이 추가되었음을 알 수 있다. (그림 6-23 참조)

주문 번호	제품	단가	수량	할인율	Discounted Unit Price
10248	현진 커피 밀크	₩14,000	12	0%	14000
10248	싱가폴 원산 옥수수	₩10,000	10	0%	10000
10248	대관령 특제 버터	₩35,000	5	0%	35000
10249	유미 건조 다시마	₩19,000	9	0%	19000
10249	유림 사과 통조림	₩42,000	40	0%	42000
10250	훈제 대합조개 통조림	₩8,000	10	0%	8000
10250	유림 사과 통조림	₩42,000	35	15%	35699.9997496605
10250	루이지애나 특산 후추	₩17,000	15	15%	14449.9998986721
10251	신성 시리얼	₩17,000	6	5%	16149.999987334
10251	한성 통밀가루	₩16,000	15	5%	15199.9999880791
10251	루이지애나 특산 후추	₩17,000	20	0%	17000
10252	대양 마말레이드	₩65,000	40	5%	61749.9999515712
10252	한라 멜론 아이스크림	₩2,000	25	5%	1899.99999850988
10252	대일 파메쌍 치즈	₩27,000	40	0%	27000
10253	대관령 바닐라 아이스크림	₩10,000	20	0%	10000
10253	OK 바닐라 쉐이크	₩14,000	42	0%	14000
10253	미왕 계피 캔디	₩16,000	40	0%	16000
10254	삼화 콜라	₩4,000	15	15%	3399.99997615814
10254	한림 특선 양념 칠면조	₩19,000	21	15%	16149.9998867512

[그림 6-23] 함수식을 이용하여 새로이 계산된 필드를 포함하는 쿼리

합계(SUM), 평균(AVG) 등의 Access 요약 함수를 이용한 통계값 계산

쿼리를 이용하여 특정 필드의 통계값을 계산할 수 있다. 예를 들면, 제품(Products) 테이블의 단가(UnitPrice) 필드에 포함된 값들을 계산하여 노스윈드 사에서 판매하는 제품분류별로 평균가격이나 최고가격, 최적 가격들을 계산할 수 있다.

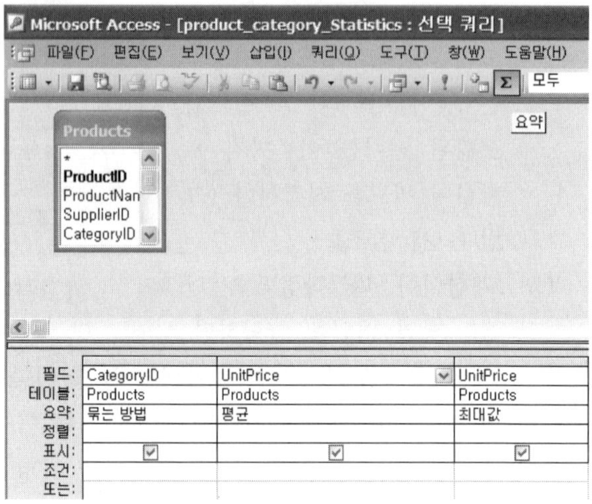

〔그림 6-24〕 요약 함수를 이용한 필드의 통계값 계산

제품(Products) 테이블의 단가(UnitPrice) 필드에 포함된 값들을 계산하여 통계값을 계산하기 위한 쿼리 작성 과정은 다음과 같다.

(1) 쿼리화면에서 통계값의 계산범위(즉, 카테고리별인지 또는 전체 제품에 대한 것인지를 나타내는 범위)를 결정하는 필드(이 경우에는 CategoryID) 를 선택한다.

(2) 통계값을 계산할 개별값들이 저장된 필드(이 경우에는 UnitPrice 필드)를 선택한다.

(3) 쿼리 메뉴에서 요약메뉴를 선택한다. 그러면 쿼리의 요약행이 나타나는 것을 볼 수 있다. 그리고 이미 선택된 필드들은 '묶는방법'으로 지정되어 있는 것을 볼 수 있다.

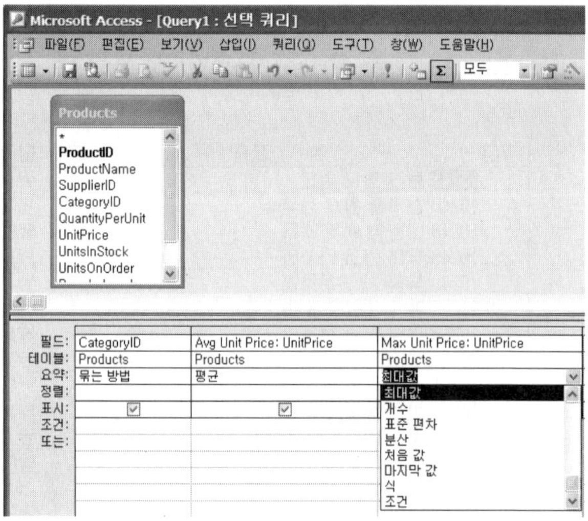

〔그림 6-25〕 요약 함수를 이용한 필드의 통계값 계산-계속

(4) 통계값을 계산할 필드(이 경우에는 UnitPrice 필드)에 대하여, 요약행을 클릭하면, 다음과 같은 여러 가지 통계 함수가 나타나는 것을 볼 수 있다.
   - 합계, 평균, 최대값, 최소값, 개수, 표준편차, 분산, 처음값, 마지막값

(5) 이들 함수중에서 필요한 함수를 선택한다. 그림 6-23에서는 평균을 선택하였다.

(6) 해당 필드가 UnitPrice의 평균값임을 나타내기 위하여 새로운 필드이름을 부여하고자 한다면, 필드의 UnitPrice 앞에 'Avg Unit Price:'를 입력한다.

(7) 최대값을 계산하기 위하여서는 다음 열에 UnitPrice 필드를 선택하고, 요약에서 최대값 함수를 선택하고, 필드의 UnitPrice 앞에 새 필드 이름인 'Max. Unit Price:'를 입력한다.

(8) 이때, 이들 통계값들이 계산되는 범위가 카테고리이므로, (즉 CategoryID가 같은 Products들은 같이 묶어서 평균과 최대값을 계산하여야 하므로), CategoryID 필드의 요약행은 〔묶는방법〕으로 그대로 둔다.

디자인보기에서 쿼리를 다 설계하고 난 뒤 데이터쉬트 보기를 실행하면, CategoryID가 제품분류열에 표시되고, 이어서 Avg Unit Price와 Max Unit Price가 CategoryID별로 계산되었음을 알 수 있다. (앞에서도 여러번 이야기하였지만, CategoryID가 조회마법사에 의하여 카테고리(Categories) 테이블을 참조하므로, 화면에는 제품분류(CategoryName)가 표시되나 실제 테이블에는 CategoryID가 저장된다.)

함수식을 이용한 필드의 통계값 계산

앞의 2가지 예에서 함수식을 이용하여 새로운 필드를 계산하는 쿼리와 요약함수를 이용하여 통계값을 계산하는 쿼리를 살펴보았다. 이제는 이들 2가지 경우가 결합된 형태의 쿼리를 살펴본다.

제품 분류	Avg Unit Price	Max Unit Price
음료	₩28,545	₩46,000
조미료	₩22,833	₩43,000
과자류	₩25,615	₩81,000
유제품	₩30,982	₩80,000
곡류	₩20,143	₩38,000
육류	₩55,333	₩123,000
가공 식품	₩26,200	₩53,000
해산물	₩22,917	₩62,000

〔그림 6-26〕 요약함수를 이용한 쿼리 실행 결과

예를 들면, 주문별 소계의 평균, 최대 주문액, 최소 주문액들을 계산하기 위하여서는 다음의 과정을 거쳐야 한다.

- 먼저 주문상세에 포함된 단가(UnitPrice), 판매량(Quantity), 할인율(Discount)로부터 제품별 판매소계를 계산
- 제품별 판매소계를 주문별로 합하여 주문 소계를 계산
- 주문 소계의, 평균, 최대값이나 최소값들을 계산

이와 같이 함수식을 이용하여 새롭게 계산된 필드의 통계값을 계산하기 위하여서는 앞에서 소개한 새로운 필드를 계산하는 쿼리 작성과 특정 필드의 통계값을 계산하는 쿼리 작성을 단계별로 각각 수행하여야 한다.

주문별로 주문 소계의 평균, 최대 주문액, 최소 주문액들을 계산하는 과정을 이러한 절차에 따라 단계별로 소개하면 다음과 같다.

(1) 〔디자인보기에서 새쿼리만들기〕를 실행한 후, 디자인 보기에서 주문 상세 테이블을 불러들인다.

(2) 주문상세 테이블의 각 레코드별로 주문번호별로 제품별 판매액을 계산하는 식을 식 작성기를 이용하여 작성하고 새로이 만들어진 필드의 이름을 금액(Amount)이라고 입력한다. 금액은 주문상세 레코드에 포함된 단가(UnitPrice), 판매량(Quantity), 할인율(Discount)을 이용하여 하단과 같이 금액을 계산한다.

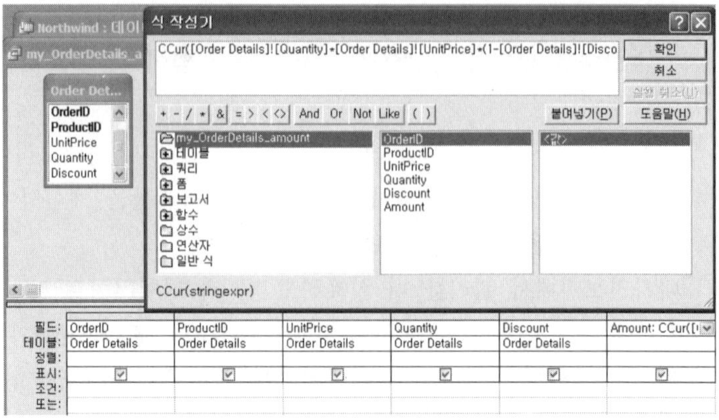

〔그림 6-27〕 주문상세 테이블로부터 금액 계산 쿼리 작성

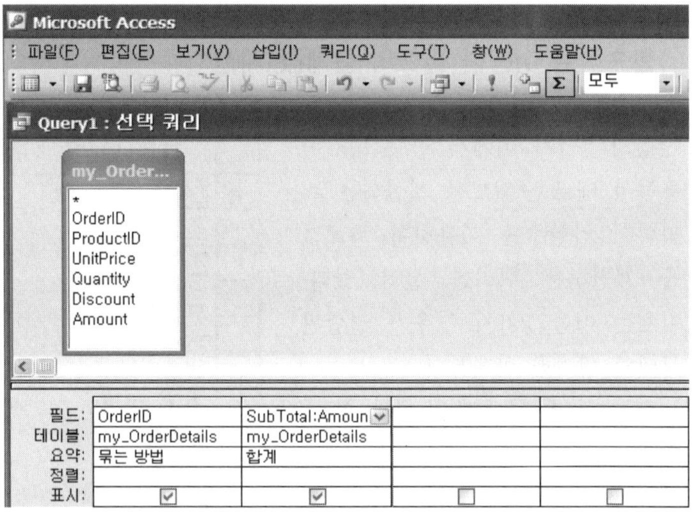

〔그림 6-28〕 주문별 소계 작성 쿼리 작성

다만 그림 6-22에서 할인가격(Discounted Unit Price)의 계산에서 살펴본바와 같이, 계산된 값이 소숫점 이하로 너무 길게 나오는 것을 방지하고 보다 읽기 쉬운 값을 보기위하여 계산된 값을 화폐단위로 변환하는 함수인 CCur (Change Currency)을 사용하였다.

금액(Amount) = 판매량(Quantity) * (단가(UnitPrice) - 할인율(Discount))

(3) 새로이 만들어진 쿼리 이름을 my_OrderDetails_Amount로 부여한다.

(4) 디자인보기에서 새쿼리만들기를 실행한 후, 디자인 보기에서 my_OrderDetails_Amount 쿼리를 불러들인다.

(5) 주문별 소계를 계산하기 위하여 묶는 기준인 주문번호(OrderID)를 선택하고, 개별값들이 저장된 금액(Amount) 필드를 선택한다.

(6) 요약 도구를 클릭하고, 요약 행이 나타나면, 금액(Amount) 필드가 표시된 열에서 합계

를 선택한다. 그리고 계산된 열의 필드 이름을 소계(SubTotal)라고 지정한다.

(7) 데이터쉬트 보기를 실행하면, 주문번호열과 소계열이 만들어졌고 주문번호별로 각 제품별 주문액을 합계한 소계가 계산되었음을 알 수 있다. 이렇게 만들어진 쿼리 이름을 my_Order_SubTotal로 부여한다.

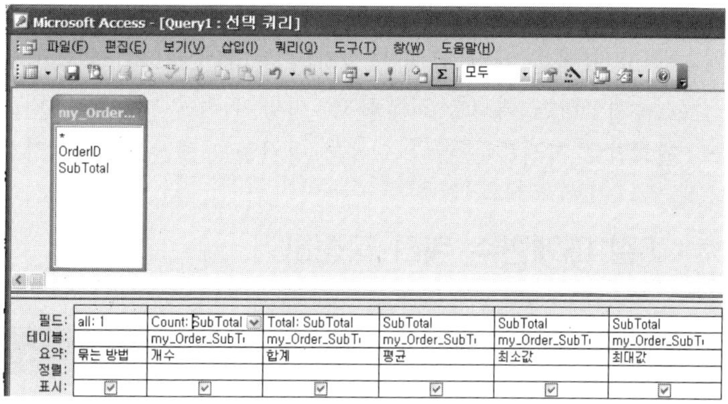

〔그림 6-29〕 평균 주문액과 같은 통계량 계산

(8) 디자인보기에서 새쿼리만들기를 실행한 후, 디자인 보기에서 my_Order_SubTotal 쿼리를 불러들인다.

(9) 주문별 소계에 대하여 평균 주문액, 최대주문액 들을 계산하기 위하여서는 약간의 기술적 변형이 필요하다. 앞에서 제시되었던 제품 분류별 평균 가격들의 계산에서는 제품분류(CategoryID) 필드를 이용하여 같은 제품분류에 속한 모든 레코드들을 묶어서 평균값 등을 계산하였다. 그러나 이 경우에는 모든 주문에 대하여 평균값들을 계산하기 때문에 my_Order_SubTotal 쿼리에 계산된 모든 주문 레코드들을 전체로 묶어서 이들에 대한 평균이나, 최대값이나 최소값을 계산하여야 한다.

이를 위하여 모든 레코드들이 같은 값을 가지는 필드를 임의로 생성하고 (여기서는 all이라는 필드를 만들고 값을 모두 1로 부여한다), 이를 묶는 방법으로 한다.

(10) 통계치를 계산할 기초값이 저장된 필드인 소계(SubTotal)를 선택하고, 요약 도구를 실행하여 요약행에서 소계에 대한 평균, 최소값, 최대값들을 계산하는 함수를 선택한다 (그림 6-28 참조)

all	SubTotal의개수	Total	SubTotal의평균	SubTotal의최소값	SubTotal의최대값
1	833	₩1,268,484,269	₩1,522,790	₩10,000	₩16,416,000

〔그림 6-30〕 주문 소계 통계량 계산 쿼리 실행 결과

작성된 쿼리를 실행하면 〔데이터쉬트보기〕에 나타난 바와 같이 모든 주문에 대한 주문개수, 평균주문액, 최소주문액 및 최대주문액들이 표시됨을 볼 수 있다. (그림 6-29 참조)

이상에서 살펴본 바와 같이, 쿼리를 이용함으로써 복잡한 값들도 손쉽게 도출할 수 있다. 즉 응용 프로그램을 개발하지 않고도 경영관리 데이터들을 쉽게 계산할 수 있다. 이러한 점이 데이

터베이스와 쿼리의 가장 큰 장점이라고 할 수 있다.

그리고 복잡한 계산 등을 포함하는 쿼리는 하나의 쿼리에서 모든 것을 해결하는 것보다는 중간값을 계산하는 쿼리를 작성하고, 이들 쿼리를 이용하여 다음 단계의 쿼리를 계산하는 것과 같이 단계별로 작성하는 것이 오류를 방지하고 좋은 쿼리를 작성할 수 있으며, 보다 효과적이다.

1.6절 매개변수 쿼리 작성하기

이상에서 소개된 쿼리들은 검색조건을 쿼리를 잣성할 때 지정한다. 즉, 인천광역시에 거주하는 고객들을 검색하는 쿼리와 대전광역시에 거주하는 쿼리는 다른 쿼리이다. 따라서 쿼리를 작성하기 이전에 검색기준이 무엇이며, 무슨 쿼리를 작성할 것인가를 명확히 알 수 있어야 한다.

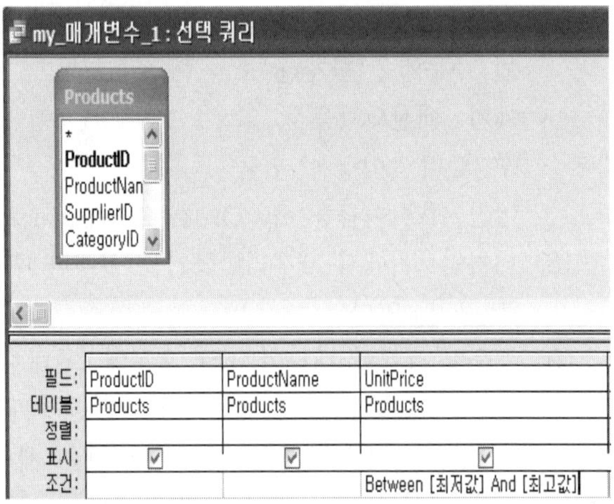

〔그림 6-31〕 매개변수 쿼리

그러나 경우에 따라서는 특정 지역에 거주하는 고객들을 검색하고 싶은데, 검색기준은 쿼리를 시행할 때마다 달라질 수 있다. 그리고 제품을 검색할 때, 특정 가격 범위에 속하는 쿼리들을 검색할 수 있다. 이는 마치 응용 프로그램에서 각 변수의 값이 실행될 때마다 다르게 입력될 수 있도록 프로그래밍하는 것과 같은 이치라고 할 수 있다.

쿼리의 검색조건을 쿼리가 실행될 때 입력하도록 하는 것을 매개변수 쿼리라고 한다. 매개변수 쿼리는 일반 쿼리와 모든 것이 동일하다. 다만 일반쿼리에서 입력하는 검색조건을 매개변수쿼리에서는 변수로 입력한다.

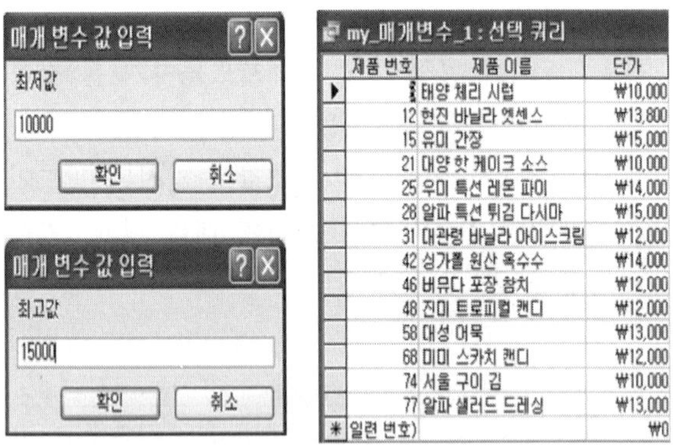

〔그림 6-32〕 매개변수 쿼리의 실행

- 일반쿼리
  - 검색조건을 값으로 입력
- 매개변수쿼리
  - 검색조건을 변수로 입력
  - 변수는 디자인보기나 SQL에서 〔 〕안에 변수명을 입력하여 표시

예를 들면, 가격의 범위를 정하고 이 안에 포함되는 제품들을 검색하고자 한다면 그림 6-30에 표시된 바와 같이 〔최저값〕과 〔최고값〕이라는 2개의 매개변수를 정하고 이들을 포함하는 쿼리를 작성하여 실행하면 된다. 쿼리를 실행하면,

- 최저값을 입력하라는 화면이 나타난다. 최저값을 입력하면,
- 최고값을 입력하라는 화면이 나타난다. 최고값을 입력하면,
- 쿼리 실행결과가 표시된다.

이와 같이 매개변수쿼리는 쿼리 실행시 검색조건을 입력하기 때문에 Access 폼 등을 이용하여 데이터를 검색할 경우, 검색조건을 입력하기 위하여 유용하게 사용된다.

2절. 애플리케이션을 이용한 데이터 검색하기

데이터베이스로부터 데이터를 검색하기 위하여서는, 데이터의 입력이나 갱신의 경우와 마찬가지로, 먼저 이를 위한 애플리케이션을 개발하고, 애플리케이션의 화면 등을 통하여 검색하는 것이 바람직하다. 이와 같이 애플리케이션을 이용하면 다음과 같은 기능들이 가능해진다.

- 사용자들이 보다 친숙한 화면을 통하여 데이터를 검색
- 한 화면이나 또는 관련된 화면에서 관련된 데이터들을 동시에 검색
- 검색된 데이터들을 다른 데이터들과 비교

그러나 이에 반하여 필요한 데이터를 검색하고자 할 때마다 애플리케이션을 개발하여야 하기 때문에 즉각적인 데이터검색이 곤란한다. 즉 애플리케이션을 이용한 데이터검색의 단점은

- 수시로 변화는 정보 요구에 따라 다양한 정보 검색을 최종 사용자들이 실시간으로 할 수 없다는 것이다.

바꿔서 이야기하면 1절에서 소개한 쿼리를 이용한 정보검색은 데이터베이스 사용자들이 직접 쿼리를 작성하고 시행함으로써 다양한 정보 검색을 실시간으로 실행할 수 있다는 장점을 갖는다. 이와 같이 사용자들이 데이터베이스를 직접 검색하여 정보를 산출하는 방법을 최종 사용자 컴퓨팅이라고 한다.

이러한 최종사용자 컴퓨팅은 특히 중간관리자 이상의 정보이용자들에게 필요하다. 중간관리자 이상의 의사결정구조는 어떤 정보가 필요할 것이라고 미리 예측할 수 없으며, 관리자마다 정보를 보는 시각이 매우 다양하여 획일적인 프로그램으로 서비스할 수가 없다. 또한 경영환경이 복잡해지고 경쟁이 치열해짐에 따라 의사결정을 신속하게 내려야 할 필요성이 대두되고 있다. 그러나 '응용프로그램 개발의뢰→ 개발 및 테스트→ 응용프로그램 활용' 등 이전의 정보활용절차는 이를 만족시킬 수가 없다.

이에 반하여 정해진 거래(트랜잭션 : transaction)를 처리하는 경우에는 업무의 처리 방법이 반복적이고 구조적이기 때문에 전산개발팀이 사전에 업무를 파악한 후 응용프로그램을 개발하여

최종사용자에게 제공할 수가 있었다. 또한 업무 처리 유형은 단순하고 획일적이기에 적은 수의 프로그램 개발만으로도 사용자를 만족시킬 수 있었다. 예를 들면 전국 지점망을 가지고 있는 은행의 창구업무를 맡고 있는 직원의 의사결정은 계좌에 잔고가 있으면 현금을 출납하는 등의 단순한 일의 반복이 대부분이다. 이러한 경우에는 현금입출금을 위한 온라인 조회프로그램으로 전국에 있는 모든 창구직원을 지원할 수 있다.

이와 같이 애플리케이션을 이용한 데이터 검색하기는 비교적 정형화된 조회업무를 처리하기 위하여 사용된다.

Access 데이터베이스에서 데이터를 검색하기 위한 애플리케이션을 개발하는 방법은, 데이터 입력 및 갱신하기와 마찬가지로, 다음과 같이 2가지로 나누어진다.

- 첫째는 Access DBMS가 제공하는 폼을 이용하여 애플리케이션을 개발하는 방법이다. 이 방법은 사용하기가 매우 간단하다는 장점을 갖는다. 그러나 이에 못지않게 다른 사용자들이 데이터베이스를 실행할 수 없기 때문에, 개인용 데이터베이스의 경우에만 사용된다.

  〈장점〉
  - Access 데이터베이스의 일부로서 폼들을 포함한다. 따라서 이들 폼과 데이터베이스를 별도로 연결할 필요가 없다

  〈단점〉
  - 애플리케이션이 데이터베이스의 일부로 포함된다. 따라서 애플리케이션을 데이터베이스가 위치한 컴퓨터에서만 실행할 수 있다. 즉 다른 사용자들이 다른 컴퓨터에서는 애플리케이션을 실행할 수 없다.
  - 개인용 데이터베이스에만 사용될 수 있다.

- 둘째는 ADO.NET, J2EE 등과 같은 분산 개발환경에서 데이터베이스를 개발하는 것이다. 이 방법은 인트넷 등과 같은 분산 환경에서 애플리케이션을 사용할 수 있다는 장점이 있다.

  〈장점〉
  - 애플리케이션과 데이터베이스가 별도로 존재한다. 따라서 다른 사용자들이 인트넷 등과 같은 통신망을 통하여 다른 컴퓨터에서도 애플리케이션을 실행할 수 있다. 즉, 우리가 실생활에서 경험하는 여러 애플리케이션들과 동일한 형태의 애플리케이션이다.

  〈단점〉
  - Access 데이터베이스와 애플리케이션을 별도로 연결하여야 한다.
  - 통합 개발 환경(즉 ADO.NET 또는 J2EE) 등을 이해하는데 많은 노력이 든다.
  - Visual Basic, Java 등과 같은 프로그래밍 언어를 학습하여야 한다.

많은 경우 데이터 입력을 위한 애플리케이션은 데이터 검색 기능을 같이 제공한다. 즉 화면을 통하여 데이터를 검색하고, 이들을 사용하여 수정하거나, 새로운 데이터를 추가하는 등의 형식

을 따른다. 따라서 애플리케이션을 이용한 데이터 검색하기는 애플리케이션을 이용한 데이터 입력 및 갱신하기와 크게 차별화되지 않는다. 따라서 Access 폼을 이용한 애플리케이션 개발과 ADO.NET을 이용한 애플리케이션 개발은 이후 3부와 4부에서 자세히 소개한다.

3절. 내보내기 도구를 이용한 데이터 추출

데이터 내보내기는 데이터베이스에 저장된 데이터들을 파일 형태로 내보내는 작업이다. 즉,

- 검색된 데이터들을 내보낼 테이블이나 쿼리를 선택한다. 그리고 파일메뉴에서 〔내보내기〕를 선택한다. 그림 6-33은 〔Alphabetical List of Product〕 쿼리에 있는 레코드들을 내보내는 시작화면이다.
  이와 같이 Access에서 데이터들을 내보내는 단위는 테이블이나 쿼리이다. 따라서 만약,
  - 내보내고자 하는 데이터가 1개의 테이블에 저장되어 있으면, 해당 테이블을 선택하면 되고,
  - 만약 여러 테이블에 나누어져 있으면, 이들 테이블들로부터 원하는 데이터를 추출하는 쿼리를 작성한 후, 이 쿼리를 선택한다.
- 내보낼 데이터들이 저장될 파일 형식을 정하고 파일 이름을 지정해준다. 파일 형식은

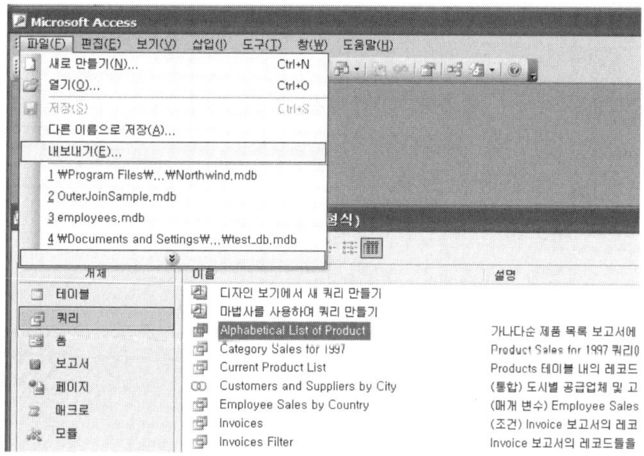

〔그림 6-33〕 데이터 내보내기 초기화면

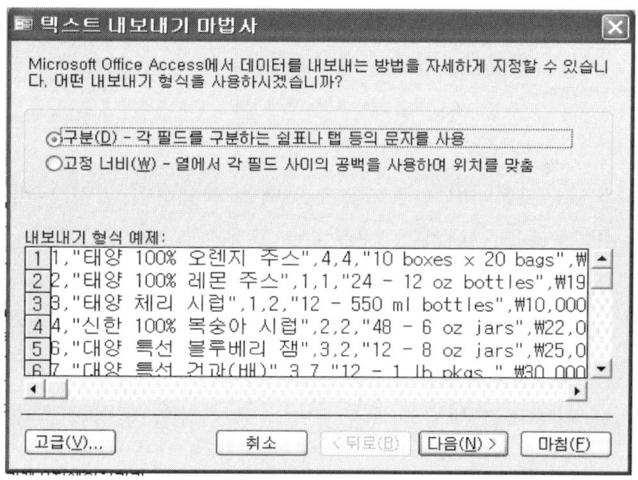

〔그림 6-34〕 내보내는 방법 지정

메뉴를 통하여 알 수 있는 바와 같이 다음과 같은 다양한 형식들 중에서 선택할 수 있다.

- Access, dBASE, Excel, Lotus 1-2-3, Paradox, ASP, 텍스트 파일, XML 등

이들 데이터 형식들 중에서, 본 예제에서는, 가장 일반적인 데이터 형식인 텍스트파일(.txt)을 선택한다. 데이터 형식을 선택하고 나면, 파일 이름을 지정하고 내보내기 버턴을 클릭한다.

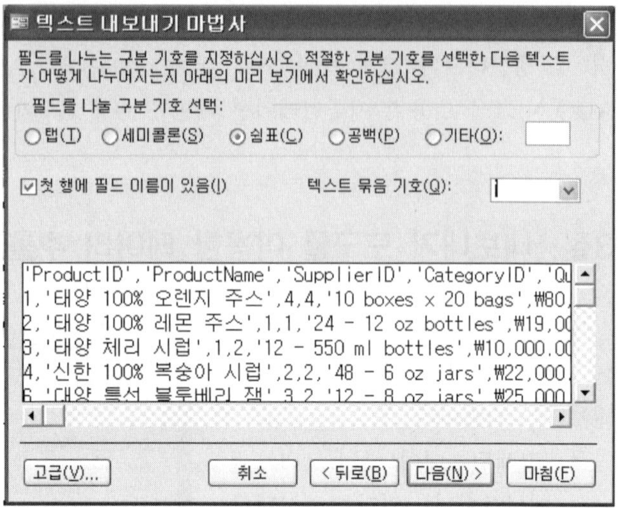

〔그림 6-35〕 필드 구분 지정

- 내보내기 버턴을 클릭하면, 텍스트 내보내기 마법사가 실행된다. 마법사의 실행단계를 살펴보면,

① 먼저 내보내는 방법을 지정하는 화면이 나타난다. 내보내는 방법은 고정너비와 구분의 2가지가 있는데, 본 예제에서는 구분을 선택한다.

- 구분은 쉼표, 세미콜론(;) 등을 이용하여 각 필드를 구분하는 방법이다.

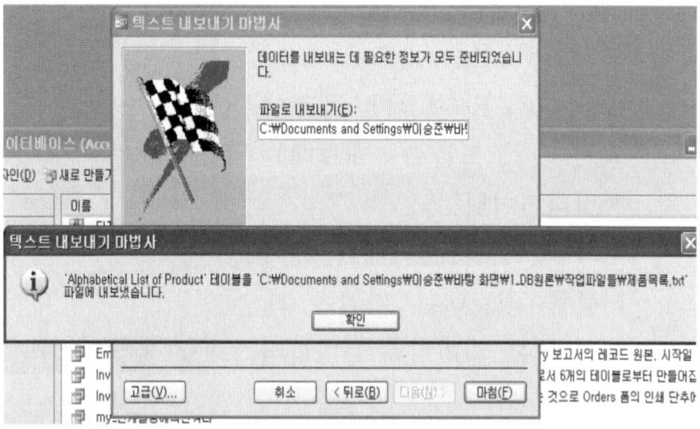

〔그림 6-37〕 내보내기 마법사 종료 화면

- 고정너비는 필드별로 공백을 사용하여 일정 너비를 유지하는 방법이다.

② 구분을 선택하면, 구분자를 무엇으로 할 것인지를 선택한다. 본 예제에서는 쉼표를 선택하였다.

③ 내보낼 파일의 첫 행에 필드이름을 포함시킬 것인가를 선택하고, 각 필드 데이터의 묶음표를 따옴표와 작은따옴표 중에서 선택한다.

④ 내보내는 방법을 모두 지정하고 다음을 클릭하면 내보내기 마법사를 종료하는 화면이 나타난다.

⑤ 마침을 클릭하면 데이터내보내기가 성공적으로 이루어졌음을 나타내는 메시지가 나타나고, 확인을 클릭하면 마법사가 종료된다.

- 내보내기 마법사를 마치면, 지정한 데이터 형식에 따라 파일이 만들어진다. 해당 디렉토리를 찾아가 파일을 열어서 데이터 내보내기가 잘 이루어졌는가를 확인한다.

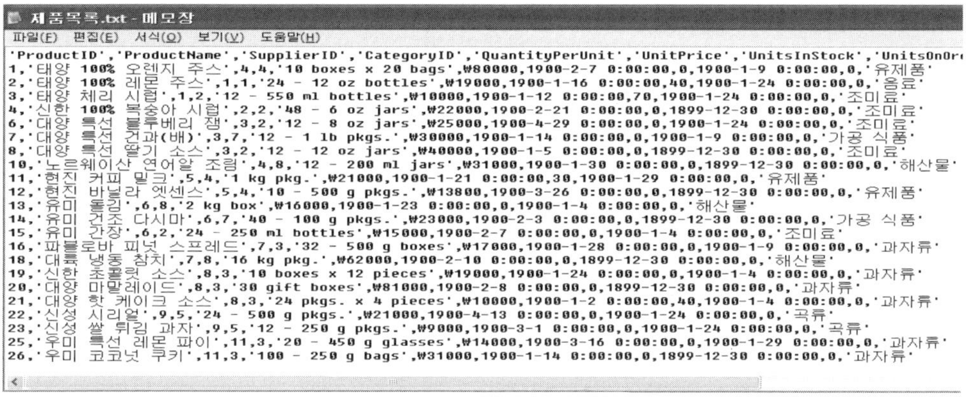

```
제품목록.txt - 메모장
파일(F) 편집(E) 서식(O) 보기(V) 도움말(H)
'ProductID','ProductName','SupplierID','CategoryID','QuantityPerUnit','UnitPrice','UnitsInStock','UnitsOnOr
1,'태양 100% 오렌지 주스',4,4,'10 boxes x 20 bags',₩80000,1900-2-7 0:00:00,0,1900-1-9 0:00:00,0,'유제품'
2,'태양 100% 레몬 주스',1,1,'24 - 12 oz bottles',₩19000,1900-1-16 0:00:00,40,1900-1-24 0:00:00,0,'음료'
3,'태양 체리 시럽',1,2,'12 - 550 ml bottles',₩10000,1900-1-12 0:00:00,70,1900-1-24 0:00:00,0,'조미료'
4,'신한 100% 복숭아 시럽',2,2,'48 - 6 oz jars',₩22000,1900-2-21 0:00:00,0,1899-12-30 0:00:00,0,'조미료'
6,'대양 특선 블루베리 잼',3,2,'12 - 8 oz jars',₩25000,1900-4-29 0:00:00,0,1900-1-24 0:00:00,0,'조미료'
7,'대양 특선 건과(배)',3,7,'12 - 1 lb pkgs.',₩30000,1900-1-14 0:00:00,0,1900-1-9 0:00:00,0,'가공 식품'
8,'대양 특선 딸기 소스',3,2,'12 - 12 oz jars',₩40000,1900-1-5 0:00:00,0,1899-12-30 0:00:00,0,'조미료'
10,'노르웨이산 연어알 조림',4,8,'12 - 200 ml jars',₩31000,1900-1-30 0:00:00,0,1899-12-30 0:00:00,0,'해산물'
11,'현진 커피 밀크',5,4,'1 kg pkg.',₩21000,1900-1-21 0:00:00,30,1900-1-29 0:00:00,0,'유제품'
12,'현진 바닐라 엣센스',5,4,'10 - 500 g pkgs.',₩13800,1900-3-26 0:00:00,0,1899-12-30 0:00:00,0,'유제품'
13,'유미 돌김',6,8,'2 kg box',₩16000,1900-1-23 0:00:00,0,1900-1-4 0:00:00,0,'해산물'
14,'유미 건조 다시마',6,7,'40 - 100 g pkgs.',₩23000,1900-2-3 0:00:00,0,1899-12-30 0:00:00,0,'가공 식품'
15,'유미 간장',6,2,'24 - 250 ml bottles',₩15000,1900-2-7 0:00:00,0,1900-1-4 0:00:00,0,'조미료'
16,'파블로바 피넛 스프레드',7,3,'32 - 500 g boxes',₩17000,1900-1-28 0:00:00,0,1900-1-9 0:00:00,0,'과자류'
18,'대륙 냉동 참치',7,8,'16 kg pkg.',₩62000,1900-2-10 0:00:00,0,1899-12-30 0:00:00,0,'해산물'
19,'신한 초콜릿 소스',8,3,'10 boxes x 12 pieces',₩19000,1900-1-24 0:00:00,0,1900-1-4 0:00:00,0,'과자류'
20,'대양 마말레이드',8,3,'30 gift boxes',₩81000,1900-2-8 0:00:00,0,1899-12-30 0:00:00,0,'과자류'
21,'대양 핫 케이크 소스',8,3,'24 pkgs. x 4 pieces',₩10000,1900-1-2 0:00:00,40,1900-1-4 0:00:00,0,'과자류'
22,'신성 시리얼',9,5,'24 - 500 g pkgs.',₩21000,1900-4-13 0:00:00,0,1900-1-24 0:00:00,0,'곡류'
23,'신성 쌀 튀김 과자',9,5,'12 - 250 g pkgs.',₩9000,1900-3-1 0:00:00,0,1900-1-24 0:00:00,0,'곡류'
25,'우미 특선 레몬 파이',11,3,'20 - 450 g glasses',₩14000,1900-3-16 0:00:00,0,1900-1-29 0:00:00,0,'과자류'
26,'우미 코코넛 쿠키',11,3,'100 - 250 g bags',₩31000,1900-1-14 0:00:00,0,1899-12-30 0:00:00,0,'과자류'
```

〔그림 6-38〕 내보내진 텍스트 파일

< 별 첨 >

A. 쿼리 (가상 테이블)와 정보 공유

Access로 개발한 데이터베이스를 포함하여 모든 데이터베이스들은 데이터를 통합 관리한다. 즉, 필요한 데이터들을 공통의 저장소에 저장하고, 이들 데이터를 공동으로 이용한다. 이렇게 함으로써,

- 정보 공유를 향상시키며,
- 이를 통하여 정보관리의 효율성을 또한 제고한다.

물론 Access를 이용하여 개발하는 데이터베이스는 개인용이 대부분이며, 따라서 사용자가 한 명에 그칠 경우가 대부분이다. 그러나 이후 제4부의 ADO.NET을 이용한 분산 애플리케이션에서 공부하겠지만, Access와 같은 개인용 데이터베이스들도 통신망을 통하여 여러 사용자들이 공동으로 사용할 수 있다.

데이터베이스가 중요하고 데이터베이스를 이용한 정보 공유가 강조되는 이유는 정보 공유가 잘 이루어질 경우에는 새로운 정보를 생산하기 위한 노력을 기하급수적으로 절감할 수 있기 때문이다. 즉 원시 기초자료들이 이미 데이터베이스에 저장되어 있기 때문에 사용자들은 쿼리를 이용하거나 애플리케이션만 개발하면 필요한 정보를 손쉽게 얻을 수 있다. 그러나 만약 이러한 데이터베이스가 존재하지 않을 경우에는 사용자들이 직접 데이터의 획득부터 모든 과정을 스스로 처리하여야 하며, 이를 위하여 많은 시간과 노력을 투자하여야 한다.

이러한 많은 장점에도 불구하고 정보의 공유가 현실적으로 잘 이루어지지 않는 이유는 사용자별로 서로 다른 형태의 자료를 필요로 하기 때문이다. 즉 비록 서로 동일하거나 또는 중복되는 내용의 자료를 사용하는 경우에도 사용 목적에 따라 서로 다른 형태로 정보를 정리하거나 조작하는 경우가 많으며, 이 때문에 정보의 공유가 잘 이루어지지 않는다.

예를 들면, 노스윈드사의 예제 데이터베이스에서는

- 주문 담당자는 주문상세 테이블에 저장된 주문별 개별 제품의 주문수량, 단가, 할인율 등에 관심이 많을 수 있다.
- 그러나 경리 담당자는 주문별 소계(즉, 주문액)에만 관심이 있을 수 있다.
- 그리고 마케팅 담당자는 특정 기간동안의 총 주문건수, 평균 주문액 들에 관심이 많을 수 있다.

요약하면 데이터공유가 효과적으로 이루어지기 위해서는 비록 실질적으로 데이터들이 공통적으로 관리된다고 하여도 사용자들은 이를 각자가 원하는 형태로 조작할 수 있어야 한다. 즉 공통 관리되는 데이터를 사용자들에게 그대로 제공할 경우 모든 사용자들이 동일한 형태의 자료를 제공받으며, 따라서 사용자들이 각자의 업무에 적합한 형태의 데이터를 제공받지 못하게 된다.

데이터공유를 위해서는 사용자들이 자신들이 원하는 데이터들을 자신들이 원하는 방법으로 표현하고 조작할 수 있는 방법이 제공되어야 하며, 이것이 가상테이블(virtual table) 또는 뷰(view)이다. Access에서 가상 테이블을 만드는 것이 쿼리이다. 이와 같이 쿼리는, 사용자들에게 가상 테이블을 제공함으로써, Access 데이터베이스가 효과적으로 공유될 수 있도록 한다.

주문 번호	제품	단가	수량	할인율
10248	현진 커피 밀크	₩14,000	12	0%
10248	싱가폴 원산 옥수수	₩10,000	10	0%
10248	대관령 특제 버터	₩35,000	5	0%
10249	유미 건조 다시마	₩19,000	9	0%
10249	유림 사과 통조림	₩42,000	40	0%
10250	훈제 대합조개 통조림	₩8,000	10	0%
10250	유림 사과 통조림	₩42,000	35	15%
10250	루이지애나 특산 후추	₩17,000	15	15%
10251	신성 시리얼	₩17,000	6	5%
10251	한성 통밀가루	₩16,000	15	5%
10251	루이지애나 특산 후추	₩17,000	20	0%
10252	대양 마말레이드	₩65,000	40	5%
10252	한라 멜론 아이스크림	₩2,000	25	5%
10252	대일 파메쌍 치즈	₩27,000	40	0%
10253	대관령 바닐라 아이스크림	₩10,000	20	0%
10253	OK 바닐라 셰이크	₩14,000	42	0%
10253	미왕 계피 캔디	₩16,000	40	0%
10254	삼화 콜라	₩4,000	15	15%
10254	한림 특선 양념 칠면조	₩19,000	21	15%
10254	서울 구이 김	₩8,000	21	0%
10255	태양 100% 레몬 주스	₩15,000	20	0%

〔그림 A-1〕 주문상세(OrderDetails) 테이블

예를 들면,

- 주문 담당자는 그림 A-1의 주문상세(OrderDeails) 테이블을 이용하여 주문별 개별 제품의 주문수량, 단가, 할인율 등을 이용한다.
- 그러나 경리 담당자는 주문 소계(즉, 주문액)를 계산하는 그림 A-2의 쿼리가 실제로 저장되어 있는 테이블인 것으로 가정하고 사용한다. 그러나 그림 A-2의 쿼리는 주문상세(OrderDeails) 테이블을 처리한 가상 테이블이다. (그림 A-2의 쿼리의 디자인 보기는 그림 6-27에 제시되었다)
- 그리고 마케팅 담당자는 특정 기간동안의 총 주문건수, 평균 주문액들을 나타내는 그림 A-3의 쿼리가 저장되어 있는 테이블인 것으로 가정하고 사용한다. 그러나 그림 A-3의 쿼리는 그림 A-2의 주문 소계 테이블을 재처리한 가상 테이블이다. (그림 A-3의 쿼리의 디자인 보기는 그림 6-28에 제시되었다)

주문 번호	SubTotal
10248	₩443,000
10249	₩1,851,000
10250	₩1,546,250
10251	₩664,900
10252	₩3,597,500
10253	₩1,428,000
10254	₩558,150
10255	₩2,485,000
10256	₩510,000
10257	₩1,109,000
10258	₩1,608,800
10259	₩101,000
10260	₩1,523,750
10261	₩440,000
10262	₩583,200
10263	₩1,903,000
10264	₩695,000
10265	₩1,170,000
10266	₩342,000
10267	₩3,546,500
10268	₩1,102,000

〔그림 A-2〕 주문별 소계 (가상) 테이블

이러한 쿼리를 이용함으로써 각 개별 사용자들은 개인별로 별도의 테이블을 만들거나 별도의 데이타베이스를 만들 필요가 없다.

이와 같이 비록 3 그룹의 사용자들이 서로 다른 데이터들을 사용하나 실제 데이터베이스에는 1개의 테이블(즉, 주문상세(OrderDeails) 테이블)만 저장되어 있다. 그리고 나머지 2개

의 테이블은 저장된 테이블에 있는 데이터들을 검색하여 처리한 쿼리(가상 테이블)이다.

이와 같이 쿼리를 이용한 가상 테이블을 이용함으로써 다음의 사항들이 가능해진다.

- 데이터베이스에 저장된 데이터들을 서로 다른 형태로 활용
- 이를 통하여 보다 많은 사용자들이 각자가 사용자가 원하는 형태로 데이터베이스를 이용할 수 있음으로서 정보 공유가 향상
- 각각의 사용자들이 자신들이 사용하는 데이터들을 서로 다른 테이블에 저장할 필요가 없으며, 데이터베이스에 저장된 테이블을 공동으로 이용하고, 이를 쿼리를 사용하여 서로 다른 형태로 활용할 수 있기 때문에 데이터의 중복저장(data redundancy)을 방지
- 앞에서 예시된 주문별 소계, 총 주문 건수, 평균 주문액 등과 같은 유추데이터(derived facts)들을 데이터베이스에 직접 저장하여 관리하지 않고도 수시로 필요에 따라 산출하여 활용

Count	Total	SubTotal의평균	SubTotal의최소값	SubTotal의최대값
833	₩1,268,484,269	₩1,522,790	₩10,000	₩16,416,000

〔그림A-3〕 주문 통계 테이블

B. SQL과 쿼리의 디자인 보기

SQL은 관계형 데이터베이스 언어로서 아래에 예시된 모든 데이터베이스 조작을 실행하는 프로그래밍 언어이다.

- 데이터의 검색
- 데이터베이스의 생성
- 테이블의 생성
- 레코드의 입력
- 레코드의 검색
- 레코드의 삭제 등

바꾸어서 이야기하면, 우리가 본 교재에서 다룬 데이터베이스의 생성, 테이블의 생성, 관계의 설정, 데이터의 입력 및 갱신, 데이터의 검색 등 모든 작업을 SQL로 처리할 수 있다. 그러나 대부분의 PC용 DBMS들은 SQL을 직접 사용하기 보다는 Access에서 우리가 살펴본 바와 같은 여러 종류의 그래픽 인터페이스를 가진 객체를 사용하여 이들 작업을 실행한다. 따라서 Access를 이용하여 데이터베이스를 개발할 경우, 직접 SQL을 사용할 필요가 없다.

그러나 제4부에서 소개되는 ADO.NET을 이용한 애플리케이션 개발과 같이 다른 개발 도구를 이용하여 Access 데이터베이스를 사용할 경우에는 표준 데이터베이스 언어인 SQL을 사용하여야 한다.

본 부록에서는 먼저 쿼리와 연관하여 아래의 2가지를 살펴본다.

- SQL을 이용한 쿼리의 작성
- SQL과 우리가 제6장에서 공부한 디자인 보기를 이용한 쿼리 작성을 비교

Access 쿼리를 디자인 보기하면, 쿼리에 포함된 테이블이나 쿼리, 검색할 필드, 검색조건, 새로이 계산되는 필드 등을 그래픽 인터페이스를 통하여 모두 알 수 있다. 이는 사용자들이 SQL과 같은 데이터베이스 언어를 사용하지 않고도 쿼리를 만들 수 있도록 한 것이며, 이를 QBE(Query By Example)이라고 한다.

이와 같이 Access 쿼리는 디자인 보기를 제공할 뿐만이 아니라 SQL 보기도 같이 제공한다. 즉,

- 디자인 보기에서 설계한 QBE 쿼리에 대응하는 SQL을 자동으로 생성하여 보여주며,
- 경우에 따라서는 SQL 보기에서 SQL을 사용하여 직접 Query를 작성할 수도 있다. 이 경우에는 디자인 보기에서 QBE 쿼리를 자동으로 만들어 준다.

여기서는 SQL과 쿼리에 대한 이해를 돕기 위하여 SQL을 이용한 쿼리 작성을 제6장에서 소개된 예제들을 대상으로 소개한다.

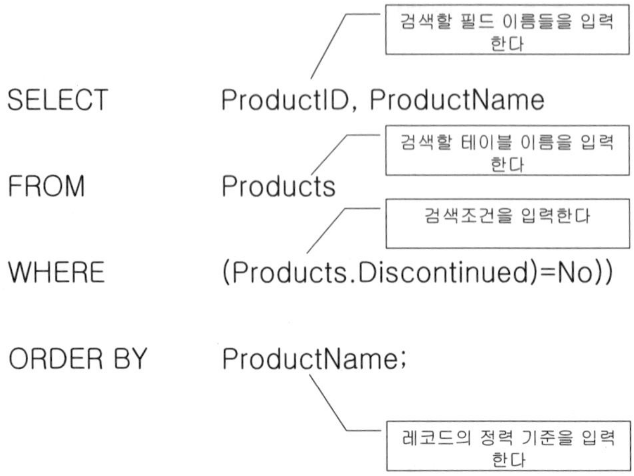

〔그림 B-1〕 그림 6- Current Product List 쿼리의 SQL

SQL 쿼리의 기본 구조

SQL 쿼리는 다음에 제시된 바와 같이 SELECT .... FROM .... WHERE ..... 의 기본 구조를 갖는다. 이들 기본 구조를 간단히 설명하면 그림 B-1에 제시된 바와 같다.

즉, 질의를 구성하기 위해서는 예제를 통하여 알 수 있는 바와 같이,

첫째, 무슨 테이블로부터 데이터를 추출할 것인가를 나타내는 대상테이블을 지정하여야 하며 (FROM절),

둘째, 이들 테이블을 구성하는 모든 레코드들 중 어떤 레코드들만을 추출할 것인가를 나타내는 검색조건을 지정하여야 하며(WHERE절),

셋째, 레코드의 필드 중 어느 필드들만을 추출할 것인가를 나타내는 검색필드를 지정하여야 한다(SELECT절).

단일 테이블을 대상으로 하는 쿼리

단일 테이블을 대상으로 하는 SQL 쿼리는 소개된 기본 구조를 따른다. 예를 들면, 그림 6-7에 소개되었던 "인천광역시"에 있는 고객사의 회사이름, 도시명, 전화번호를 검색하는 쿼리는 다음과 같다.

```
SELECT    Customers.CustomerID, Customers.CompanyName, Customers.City,
FROM      Customers
WHERE     (Customers.City) = "인천광역시";
```

위의 질의에서 Customer.CustomerID는 Customers 테이블의 CustomerID 필드를 나타낸다. 그러나 데이터를 검색하는 테이블이 하나뿐이므로 다음과 같이 테이블 이름을 생략하고 작성하여도 무방하다.

```
SELECT    CustomerID, CompanyName, City,
FROM      Customers
WHERE     City = "인천광역시";
```

복합 검색조건의 표시

복합 검색조건은 WHERE 절에 2개 이상의 검색조건을 표시하면 된다. AND 조건이나 OR 조건을 표시하면 된다.

AND 조건

그림 6-8에 예시되었던 도시(city)가 "인천광역시"이면서, 회사이름이 정확하지는 않지만 '상사'를 포함하는 고객을 검색하는 SQL 쿼리는 다음과 같이 WHERE 절에 이들 검색조건을 표시하여 작성된다.

```
SELECT    CustomerID, CompanyName, City
FROM      Customers
WHERE     (((CompanyName) Like '*상사*') AND ((City)="인천광역시"));
```

OR 조건

OR 조건을 포함하는 SQL 쿼리 또한 AND 조건 SQL 쿼리와 마찬가지로 WHERE 절에 이들 검색조건을 표시하면 된다. 예를 들면, 그림 6-9에 예시되었던 부산광역시 또는 인천광역시에 거주하는 고객을 검색하기 위한 SQL 쿼리는 다음과 같이 작성된다.

```
SELECT    CustomerID, CompanyName, City
FROM      Customers
WHERE     (((City)="인천광역시")) OR (((City)="부산광역시"));
```

2개 이상의 테이블을 대상으로 하는 쿼리 : 조인(Join)

2개 이상의 테이블을 결합하여 데이터를 검색하기 위하여서는 WHERE 절에 결합하고자 하는 테이블들의 조인조건을 표시한다. 〔디자인 보기에서 쿼리만들기에서〕 소개한 바와 같이, 조인 조건을 포함하는 것을 제외하면 나머지는 단일 테이블을 대상으로하는 쿼리 작성 방법과 동일하다.

순수조인 (natural join 또는 inner join)

조인 유형이 두 테이블의 조인된 필드가 일치하는 행만 포함하는 조인을 조인 또는 순수조인이라고 한다. 예를 들면, 그림 6-16에 예시되었던 남자회원(Male)과 여자회원(Female) 중에서 거주도시같은 회원들을 검색하는 SQL 쿼리는 다음과 같이 작성된다.

```
SELECT    Female.*, Male.*
FROM      Female INNER JOIN Male ON Female.City = Male.City;
```

SQL 문장을 통하여 알 수 있는 바와 같은 조인에서 조인 필드와 조인조건은 ON 다음에 표시된다. 예시된 쿼리에서 조인조건은 남자회원(Male)과 여자회원(Female)의 거주도시같은 거이며, 따라서 〔Female.City = Male.City〕로 표시된다.

외부조인 (outer join)

외부조인 또한 순수조인과 마찬가지로 FROM 절에 조인 조건을 표시한다. 예를 들면, 그림 6-17에 예시되었던 Female에서는 모든 레코드를 포함하고, Male에서는 조인된 필드가 일치하는 레코드만 포함하는 SQL 쿼리는 다음과 같이 작성된다.

```
SELECT    Female.*, Male.*
FROM      Female LEFT JOIN Male ON Female.City = Male.City;
```

반대로 Male 에서는 모든 레코드를 포함하고, Female에서는 조인된 필드가 일치하는 레코드만 포함하는 SQL 쿼리는 다음과 같이 작성된다.

```
SELECT    Female.*, Male.*
FROM      Female RIGHT JOIN Male ON Female.City = Male.City;
```

통합 쿼리 (UNION)

서로 다른 필드에 대하여 OR로 연결된 검색조건들을 만족시키는 쿼리를 작성하기 위하여서는 OR 조건 검색을 할 수 없다.

예를 들면, 도시가 서울특별시인 고객사(Customers)와 공급사(Suppliers)를 모두 알고 싶다고 하면,

- 도시가 서울특별시인 고객을 검색하는 쿼리를 실행하고, 도시가 서울특별시인 공급사를 검색하는 쿼리를 실행한 후,
- 각각 실행된 쿼리의 결과를 합하는 통합 쿼리를 실행한다. 즉 2개의 쿼리를 실행한 결과로 만들어진 2개의 가상 테이블을 합하는(즉, 2개의 테이블에 포함된 레코드들을 모두 포함하는) 합집합 테이블을 만든다.

이러한 통합쿼리는 UNION을 상요하여 다음과 같이 작성된다.

```
SELECT    City as [도시명], CompanyName as [회사 이름], ContactName as [담당자],
          "고객사" AS [관계]
FROM      Customers
WHERE     City = "서울특별시"
UNION
SELECT    City as [도시명], CompanyName as [회사 이름], ContactName as [담당자],
          "공급사" AS [관계]
FROM      Suppliers
WHERE     City = "서울특별시"
ORDER By  [회사 이름];
```

이와 같이 통합쿼리를 실행하면 그림 B-2에 에시된 바와 같이 UNION으로 연결된 각 테이블(여기서는 쿼리)의 레코드들을 모두 포함하는 쿼리가 만들어진다.

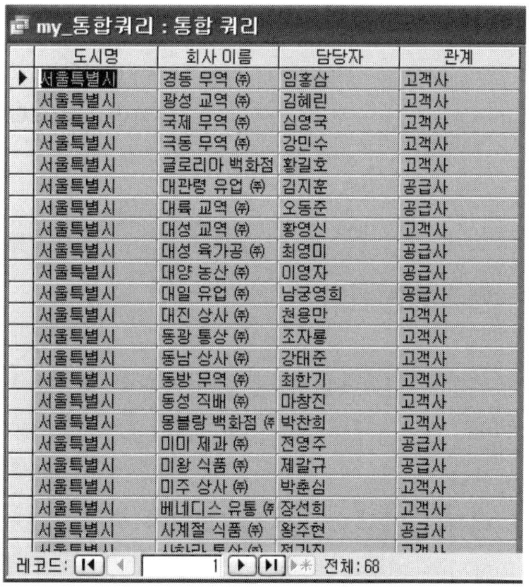

도시명	회사 이름	담당자	관계
서울특별시	경동 무역 ㈜	임홍삼	고객사
서울특별시	광성 교역 ㈜	김혜린	고객사
서울특별시	국제 무역 ㈜	심영국	고객사
서울특별시	극동 무역 ㈜	강민수	고객사
서울특별시	글로리아 백화점	황길호	고객사
서울특별시	대관령 유업 ㈜	김지훈	공급사
서울특별시	대륙 교역 ㈜	오동준	공급사
서울특별시	대성 교역 ㈜	황영신	고객사
서울특별시	대성 육가공 ㈜	최영미	공급사
서울특별시	대양 농산 ㈜	이영자	공급사
서울특별시	대일 유업 ㈜	남궁영희	공급사
서울특별시	대진 상사 ㈜	천용만	고객사
서울특별시	동광 통상 ㈜	조자룡	고객사
서울특별시	동남 상사 ㈜	강태준	고객사
서울특별시	동방 무역 ㈜	최한기	고객사
서울특별시	동성 직배 ㈜	마창진	고객사
서울특별시	몽블랑 백화점 ㈜	박찬희	고객사
서울특별시	미미 제과 ㈜	전영주	공급사
서울특별시	미왕 식품 ㈜	제갈규	공급사
서울특별시	미주 상사 ㈜	박춘심	고객사
서울특별시	베네디스 유통 ㈜	장선희	고객사
서울특별시	사계절 식품 ㈜	왕주현	공급사

[그림 B-2] 통합쿼리 실행결과

함수식을 이용한 새로운 필드값 계산 쿼리

각 레코드별로 새로운 값을 계산하는 쿼리는 함수식을 이용하여 새로운 값을 계산하고, 이 값을 새로운 필드들 추가하면 된다고 하였다.

예를 들면, 그림 6-22에 예시되었던 주문상세(OrderDetails)에 포함된 단가(UnitPrice), 판매량(Quantity), 할인율(Discount)로부터 제품별 판매소계를 계산하는 쿼리는 다음과 같이 작성된다.

```
SELECT [Order Details].OrderID, [Order Details].ProductID, [Order Details].UnitPrice,
        [Order Details].Quantity, [Order Details].Discount,
        [Order Details]!Quantity*[Order Details]!UnitPrice*(1-[Order Details]!Discount)
        AS Amount
FROM [Order Details];
```

합계(SUM), 평균(AVG) 등의 Access 요약 함수를 이용한 통계값 계산

쿼리를 이용하여 특정 필드의 통계값을 계산하기 위하여서는 계산의 범위가 되는 필드(즉, 묶는 방법으로 묶이는 필드)를 정하고, 이들 범위에 포함된 레코드들로부터 통계값을 계산한다. 이러한 쿼리를 SQL을 작성하기 위하여서는 GROUP BY 명령어를 사용하여 묶는 방법을 표시한다.

예를 들면, 제품(Products) 테이블의 단가(UnitPrice) 필드에 포함된 값들을 계산하여 노스윈드사에서 판매하는 제품분류별로 평균가격이나 최고가격, 최적 가격들을 계산하는 쿼리는 다음과 같이 작성된다.

```
SELECT      CategoryID, Avg(UnitPrice) AS [Avg Unit Price],
            Max(UnitPrice) AS [Max Unit Price]
FROM        Products
GROUP BY    CategoryID;
```

매개변수 쿼리

쿼리의 검색조건을 쿼리가 실행될 때 입력하도록 하는 것을 매개변수 쿼리라고 한다. 매개변수 쿼리는 매개변수를 SQL 쿼리에서 지정해주고, 해당 변수들은 [ ]안에 변수명을 입력하여 표시한다.

예를 들면, [최저값]과 [최고값]이라는 2개의 매개변수를 정하고 단가(UnitPrice)가 이 안에 포함되는 제품들을 검색하는 쿼리는 다음과 같이 작성된다.

```
PARAMETERS 최저값 Long, 최대값 Long;
```

```
SELECT      ProductID, ProductName, UnitPrice
FROM        Products
WHERE (((UnitPrice) Between [최저값] And [최고값]));
```

C. 크로스 탭 쿼리

관계형 데이터베이스에서 정보분석 방법은 쿼리이며, 이를 사용하여 사용자들은 필요한 정보들을 추출한다. 그러나 쿼리에서 살펴본 바와 같이 Access 데이터베이스의 테이블과 쿼리들은 모두 단순 테이블의 형태를 갖는다. 즉, 테이블/쿼리를 구성하는 필드의 제목이 표시되고 각 행들은 해당 필드의 값들을 표시한다. 따라서 모든 행은 동일한 종류의 레코드들이며 따라서 순서는 중요하지 않다.

이와 같이 쿼리를 사용하여 원하는 정보들을 추출하는 과정에서 단순 테이블 형태로 표시된 결과가 불 충분한 경우들이 발생한다.

예를 들면, 노스윈드 예제 데이터베이스에서, 년도별로 각 제품의 매출액을 분석하고자 한다면, 〔그림 C-1〕에 예시된 바와 같이, 제품(products) 테이블과 주문(Orders) 테이블 및 주문상세(Order Details) 테이블을 조인하여 년도별로 제품 매출액을 산출하면 된다. 그리고 이러한 SQL 쿼리의 산출결과는 〔그림 C-2〕에 표시된 바와 같이, 제품별, 년도별 매출액으로 표시된다.

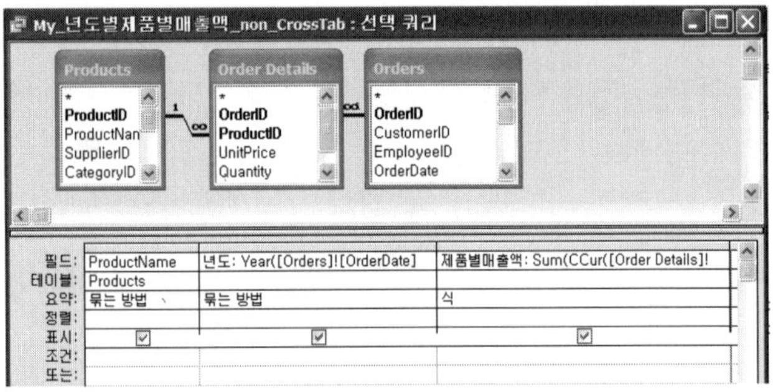


```
SELECT Products.ProductName, Year([Orders]![OrderDate]) AS 년도, Sum(CCur([Order
Details]![Quantity]*(1-[Order Details]![Discount])*[Order Details]![UnitPrice])) AS 제품별매출액
FROM Products INNER JOIN (Orders INNER JOIN [Order Details] ON Orders.OrderID = [Order
Details].OrderID) ON Products.ProductID = [Order Details].ProductID
GROUP BY Products.ProductName, Year([Orders]![OrderDate]);
```

〔그림 C-1〕 년도별 제품 매출액 분석질의

제품 이름	년도	제품별매출액
태양 100% 오렌지 주스	1996	₩1,561,000
태양 100% 오렌지 주스	1997	₩4,867,400
태양 100% 오렌지 주스	1998	₩6,295,500
태양 100% 레몬 주스	1996	₩2,978,250
태양 100% 레몬 주스	1997	₩7,006,500
태양 100% 레몬 주스	1998	₩6,299,450
태양 체리 시럽	1996	₩240,000
태양 체리 시럽	1997	₩3,248,000
태양 체리 시럽	1998	₩1,080,000
신한 100% 복숭아 시럽	1996	₩1,893,600
신한 100% 복숭아 시럽	1997	₩5,220,000
신한 100% 복숭아 시럽	1998	₩1,501,500
신한 100% 파인애플 시럽	1996	₩1,931,200
신한 100% 파인애플 시럽	1997	₩367,500
신한 100% 파인애플 시럽	1998	₩2,992,500
대양 특선 블루베리 잼	1996	₩720,000
대양 특선 블루베리 잼	1997	₩2,500,000
대양 특선 블루베리 잼	1998	₩3,917,000
대양 특선 건과(배)	1996	₩552,000
대양 특선 건과(배)	1997	₩9,186,300
대양 특선 건과(배)	1998	₩12,306,000

〔그림 C-2〕 C-1 쿼리의 실행 결과

그러나 〔그림 C-2〕의 쿼리 테이블은 우리가 일상적으로 사용하는 정보분석 형태와는 다른 형식을 띠고 있다. 일상적인 정보 분석에서 ...별 ...별 분석을 위하여서는 가로와 세로에 분석 기준들을 적당히 배열하고 가로와 세로가 만나는 점에 값을 배치하는 형태이다. 그러나 〔그림 C-2〕는 세로에 분석 기준과 값이 모두 표시되는 형태이다.

SQL 질의가 일반적인 정보분석표와 다른 형태를 띠는 이유는 다음의 차이점 때문이다.

- SQL은 관계형 데이터베이스를

위한 언어이며, 따라서 SQL의 실행 결과는 테이블 형태로 표시

- 테이블은 데이터 관리를 위하여서는 효과적인 구조이나 정보 분석을 위하여서는 효과적인 구조가 아님.

이러한 SQL 쿼리가 지니는 단점을 보완하기 위하여 제시된 쿼리의 형태가 Access의 크로스탭 쿼리이다.

크로스탭 쿼리는 〔그림 C-3〕과 같이 분석 기준을 가로와 세로에 표시하고, 결과치를 각 셀에 표시한다. 이러한 점에서 크로스 탭 쿼리는 우리가 일반적으로 사용하는 정보분석표와 매우 유사한 형태라고 할 수 있다. 따라서 단순 데이터를 검색하는 경우가 아니라 정보 분석을 위하여서는 SQL의 검색 쿼리를 사용하는 것보다는 크로스 탭 쿼리를 사용하는 것이 보다 효과적이다.

제품 이름	1996	1997	1998
노르웨이산 연어알 조림	₩1,945,000	₩9,945,300	₩9,002,400
대관령 바닐라 아이스크림	₩4,154,500	₩7,566,600	₩3,604,250
대관령 초콜릿 아이스크림	₩1,185,600	₩2,668,800	₩4,568,000
대관령 특제 버터	₩6,820,800	₩11,672,500	₩6,596,500
대륙 냉동 참치	₩4,725,000	₩16,065,600	₩8,564,850
대륙 사과 식초	₩3,339,000	₩6,018,550	₩6,468,000
대성 어묵	₩1,430,000	₩2,037,100	₩2,381,600
대양 마말레이드	₩6,565,000	₩7,314,300	₩8,704,260
대양 특선 건과(배)	₩552,000	₩9,186,300	₩12,306,000
대양 특선 딸기 소스	₩3,920,000	₩4,260,000	₩4,592,000
대양 특선 블루베리 잼	₩720,000	₩2,500,000	₩3,917,000
대양 핫 케이크 소스	₩416,000	₩5,473,000	₩3,425,000
대일 파메쌍 치즈	₩8,958,600	₩20,482,000	₩17,295,120
대일 포장 치즈	₩9,035,400	₩35,775,300	₩26,345,000
델타 청정 생강즙	₩2,108,000	₩6,703,500	₩1,109,600
루이지애나 특산 후추	₩2,503,250	₩9,373,400	₩2,018,100
미미 스카치 캔디	₩1,294,000	₩4,285,100	₩3,393,000
미왕 계피 캔디	₩1,920,000	₩3,128,600	₩4,196,000
미왕 초콜릿 드링크	₩1,989,400	₩7,317,100	₩6,335,100
미왕 코코아 샌드	₩370,500	₩2,153,000	₩880,000
버뮤다 포장 문어	₩96,000	₩3,532,500	₩938,000
버뮤다 포장 참치	₩1,129,500	₩3,004,800	₩1,817,280

〔그림 C-3〕 C-1 쿼리의 크로스탭 쿼리 실행 결과

Access에서는 모든 (선택) 쿼리를 크로스탭 쿼리로 변환할 수 있다. 즉,

- (선택) 쿼리를 작성하고,
- 쿼리의 〔디자인 보기〕 화면에서, 쿼리 메뉴에서 〔크로스 탭 쿼리〕를 실행한다. 그러면, 쿼리의 디자인 보기화면에 〔크로스 탭〕 행이 추가되는 것을 볼 수 있다.
- 〔디자인 보기〕에 나타난 각 필드들에 대하여 이들이 다음의 어디에 해당하는지를 지정한다.
  - 행머리글
  - 열 머리글
  - 셀에 표시되는 값

이와 같이 크로스 탭 쿼리는 정보 분석을 보다 용이하게 하기 위하여 제시된 쿼리 결과의 표현 방법이라고 할 수 있다. 이러한 크로스 탭 쿼리의 기능을 한층 보강한 것이 정보 분석 전문 솔루션인 OLAP(OnLine Analytic Processing) 솔루션들이다.

OLAP 솔루션은 크로스 탭 쿼리의 표현 방법을 기초로 하며, 이에 추가하여

- 행 머리글이나 열 머리글의 분석 기준을 보다 세분화하여 더 상세한 값으로 분해할 수 있도록 하며,
- 분해된 값들을 자유로이 취합할 수 있도록 하며,

- 이에 따라 셀에 표시된 값들이 어떻게 변하는가를 손쉽게 분석할 수 있도록 지원하는 도구이다.

이러한 점에서 Access의 크로스 탭 쿼리는 가장 단순한 형태의 OLAP 솔루션이라고도 할 수 있다.

OLAP 솔루션은 Access와 같은 관계형 데이터베이스를 기반으로 구축되기도 하며, 또한 다차원 데이터베이스라는 관계형 데이터베이스와는 다른 형태의 데이터베이스를 기반으로 구축되기도 한다.

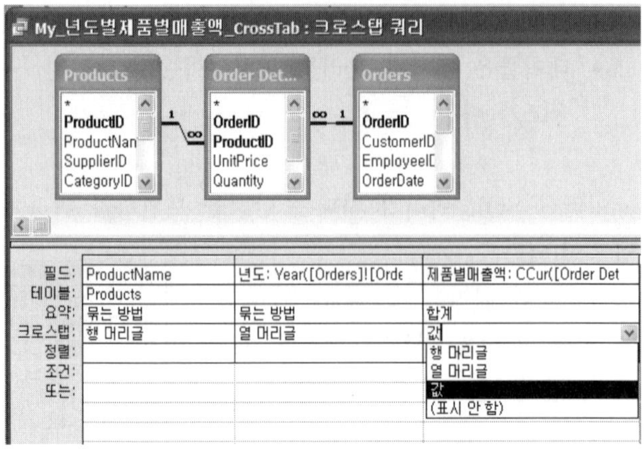

〔그림 C-4〕 크로스 탭 쿼리에서 각 필드의 위치 선택

OLAP 솔루션에 대한 보다 자세한 학습을 위하여서는 이에 대한 전문서적을 참조하기 바란다.

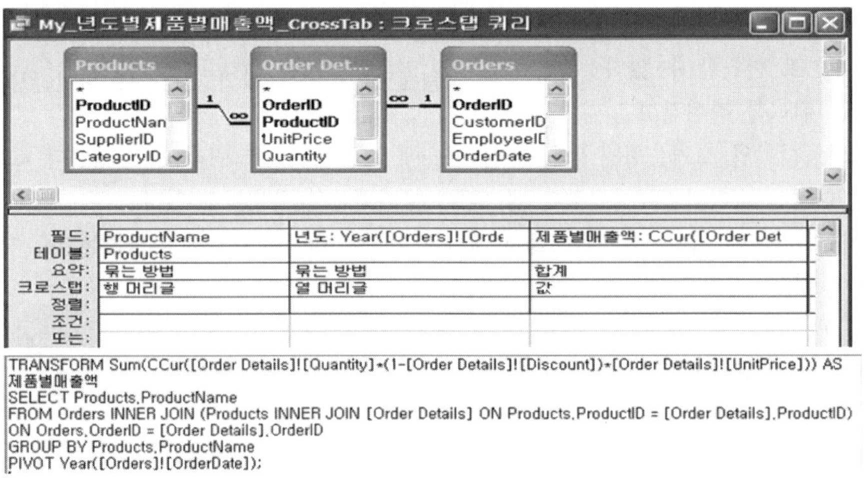

〔그림 C-5〕 크로스탭 쿼리

제3부 Access 애플리케이션 개발하기

제7장 Access 애플리케이션 개발

Access 데이터베이스는 제2장에서 이미 살펴본 바와 같이 테이블이나 쿼리 뿐만이 아니라 폼, 보고서, 페이지, 매크로 및 모듈들도 같이 포함한다. 이들 폼이나 보고서, 페이지, 매크로 및 모듈들은 데이터를 입력하거나 출력하기 위한 인터페이스 화면들이거나 실행 프로그램 들이다. 이러한 점에서 볼 때 이들은 데이터베이스의 구성요소라기 보다는 애플리케이션의 구성요소라고 할 수 있다.

예를 들면 노스윈드 데이터베이스에서 Orders 폼은 주문을 추가하고 수정하는 폼이다. 따라서 Orders 폼은 주문관리 애플리케이션 또는 이의 일부라고 할 수 있다. 그리고 Sales by Category 보고서는 제품분류별 매출액을 산출한 보고서이다.

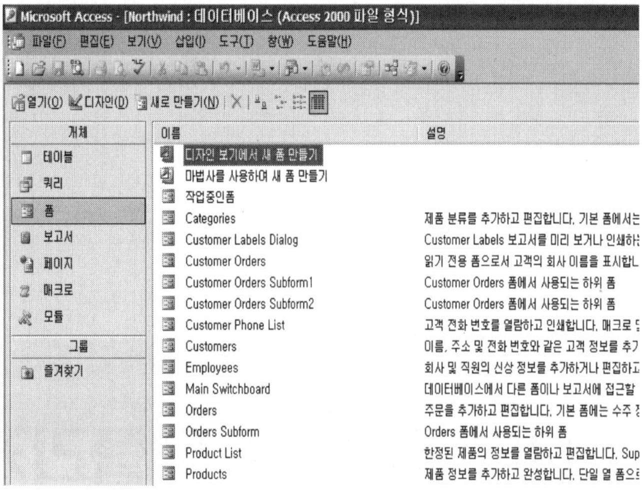

〔그림 7-1〕 Access 데이터베이스를 구성하는 개체들

PC용 DBMS로서 Access는 이러한 애플리케이션에 해당하는 개체들을 데이터베이스에 같이 포함한다. 그 이유는 PC에서와 같이 단일 사용자가 데이터베이스를 이용할 경우, 데이터베이스를 이용하는 애플리케이션들을 데이터베이스의 일부로 통합하여 관리하는 것이 편리하고 효율적이기 때문이다.

이러한 취지에 따라 본장에서는 Access의 폼이나 매크로 등을 사용하여 보다 효과적으로 테이블에 저장된 데이터들을 입력하고 검색하는 애플리케이션을 개발하기 위한 방법을 살펴본다.

Access 폼은 데이터베이스와 사용자 사이에서 인터페이스 역할을 수행한다. 즉 사용자들이 직접 데이터메이스의 테이블이나 쿼리를 접근하지 않고 보다 익숙한 화면 양식을 통하여 데이터베이스에 저장된 데이터들을 사용할 수 있도록 함으로써 사용을 편리하게 하고, 데이터 관리가 효과적으로 이루어지도록 한다.

이와 같이 데이터베이스의 사용자들을 구분하여, 유형별로 사용형태를 살펴보면 다음과 같다.

- 물론 데이터베이스관리자(DBA : DataBase Administrator)는 데이터베이스를 생성하고 데이터들을 직접 관리하기 때문에 테이블을 직접 조작하는 경우가 대부분이다.
- 그리고 최종사용자 컴퓨팅(End-User Computing)과 같이 숙련된 사용자들은 쿼리를 사

용하여 직접 데이터를 검색하고 활용한다.

- 그러나 대부분의 경우 최종사용자들은 데이터베이스를 직접 사용하는 경우는 거의 없으며, Access 폼과 같은 인터페이스 화면을 통하여 데이터베이스를 사용한다.

1절. Access 폼의 작동 원리

폼을 통한 데이터의 입력과 갱신은 다음과 같은 원리로 작동한다.

- 폼을 테이블/쿼리와 연결한다.
- 입력하고자하는 테이블의 필드들을 포함하도록 폼을 구성한다.
- 폼에 데이터를 입력하고 저장 또는 다음 레코드로 이동 등과 같은 버턴을 누르면 폼에 입력된 레코드가 테이블에 저장된다. 또한,
- 테이블/쿼리에 저장된 데이터들이 폼에 표시된다.

이와 같이 폼은 테이블들과 서로 연결된다. 그러나 경우에 따라서는 실제 데이터를 입력하는 화면이 아니라 다른 폼을 호출하기 위한 화면이 있을 수 있으며 이런 폼은 테이블과 연결되지 않는다. 그리고, 한 화면에서 한 테이블의 데이터들을 입력할 뿐만이 아니라 여러 테이블에 데이터들을 입력할 수도 있다. 이러한 점에서 폼은 다음과 같이 구분된다.

- 연결되지 않은 폼 (Unbound Form) : 연결되지 않은 폼은 데이터 입력이나 검색과는 아무런 상관이 없는 폼이다. 대표적인 예로서는 노스윈드 예제 데이터베이스를 실행하면 나타나는 Main Switchboard 폼이다. 이 폼은 각각의 테이블들과 연결된 폼들을 호출하기 초기 메뉴에 해당한다.
- 연결된 폼 (Bound Form)
  - 단일 테이블과 연결된 폼 : 한개의 테이블이나 쿼리와 연결된 폼으로서, 가장 일반적인 형식의 폼이다.
  - 복수 테이블과 연결된 폼 : 2개 이상의 테이블/쿼리와 연결된 폼으로서, 하위 폼을 상위 폼이 포함하는 형태를 갖는다.

2절. 연결되지 않은 폼 개발하기

연결되지 않은 폼은 데이터 입력이나 검색과는 아무런 상관이 없는 폼이다. 대표적인 예로서는 노스윈드 예제 데이터베이스를 실행하면 나타나는 주화면(Main Switchboard) 폼이다. 이 폼은 다른 폼들을 호출하기 위한 초기 메뉴에 해당한다. 따라서 연결되지 않은 폼을 개발하기 위하여서는 먼저 연결된 폼이나 보고서들이 먼저 개발되어 있어야 한다.

연결되지 않은 폼의 개발 절차는 다음과 같다.

(1) 데이터베이스의 각 테이블들에 데이터를 입력할 연결된 폼들을 개발하고 각 폼에 이름을 부여한다. (이에 대한 자세한 내용은 다음 절에 설명된다.)

(2) 연결되지 않은 폼을 개발하여, 폼의 각 메뉴 또는 컨트롤과 연결된 폼들을 연결한다.

〔그림 7-2〕 연결되지 않은 폼의 예

연결되지 않은 폼을 개발하는 방법은 크게 2가지가 있다.

- 하나는 폼에 명령단추(Command)를 추가하여, 각 명령단추를 누를때 다른 폼이나 보고서들이 실행되도록 한다.
- 또 다른 방법은 초기화면을 생성하는 도구인 스위치보드 관리자를 사용하여 스위치보드를 만드는 것이다.

2.1 명령단추를 사용한 연결되지 않은 폼 개발

연결되지 않은 폼의 개발하기 위한 단계를 보다 자세히 살펴보면 다음과 같다.

(1) Access 개체에서 폼을 클릭하면, 새로운 폼을 만들기 위한 도구들과 이미 만들어진 폼의 이름들이 폼 화면에 표시된다.

(2) 폼 화면에서 디자인보기에서 새 폼 만들기를 선택하여 클릭한다. 그러면 폼을 설계하는 도면이 나타난다.

(3) 도구상자에서 컨트롤 마법사가 실행(active) 상태로 설정된 상태에서 명령단추를 끌고와 화면에 배치한다. 그러면 명령단추 마법사가 자동으로 실행된다. 마법사의 진행에 따라 명령단추를 누를 경우 실행될

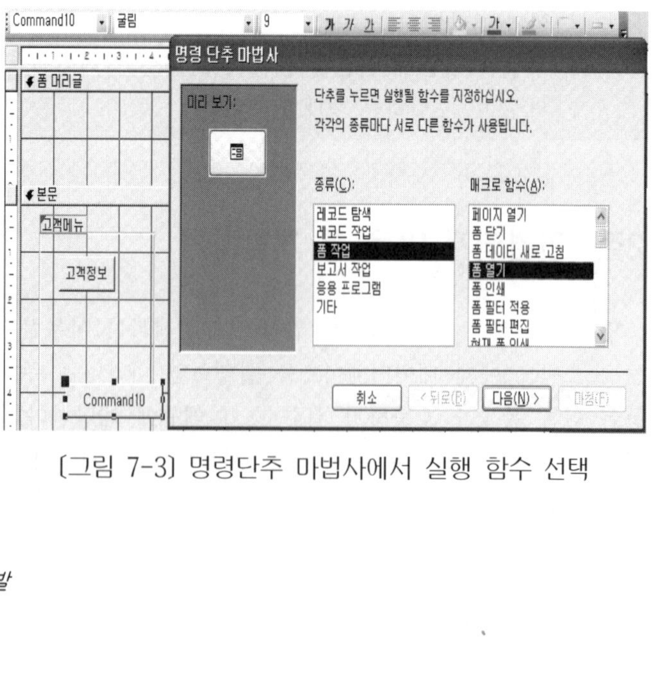

〔그림 7-3〕 명령단추 마법사에서 실행 함수 선택

〔그림 7-4〕 명령단추 마법사에서 실행될 폼 선택

작업을 지정하게 되는데 이의 세부 과정은 다음과 같다.

- 먼저 실행될 함수를 지정한다. 그림 7-3에 표시된 바와 같이, 명령단추를 누를 경우 실행될 여러 작업 종류들이 제시되는데, 종류는 폼 작업으로 하고, 매크로 함수는 폼 열기로 한다. 그리고 다음을 클릭한다.
- 그러면 어떤 폼을 여시겠습니까라는 화면이 나타나는데, 실행할 폼 이름을 선택한다.
  (따라서 명령단추를 실행하여 다른 폼을 열기 위하여서는 열리는 폼이 먼저 개발되어 있어야 한다.)
- 그리고 폼을 연결하는 방법을 지정한다. 폼을 연결하는 방법으로서 다음의 2가지가 제시된다. 이들 방법들 중에서 적절한 것을 선택한다.
  - 폼을 열고 표시할 데이터를 찾는 경우 : 폼과 연결된 테이블/쿼리가 매개변수 쿼리인 경우와 같이 폼과 테이블/쿼리를 연결하는 필드가 있을 경우, 이러한 매개변수 필드를 통하여 표시할 데이터를 찾아서 검색된 데이터들만 폼에 표시한다.
  - 폼을 열고 레코드를 모두 표시하는 경우 : 폼과 연결된 테이블/쿼리에 저장된 모든 레코드들을 폼에 표시한다.
- 명령 단추에 텍스트나 그림을 넣어시겠습니까라는 화면이 나타나는데, 폼을 통하여 해당 단추가 무슨 작업을 실행하는 단추인지를 알 수 있는 텍스트나 그림을 추가한다.
  (명령단추들은 보통 텍스트를 추가하는 것이 이해하기가 훨씬 쉽다.)
  그리고 마법사의 실행이 다 끝났으면 마침을 클릭한다.

(4) 폼을 다 설계하고 나면 디자인 보기에서 폼보기로 바꾸면 설계된 폼이 나타난다. 각 명령단추를 실행하면, 연결된 폼들이 제대로 잘 실행되는가를 확인한다.

(5) 연결되지 않은 폼은 보통 초기화면이므로 이 폼은 이를 실행시켜주는 폼이 없다. (따라서 데이터베이스가 실행될 때, 즉 데이터베이스를 열때 이 폼을 실행시켜야 한다.) 이와 같이 초기 실행 기능을 지정하기 위하여서는 Access 데이터베이스의 〔도구(T)〕 메뉴에 있는 〔시작(U)〕 도구를 사용한다.

〔시작〕 도구를 실행하면 〔그림 7-5〕에 표시된 바와 같이 첫 화면에 표시할 폼/페이지

나 실행할 응용 프로그램을 지정할 수 있다. 노스윈드 예제 데이터베이스에는 〔Main Switchboard〕가 시작 폼으로 지정되어 있음을 알 수 있다. 여기서 시작을 다른 폼으로 바꾸면, 시작 화면이 달라지는 것을 알 수 있다.

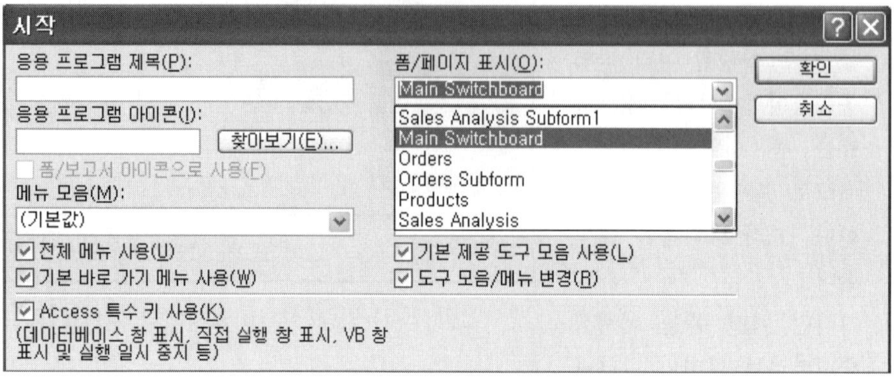

〔그림 7-5〕 Access의 시작 폼

3절 단일 테이블/쿼리와 연결된 폼 개발하기

연결된 폼은 테이블/쿼리와 연결된 폼으로서, 테이블에 데이터들을 입력하거나, 테이블/쿼리에 저장되어 있는 데이터들을 보기위한 폼이다. 따라서 테이블/쿼리와 폼을 연결하는 방법중에서 가장 간단하면서도 명료한 방법은 1개의 테이블/쿼리와 1개의 폼을 연결하는 방법이다.

경우에 따라서는 1개의 폼에 2개 이상의 테이블/쿼리에 포함된 데이터들을 한꺼번에 표시하여야 하는 경우들이 발생한다. 이러한 경우 폼과 테이블/쿼리를 연결할 수 있는 방법은 다음과 같다.

- 이들 2개 이상의 테이블/쿼리를 폼과 연결하는 방법
- 2개 이상의 테이블/쿼리를 조인하여 이들을 모두 포함하는 쿼리를 만들고, 쿼리와 폼을 1:1로 연결하는 방법

이러한 2가지 방법 중에서 후자와 같이 추가적인 쿼리를 작성하여 폼과 테이블/쿼리를 1:1로 연결하는 것이 보다 나은 방법으로 추천된다.

물론 경우에 따라서, 예를 들면 고객 테이블과 주문테이블과 같이 2개의 테이블이 1대다 관계를 가질 경우, 이러한 데이터를 1개의 폼에 나타내기 위하여서는 이들 테이블들을 조인한 쿼리를 사용하는 것보다는 먼저 고객 레코드를 표시하고, 이와 연관된 주문 레코드들을 따로 표시하는 것과 바람직한 경우가 있다. 이러한 경우에는 복수의 테이블/쿼리를 1개의 폼과 연결하는 방법을 사용한다.

이와 같이 폼은 연결되는 테이블/쿼리의 수에 따라 단일 테이블/쿼리와 연결된 폼과 2개 이상의 테이블/쿼리와 연결된 폼으로 나누어진다. 이중에서 본 절에서는 단일 테이블/쿼리와 연결된

폼을 개발하는 방법을 소개한다. 2개 이상의 테이블/쿼리와 연결된 폼은 다음절에서 소개한다.

3.1 Access 폼의 컨트롤

Access에서 사용할 수 있는 컨트롤들은 다음에 열거되는 바와 같이 10여 가지가 있다. 이러한 컨트롤들은 테이블/쿼리에 포함된 필드에 저장된 (또는 저장되는) 값들을 표시하기 위하여 사용되므로, 해당 필드의 데이터 형식에 부합하는 가장 적절한 컨트롤을 선택하여 사용한다.

- 텍스트 상자
- 콤보 상자
- 목록 상자
- 명령 단추
- 확인란
- 옵션단추
- 토글단추
- 옵션 그룹
- 레이블
- 탭 컨트롤
- 하위폼/하위보고서
- 직사각형
- 선

3.2 마법사를 사용하여 단일 테이블/쿼리와 연결된 폼 개발하기

단일 테이블/쿼리와 연결된 폼을 작성하는 방법 중의 하나는 마법사를 사용하여 연결할 테이블/쿼리를 지정하고 해당 테이블/쿼리의 필드들 중에서 폼에 포함시킬 필드들을 선택하는 방법이다. 이러한 1개의 테이블/쿼리와 연결된 폼을 개발하기 위한 단계를 살펴보면 다음과 같다.

(1) Access의 폼 개체를 선택하면 이미 개발된 폼들과 폼을 개발하기 위한 도구들인 〔디자인 보기에서 새 폼 만들기〕와 〔마법사를 사용하여 새 폼 만들기〕를 볼 수 있다. 이들 중에서 〔마법사를 사용하여 새 폼 만들기〕를 실행한다.

(2) 〔마법사를 사용하여 새 폼 만들기〕를 〔폼 마법사〕 화면이 나타난다. 〔폼 마법사〕 화면에서 폼에 포함시킬 필드들을 선택하기 위하여

- 테이블/쿼리를 선택하고
- 테이블/쿼리에서 사용할 수 있는 필드들 중에서 폼에 포함시킬 필드들을 선택한다.

(3) 그리고 폼의 형식을 선택하고 새로이 만들어진 폼에 이름을 부여한다.

이와 같이 마법사를 실행하여 폼을 개발하면, 각 선택된 필드들에 대하여 적절한 형식의 컨트롤이 자동으로 지정된다. 필드의 데이터 형식별로 자동으로 지정되는 컨트롤들을 살펴보면 다음과 같다.

- 텍스트 박스 : 거의 모든 데이터 형식의 필드는 텍스트 박스로 표시된다.
- 콤보박스 : 해당 필드의 데이터 형식이 조회마법사로 지정되어 있을 경우, 조회되는 값들은 컴보 박스에 표시된다.
- 확인란 : 해당 필드의 값이 Yes/No일 경우 이를 지정하는 확인란으로 표시된다.

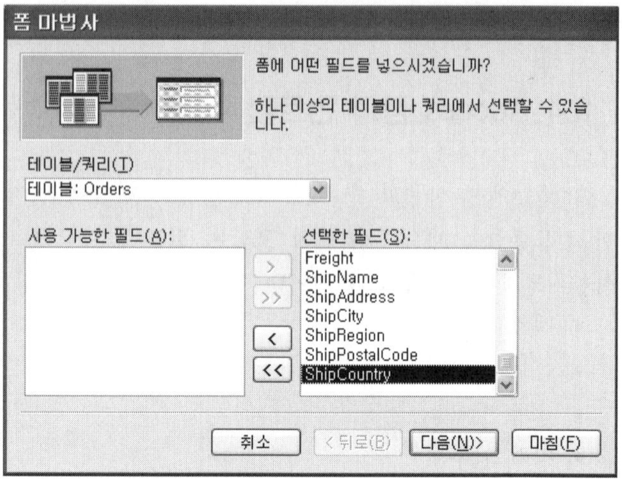

〔그림 7-6〕 폼 마법사를 사용한 테이블/쿼리 및 필드 선택하기

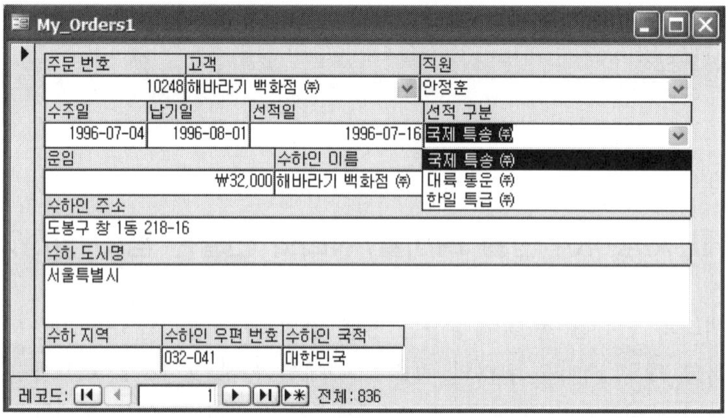

〔그림 7-7〕 마법사를 사용하여 개발된 폼

3.3 디자인 보기에서 컨트롤을 사용하여 단일 테이블/쿼리와 연결된 폼 개발하기

〔디자인 보기에서 새폼만들기〕를 실행하면 폼 화면에 개발자가 원하는 형태의 가장 적합한 컨트롤을 사용하여 폼을 직접 만들 수 있다.

〔디자인보기에서 새폼만들기〕를 위한 단계를 살펴보면 다음과 같다.

(1) Access 개체에서 폼을 클릭하면, 새로운 폼을 만들기 위한 도구들과 이미 만들어진 폼의 이름들이 폼 화면에 표시된다.

(2) 폼 화면에서 〔디자인보기에서 새 폼 만들기〕를 선택하여 클릭한다. 그러면 폼을 설계하는 도면이 나타난다.

(3) 폼과 연결되는 테이블/쿼리를 먼저 선택한다. 이를 위하여
  - 폼의 〔속성〕 창을 실행한다.
  - 〔속성〕 창의 〔데이터〕 메뉴에서 〔레코드 원본〕을 선택한 후, 폼과 연결할 테이블/쿼리를 선택한다.

(4) 〔도구상자〕에서 컨트롤을 선택하여 디자인 화면에 배치한다.

(5) 컨트롤과 필드를 연결한다. 컨트롤과 필드의 연결은 〔컨트롤 마법사〕가 실행되고 있는 경우(active인 경우)와 실행되고 있지 않는 경우가 다르다.
  - 〔컨트롤 마법사〕가 실행되고 있는 경우(active인 경우) : 도구상자에 보면 〔컨트롤 마법사〕가 있는데 이를 실행(active) 상태를 설정한 후, 컨트롤을 디자인 화면에 배치하면, 자동으로 해당 컨트롤의 속성들을 설정하는 마법사가 실행된다. 마법사의 실행에 따라 컨트롤과 연결되는 필드, 컨트롤의 이름, 캡션 및 여러 특성들을 지정하면 된다.
  - 〔컨트롤 마법사〕가 실행되고 있는 않은 경우(inactive인 경우) : 도구상자에 보면 〔컨트롤 마법사〕가 비실행(inactive) 상태인 경우에는, 컨트롤을 디자인 화면에 배치한 후 컨트롤의 속성을 수동으로 지정한다. 즉 컨트롤과 연결되는 필드, 컨트롤의 이름, 캡션 및 여러 특성들을 지정한다.

    컨트롤과 연결되는 필드를 지정하기 위하여서는,
    - 컨트롤의 〔속성〕창을 실행한 후
    - 〔속성〕 창의 〔데이터〕 메뉴에서 〔컨트롤 원본〕을 선택하면, 해당 폼에서 지정한 테이블/쿼리를 구성하는 필드들이 나타난다. 이들 중에서 하나를 선택하여 컨트롤 원본으로 지정한다.

이러한 〔디자인보기에서 새폼만들기〕를 사용하여 컨트롤을 선택하고 컨트롤 원본을 지정하는 과정에서, 만약 폼과 연결된 테이블/쿼리를 지정하지 않은 경우에는 각 개별 컨트롤들에 대하여 〔컨트롤 원본〕에서 선택할 필드들이 표시되지 않는 것을 볼 수 있다. 따라서 모든 폼을 개발할 경우, 반드시 폼과 연결되는 테이블/쿼리를 지정하여야 한다.

이들 중에서 해당 필드를 표시하기 위하여 가장 적절한 컨트롤을 선택하여 사용하면 된다. 그리고 이러한 컨트롤들에 대하여 지정하여주어야 하는 속성들은 컨트롤마다 서로 다르나 가장 중요한 속성들을 선택한다고 하면 다음의 3가지라고 할 수 있다.

- 컨트롤 이름 : Access에서 사용하는 컨트롤의 ID이다. 예를 들면 계산된 컨트롤 등을 만들기 위하여서는 다른 컨트롤들을 불러와서 사용하여야 하는데 이때 다른 컨트롤을 불러오기 위하여 사용하는 것이 컨트롤 이름이다.

- 캡션 : 폼 화면에 표시되는 컨트롤의 이름이다. 그러나 이는 표시되는 이름이며, 실제 이름은 아니다.
- 컨트롤 원본 : 컨트롤과 연결된 테이블/쿼리의 필드 이름을 나타낸다. 컨트롤 값을 추가할 경우, 추가된 값은 컨트롤 원본 필드에 기록되며, 〔컨트롤 원본〕 필드의 값들이 컨트롤에 표시된다.

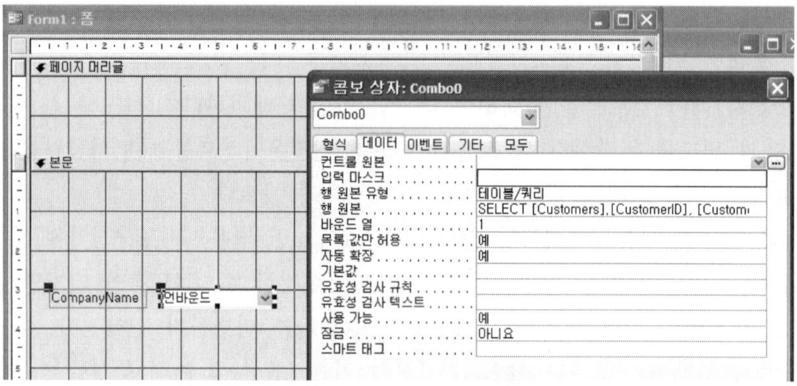

〔그림 7-8〕 폼과 연결된 테이블/쿼리가 지정되지 않은 경우

3.4 폼에서 계산된 컨트롤 추가하기

기본적인 폼에 표시되는 컨트롤은 테이블/쿼리의 필드들과 연결된다. 그러나 이러한 원본 데이터들에 추가하여 새로운 데이터들을 계산하여 추가할 필요가 있다. 이는 마치 쿼리에서 계산된 필드를 추가하여 저장된 데이터들로부터 새로운 데이터를 계산하는 것과 같은 방법이다. 이러한 점에서 테이블/쿼리에 포함되지 않은 데이터를 폼에 표시하는 방법은 다음과 같이 2가지가 있을 수 있다.

- 새로이 계산된 필드를 포함하는 쿼리를 새로 작성한 후, 쿼리와 폼을 연결하는 방법
- 테이블/쿼리와 폼을 연결한 후, 폼에서 계산된 컨트롤을 추가하는 방법

첫 번째 방법은 쿼리 작성하기에서 살펴보았으므로 여기서는 두 번째 방법에 대하여 살펴본다.
계산된 컨트롤을 추가하기 위한 단계를 살펴보면 다음과 같다.

(1) 폼의 〔디자인 보기〕에서 〔도구상자〕 중에서 〔텍스트 상자〕 컨트롤을 선택하여 폼에 추가한다.
(2) 〔텍스트 상자〕의 〔속성〕 창을 열어서 〔데이터 속성〕 창의 〔컨트롤 원본〕을 선택한 뒤, 작성 단추를 클릭한다.
(3) 〔식 작성기〕 대화상자가 나타나면, 〔텍스트 상자〕에 표시될 데이터를 계산하기 위한 식을 작성한다.

- 식의 작성 방법은 쿼리의 계산된 필드의 계산식을 작성하는 경우가 같다.
- 그러나, 식에 포함되는 인수들을 선택할 때, 테이블의 필드들을 선택하는 것이 아니라, 폼의 컨트롤 이름을 선택하여야 한다. 즉, 폼의 컨트롤에 할당된 값들을 계산하여 새로운 계산된 컨트롤을 계산한다.

(4) 식 작성을 종료하면, 해당 〔텍스트 상자〕의 컨트롤 원본에 계산식이 표시되는 것을 볼 수 있다.

그림 7-9는 주문 폼에서 〔납기일〕과 〔선적일〕의 차를 계산하여 〔선적여유일수〕를 계산하여 표시하는 컨트롤을 만드는 방법을 보여주고 있다.

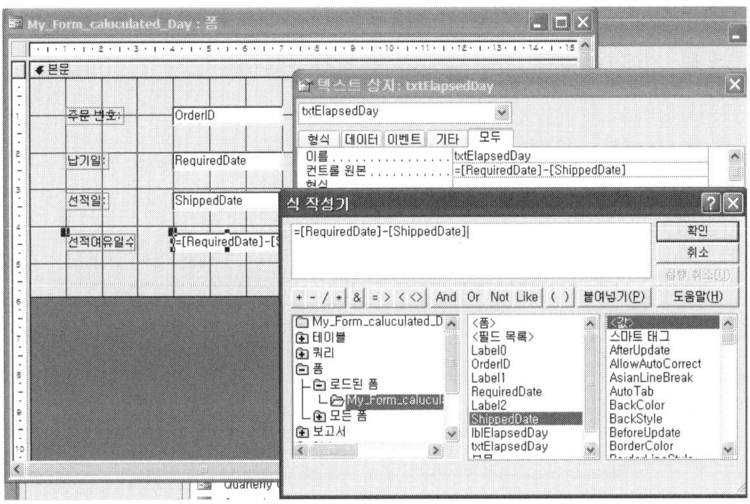

〔그림 7-9〕 계산된 컨트롤의 작성 예

4절 복수 테이블과 연결된 폼 개발하기

Access에서 폼을 작성하는 방법은 폼과 테이블/쿼리를 1:1로 연결하는 것이 가장 바람직한 방법이라고 하였다. 그러나 경우에 따라서 복수의 테이블/쿼리를 1개의 폼과 연결할 필요가 있다. 예를 들면,

- 고객 테이블과 주문테이블과 같이 2개의 테이블이 1대다 관계를 가질 경우, 이들 테이블들을 조인한 쿼리를 사용하는 것보다는 먼저 고객 레코드를 표시하고, 이와 연관된 주문 레코드들을 따로 표시하는 것과 바람직한 경우가 있다.
- 그리고, 폼을 사용하다가 특정 필드에 대한 보다 상세한 정보를 참조할 필요가 있는 경우가 있다. 예를 들면, 주문 폼에 표시된 주문 정보를 사용하다가 특정 고객에 대한 상세 정

보를 참조할 필요가 있는 경우에는, 고객이름 컨트롤에 표시된 값을 클릭하면 해당 고객에 대한 상세정보를 표시하는 폼이 나타나도록 하는 것이 편리할 수 있다.

전자의 방법이 하위폼을 사용한 2개 이상의 테이블/쿼리를 참조하는 방법이며, 후자의 방법이 컨트롤을 통한 관련 폼 호출 방법이다.

4.1 하위폼을 사용한 복합 폼의 구성 방법

하위 폼이란 다른 폼에 포함된 폼을 이야기한다. 이때까지 소개된 폼들은 1개의 필드를 폼에 표시하는 컨트롤들로 구성되었다. 그러나 하위폼은 여러개의 컨트롤들로 구성된 폼을 다시 다른 폼의 컨트롤로 표시한다.

하위 폼을 사용할 경우 다음과 같이 1대다 관계가 맺어져 있는 테이블들을 보다 자연스럽게 표시할 수 있다.

- (상위)폼에서는 (기본)테이블의 내용을 표시하고
- 하위폼에는 관련 테이블의 내용을 표시한다.

예를 들면, 고객별 주문 정보를 하나의 폼에 표시하고자 하면,

- (상위)폼에서는 주문 테이블의 내용을 표시하고
- 하위폼에는 주문(Orders) 테이블과 1대다 관계를 가지는 주문상세(Order details) 테이블의 내용을 표시한다. 주문상세(Order details) 테이블은 주문번호(OrderID)를 외래키(외부키)로 포함하며, 주문번호(OrderID)를 통하여 주문상세(Order details) 테이블과 1대다 관계를 갖는다.

  따라서 (상위)폼에 표시된 주문번호가 바뀌면, 하위 폼에 표시되는 내용도 바뀜으로서, 주문별 주문 내용이 동시에 바뀌어 표시된다.

이와 같이 하위폼을 사용하기 위하여서는 표시하고자하는 데이터들이 포함된 테이블들 사이에 먼저 1대다 관계가 맺어져 있어야 한다.

이러한 하위폼의 작성 절차를 살펴보면 다음과 같다.

(1) (상위) 폼을 작성한다.

(2) 폼의 〔디자인 보기〕에서〔도구상자〕의 〔컨트롤 마법사〕를 실행상태로 지정한다.

(3) 〔도구상자〕 중에서 〔하위폼/하

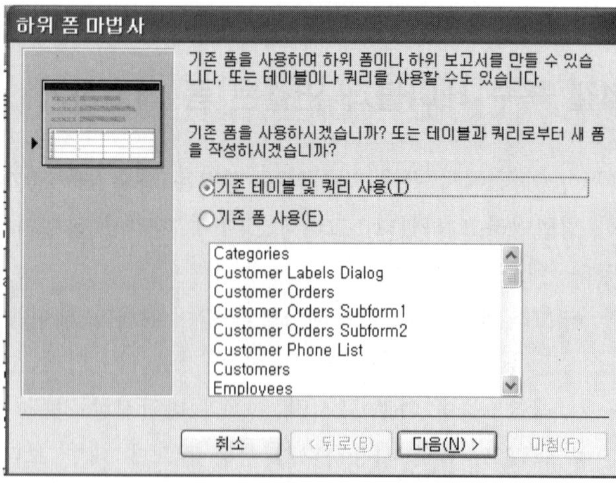

〔그림 7-10〕 하위폼 마법사에서 하위폼 작성 방법 지정

위보고서] 컨트롤을 선택하여 폼에 추가한다.

(4) [하위폼 마법사]에서 하위폼 작성 방법을 선택한다. 하위폼의 작성 방법은 다음과 같이 2가지가 있다. 이들 중에서 이미 삽입하고자 하는 폼을 만들어 놓은 경우에는 후자를 선택하고, 그러하지 않은 경우에는 전자를 선택한다.

- 기존 테이블/쿼리 사용
- 기존 폼 사용

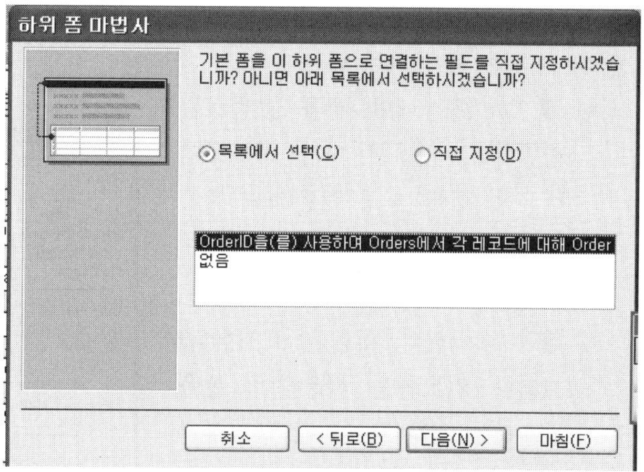

[그림 7-11] 하위폼 마법사에서 연결 필드 지정

(5) 상위 폼과 하위폼을 연결하는 방법을 지정한다. 2개의 테이블이 1대다 관계가 맺어져 있을 경우에는 연결하는 필드인 외래키(외부키)가 목록에 표시되므로 이를 선택하면 된다.

(6) 하의 폼에 표식될 필드들을 선택할 때, 이미 (상위) 폼에 포함되어 있는 외래키(외부키)는 포함시키지 않는 것이 완성된 폼을 상요할 때 보다 자연스럽다.

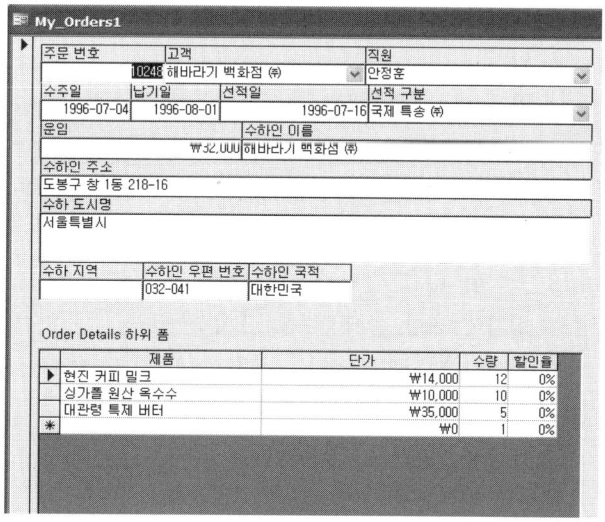

[그림 7-12] 하위폼의 작성 결과

그림 [7-12]는 이렇게 만들어진 주문 처리를 위한 폼을 나타낸다. 제시도니 폼은 주문(Orders) 테이블에 대한 내용과 주문상세(Order Details) 테이블의 내용이 1개의 폼에 같이 표시된다. 폼에 예시된 바와 같이 주문번호는 상위폼에만 표시되고 하위폼에는 포함시키지 않았다.

4.2 컨트롤을 통한 관련 폼 호출 방법

복합 폼을 구성하는 또다른 방법은 필요한 폼을 필요한 경우에만 호출하는 방법이다. 즉, 폼을 사용하다가 특정 필드에 대한 보다 상세한 정보를 참조할 필요가 있는 경우, 해당 컨트롤을 클릭하면 보다 상세정보를 표시하는 폼이 나타나도록 하는 방법이다. 이러한 컨트롤을 사용하여 폼을 호출하는 방법은 하위폼과 비교해 볼 때 다음의 점이 서로 다르다.

- 필요한 경우에만 폼을 호출하는 방법이며, 따라서 항상 하위폼의 내용이 표시되도록 하는 하위폼과 표현 방법이 다르다.
- 하위폼은 1대다 관계를 맺고 있는 관련 테이블의 내용을 표시한다. 그러나 컨트롤을 사용하여 폼을 호출하는 경우에는 관련 테이블뿐만이 아니라 (기본) 테이블의 내용이나, 1대1 관계를 맺고 있는 테이블의 내용도 폼에 표시할 수 있다.

  가장 많이 사용하는 경우는, 주문정보를 사용하다가 선적회사에 대한 상세 정보를 참조할 필요가 있는 경우에는, 선적구분 컨트롤에 표시된 값을 클릭하면 해당 선적회사에 대한 상세정보를 표시하는 폼이 나타나도록 하는 것과 같이, 1대다 관계에서 (기본) 테이블의 내용을 호출하는 경우이다.

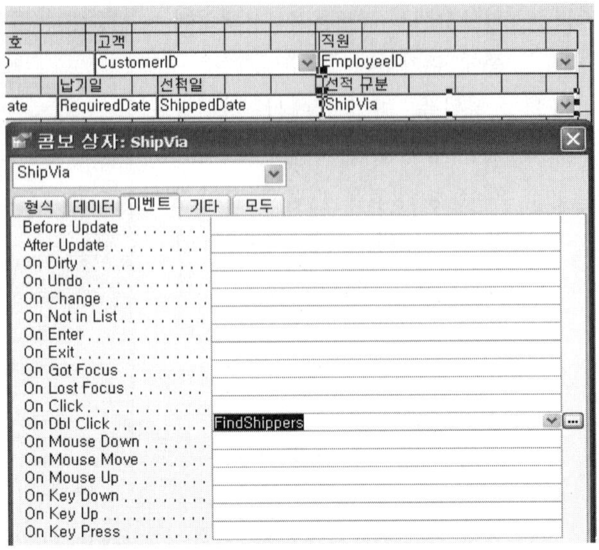

〔그림 7-13〕 컨트롤의 이벤트 속성 창

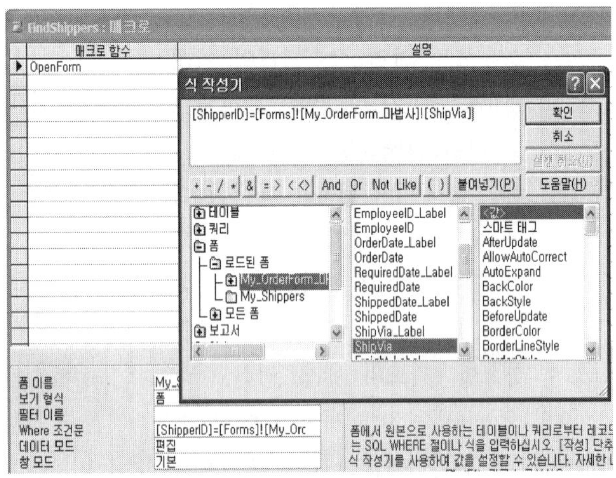

〔그림 7-14〕 매크로의 〔Where 조건문〕 정의

이러한 컨트롤을 통한 관련 폼 호출의 작성 절차를 살펴보면 다음과 같다.

(1) (상위) 폼을 작성한다.

(2) 폼의 〔디자인 보기〕에서 관련 폼을 호출하고자 하는 컨트롤을 선택하고, 〔속성〕창을 실행한다.

(3) 〔속성〕 창의 메뉴들 중에서 〔이벤트〕 속성 창을 실행한다.
  - 〔이벤트〕들 중에서 〔Double Click〕 이벤트를 선택하고 작성 버턴을 실행한다.
  - 〔매크로 작성기〕를 선택한다.

(4) 〔매크로 작성기〕를 사용하여 해당 컨트롤을 두 번 클릭하면 표시될 폼과 표시될 내용을 정의한다.
  - 매크로 함수에서 〔Open Form〕을 선택한다.

- 매크로 함수 인수창에서 표시될 폼의 이름을 선택한다.
- 〔Where 조건문〕에서 호출 조건을 표시한다. 조건문은 다음의 형식으로 표시된다 호출되는 폼의 컨트롤이름 = 호출하는 폼의 컨트롤 이름

  〔그림 7-14〕에 예시된 바와 같이 호출되는 폼의 컨트롤 이름은 컨트롤 이름만 표시하고, 호출하는 폼의 컨트롤 이름은 폼 이름를 포함하여 모두 표시한다.

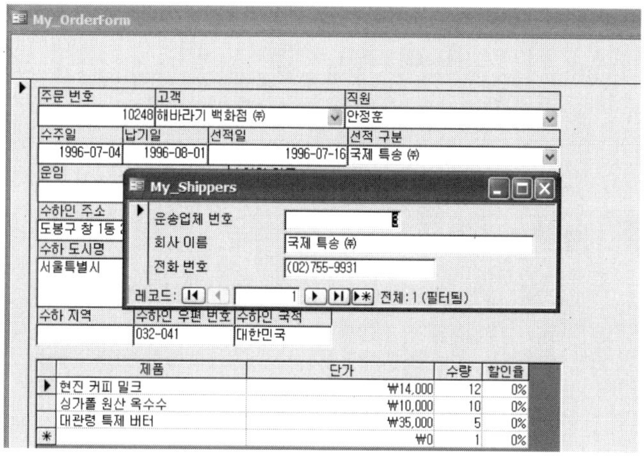

〔그림 7-15〕 컨트롤을 통한 관련 폼 호출

(5) 이렇게 이벤트 매크로를 다 정의하고 나면 매크로 이름을 부여하고 종료한다.

작성된 폼에서 해당 컨트롤을 두 번 클릭하면 이에 해당하는 폼이 호출되고, 호출된 폼에 표시되는 내용은 매크로의 〔Where 조건〕에서 지정한 사위 폼의 필드값에 대응하는 값들임을 알 수 있다.

제4부 .NET 애플리케이션 개발하기

제8장 .NET 윈도우즈 애플리케이션 개발하기

데이터베이스는 Access와 같은 데이터베이스관리시스템(DBMS : DataBase Management System)을 사용하여 구축한다. 그리고 이러한 데이터베이스를 기반으로 하여 개발한 애플리케이션을 데이터베이스 애플리케이션이라고 한다. 데이터베이스 애플리케이션은 다양한 환경에서 다양한 프로그래밍 언어를 사용하여 개발할 수 있다. 본 교재에서는 마이크로소프트사에서 제시한 .NET 환경에서 Visual Basic 언어를 사용하여 데이터베이스 애플리케이션을 개발하는 과정을 소개한다.

.NET 애플리케이션은 윈도우즈 기반으로 개발하거나 또는 웹기반으로 개발할 수가 있다.

- 윈도우즈 기반 애플리케이션이란 PC에서 사용하는 일반 패키지 애플리케이션처럼 확대 및 축소가 가능한 윈도우즈 폼에 컨트롤을 이용하여 GUI를 개발하고 해당 컨트롤의 동작을 인지하고 기능을 실행할 수 있는 프로그램 코드를 작성하는 것을 말하며,
- 웹기반 애플리케이션이란 인터넷 쇼핑몰 등에서 흔히 볼 수 있는 웹브라우저 기반의 응용 프로그램을 말한다.

8장에서는 윈도우 기반의 데이터베이스 프로그래밍을 학습할 것이고 웹기반 데이터베이스 프로그래밍은 9장에서 학습할 것이다. 이러한 윈도우즈 애플리케이션을 개발하기 이전에 먼저 Visual Basic .NET의 통합 개발환경을 먼저 살펴보고, 이를 이용한 데이터베이스와의 연결 방법들을 학습한다.

윈도우즈 기반의 데이터베이스 프로그래밍이란, Access 폼 개발과 마찬가지로, 윈도우즈 폼에 데이터베이스 관련 컨트롤을 위치시키고, 이 컨트롤이 데이터 소스와 연계하여 동작하도록 프로그래밍한다. 본 교재에서는 데이터베이스 프로그래밍을 주요 주제로 선정하였기에 윈도우즈 프로그래밍에 대한 최소한의 기본적인 안내만을 소개하며, 윈도우즈 프로그래밍 일반에 대하여는 비주얼베이직 프로그래밍 관련 교재를 참조하기 바란다.

8.1절 Visual Basic .NET의 통합 개발 환경

Visual Studio는 .NET 프레임워크를 기반으로 애플리케이션을 코딩하고, 디버깅(debugging)하는 도구들뿐만이 아니라 애플리케이션 개발에 필요한 도구와 이를 구성하는 객체들을 제공하는 통합저작도구이다. 이와 같이 애플리케이션 개발에 필요한 모든 도구들을 제공하는 환경을 통합개발환경(IDE : Integrated Development Environment)이라고 하며, Visual Studio 또한 이러한 통합개발환경을 제공하는 저작도구이다. Visual Studio를 사용하여 개발되는 애플리케이션(즉 솔루션)들은 IDE를 이용하여 서로 다른 프로그래밍언어로 구성될 수 있으며, 〈보기(View〉 메뉴의 다양한 기능을 이용하여 사용자에게 알맞도록 편집할 수 있다.

Visual Studio .NET 시스템을 사용하기 위해서는 IDE를 원활히 사용할 수 있도록 숙지하여야만 한다. 〈그림 8-1〉에서 예시하고 있는 IDE의 구성을 살펴보면,

- 정 중앙에 빈 윈도우즈 폼이 위치한다.
- 좌측에는 윈도우즈 폼에 위치시켜 사용자 인터페이스를 구성하기 위하여 사용하는 도구상자가 위치한다.
- 우측 상단에는 솔루션의 각종정보를 확인할 수 있는 솔루션 탐색기가 위치하고,
- 우측 하단에는 컨트롤 객체의 속성이 출력되는 속성 창이 위치한다.
- 또한 하단에는 IDE가 실행되면서 IDE가 사용자에게 출력하는 각종 메시지를 확인할 수 있는 출력 창이 위치한다.

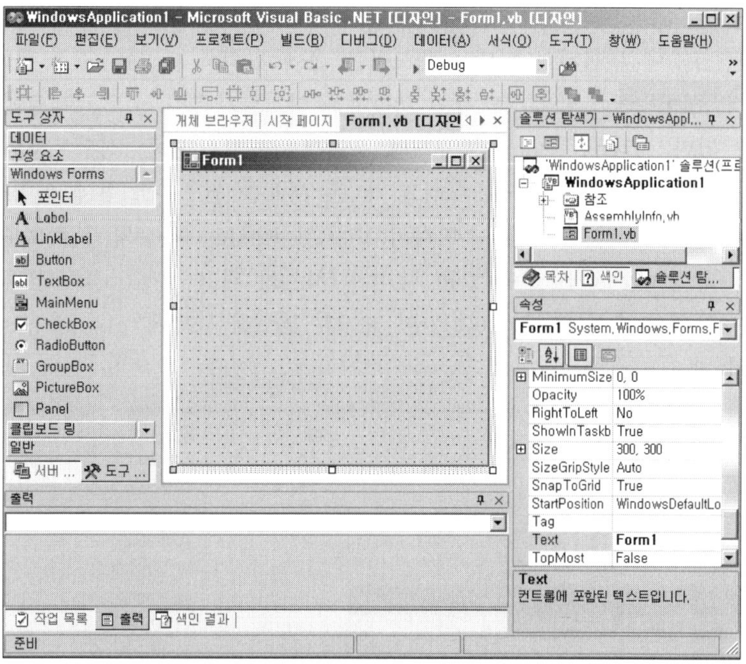

〈그림 8-1〉 IDE의 구성

솔루션 탐색기

솔루션 탐색기(solution explorer)는 프로젝트 (즉 애플리케이션)의 구성요소들을 계층적으로 보여준다. 프로젝트가 참조하는 모든 사항과 어셈블리 정보 및 윈도우즈 폼을 기본적으로 보여준다.

솔루션 탐색기의 상단에는 아이콘화 되어 있는 5개의 메뉴가 있다. 좌측부터 '코드 보기', '디자이너 보기', '새로 고침', '모든 파일 보기' 및 '속성'의 메뉴가 위치하고 있다.

- '코드 보기'는 윈도우즈 폼에 해당하는 비주얼베이직 코드를 보여주며
- '디자이너 보기'는 코드 대신에 화면 폼 (즉 GUI)를 보여준다.
- '새로 고침'은 솔루션 탐색기 내용을 새로 고치며
- '모든 파일 보기'는 숨겨져 있는 파일(bin, obj 폴더 등)을 보여주며
- '속성' 메뉴는 속성을 보여준다.

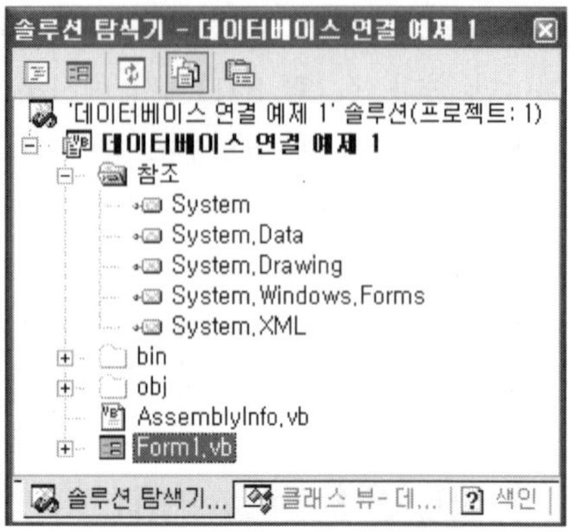

〈그림 8-2〉 솔루션 탐색기

도구상자와 속성 창

통합개발환경(IDE)에서 객체의 선택은 윈도우즈 폼에 위치하고 있는 GUI 형태의 객체를 클릭하여 선택한다. 또한 속성 창의 상단에는 드롭다운 리스트가 있어서 프로젝트에 있는 모든 객체를 선택할 수 있다. Visual Basic .NET의 통합개발환경(IDE)은 상당부분의 프로그래밍을 GUI 디자인 시점에 도구상자에서부터 드래그 해 온 객체를 윈도우즈 폼에 위치시키고, 해당객체의 속성값을 부여함으로써 수행한다. 따라서 Visual Basic .NET의 프로그래밍을 숙련되게 하기 위해서는 도구상자(tool box)에 있는 각 객체(object)의 속성(attribute)과 그 속성의 값을 알아야 하나, 객체와 속성 및 속성 값은 이 교재의 범위를 넘기에 Visual Basic 프로그래밍 교재를 참조하기 바란다.

〈그림 8-3〉 속성 창

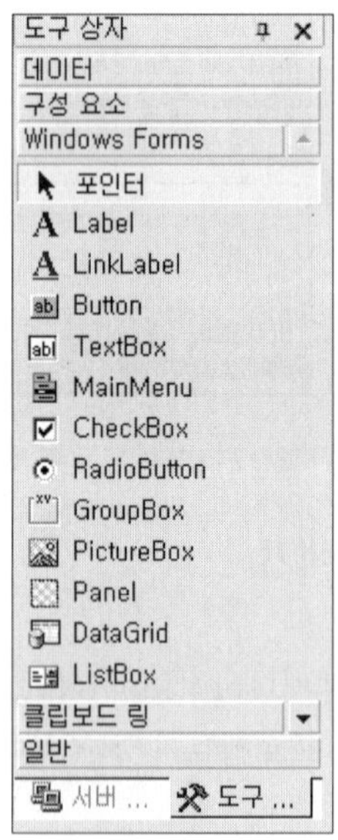

〈그림 8-4〉 도구상자

8.2절 Visual Basic .NET 프로젝트 시작하기

최근의 정보시스템은 복합적인 요소들로 구성된다. 프로그래밍 시각으로 크게 분류한다면 애플리케이션들은 윈도우즈 기반 애플리케이션, 웹 기반 애플리케이션 및 데이터베이스 애플리케이션 등으로 구분할 수 있다. 또한 이러한 애플리케이션 프로그램은 Visual Basic, C#, ASP 등 다양한 언어로 프로그래밍 할 수가 있다. 따라서 마이크로소프트사의 Visual Studio를 이용하여 애플리케이션을 개발할 때 해당 애플리케이션을 프로젝트로 인식하고 해당 프로젝트를 다양한 애플리케이션들과 프로그래밍 언어로 구성할 수가 있다.

.NET 프로젝트 템플릿

.NET 프로젝트는 다양한 구성요소로 구성될 수 있다. 그러나 .NET 프로젝트를 개발할 때 개발자가 빈 틀에서부터 출발한다면 비효율적일 것이다. 따라서 이미 작성된 틀(template)을 사용한다. 이는 파워포인트를 이용하여 프레젠테이션 자료를 작성할 때 디자인 서식을 이용하는 것과 같다고 할 수 있다. 즉 양식 디자인은 이미 틀이 제공된 디자인 서식을 이용하면 전문가 수준의 양식을 이용할 수 있으며, 자료 작성자는 내용물 작성에만 집중할 수 있도록 해준다.

Visual Studio 프로젝트도 다양한 구성요소로 구성되기에 프로젝트 템플릿(project template)를 제공하고 있다. 프로젝트 템플릿이란 프로젝트 유형에 따라(윈도우즈 기반 또는 웹 기반 등) 프로젝트 구성요소를 기본적으로 구성해 놓아서 개발자가 GUI나 이벤트 코드 등만 디자인하여 애플리케이션을 작성할 수 있도록 해주는 유용한 도구이다.

따라서 Visual Basic .NET 개발자는 새로운 프로젝트를 생성할 때 개발하고자 하는 애플리케이션 유형에 따라 프로젝트 템플릿(template)을 선택해야 한다. 개발자가 선택할 수 있는 프로젝트 템플릿은 다음과 같다. 본 장에서는 이들 템플릿 중에서 윈도우즈 응용 프로그램 템플릿을 사용하여 애플리케이션을 개발하는 과정을 소개한다.

〈표 8-1〉 프로젝트 템플릿

템플릿	개 요
Windows 응용프로그램	표준 윈도우즈 기반 애플리케이션을 개발한다.
클래스 라이브러리	다른 애플리케이션에서도 액세스가 가능한 DLL과 유사한 클래스를 개발한다.
Windows 컨트롤 라이브러리	ActiveX 컨트롤 프로젝트와 유사한 사용자 정의 윈도우즈 컨트롤 프로젝트를 개발한다.
ASP.NET 웹 응용프로그램	웹 애플리케이션을 개발한다.

템플릿	개 요
ASP.NET 웹 서비스	XML 웹서비스를 제공하는 웹 애플리케이션을 개발한다.
웹 컨트롤 라이브러리	웹 페이지에서 재사용이 가능한 사용자 정의 웹 컨트롤을 개발한다.
콘솔 응용프로그램	명령어 라인을 실행하는 콘솔 애플리케이션을 개발한다.
Windows 서비스	사용자의 로그인 여부에 관계없이 계속 실행되는 윈도우즈 서비스를 개발한다.
빈 프로젝트	빈 프로젝트를 생성한다.
빈 웹 프로젝트	빈 웹 프로젝트를 생성한다.
기존 폴더의 새 프로젝트	기존 폴더의 새 프로젝트

Visual Basic .NET 프로젝트의 시작

Visual Basic .NET 개발자는 새로운 프로젝트를 생성할 때 개발하고자 하는 애플리케이션 유형에 따라 프로젝트 템플릿을 선택해야 한다. Visual Studio를 설치한 이후에 최초는 다음의 절차에 따라 Visual Basic .NET을 시작한다[6].

(1) Visual Studio .NET의 초기화면

〈시작 → 모든 프로그램〉의 프로그램 목록에서 'Microsoft Visual Studio .NET → Microsoft Visual Studio .NET'을 선택하면 Visual Studio .NET의 초기화면이 나타난다.

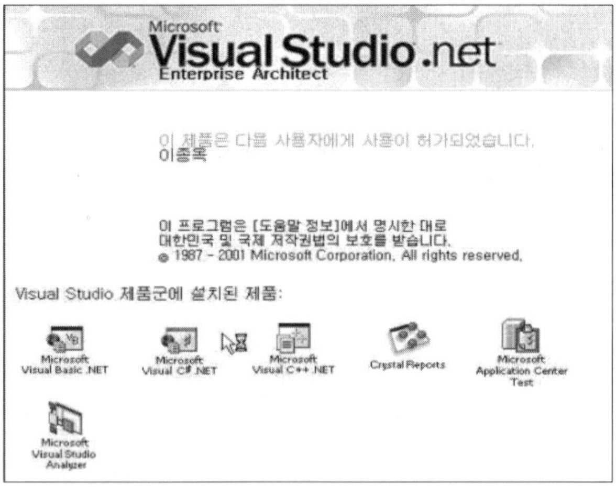

6) 본 교재에서는 Visual Studio 2003을 사용하였다. 따라서 현제 베타 버전이 배포되고 있는 Visual Studio 2005와는 기능과 화면이 조금 다를 수 있다. 그러나 기본적인 기능들은 거의 동일하므로 Visual Studio 2005를 사용하여 본 교재의 실습 내용을 따라가도 큰 어려움은 없을 것이다.

(2) 새 프로젝트 윈도우

새 프로젝트 창에서

- 〈프로젝트 형식〉을 Visual Basic 프로젝트로,
- 〈템플릿〉을 Windows 응용 프로그램으로 선택하고
- 프로젝트를 생성할 위치와 프로젝트 이름을 입력한 후
- 〈확인〉을 선택한다.

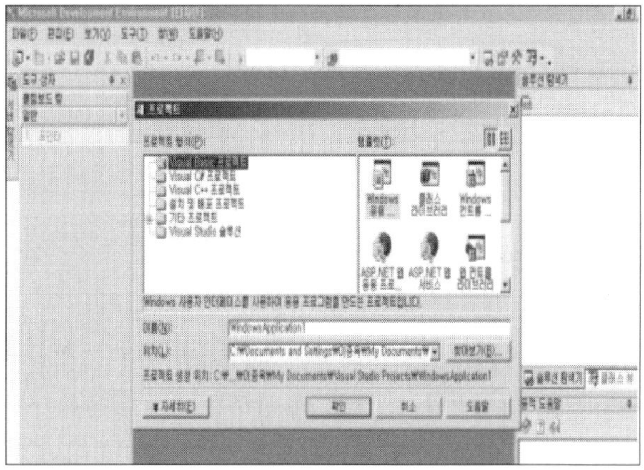

(3) 통합개발환경 윈도우

통합개발환경(IDE : Integrated Development Environment) 화면이 나타나면 이제 Visual Basic .NET 프로젝트를 시작할 수 있다. IDE는 중앙에 빈 윈도우즈 폼이, 좌측에는 도구상자 등이, 우측에는 솔루션 탐색기와 속성 창이 출력되며, IDE의 구성은 〈보기〉 메뉴에서 각자 취향에 따라 재구성할 수 있다.

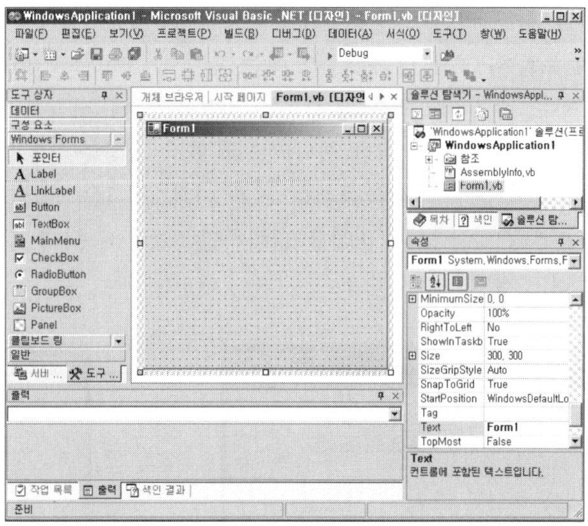

8.3절 윈도우즈 애플리케이션 기초 예제

윈도우즈 기반 애플리케이션을 개발하기 위해서는 도구상자의 컨트롤들을 다양하게 사용할 수 있어야 한다. 즉, 주요 컨트롤에 대하여 그 컨트롤이 제공할 수 있는 기능을 숙지하고, 해당 컨트롤의 주요 이벤트를 이해하여 사용자 또는 시스템이 이벤트를 발생시킬 때 이를 처리할 수 있는 이벤트 프로시저를 작성할 수 있어야 한다. 또한 컨트롤의 주요 속성을 인지하여 프로그램 코드를 통하여 적절한 속성 값을 설정하거나 변경할 줄 알아야 한다.

윈도우즈 프로그래밍의 일반적 개발 절차는 다음과 같다.

- 애플리케이션 시나리오 작성

- 윈도우즈 프로젝트 시작과 빈 윈도우즈 폼 생성
- 도구상자를 이용하여 GUI 디자인
- 이벤트 프로그래밍
- 실행 및 디버깅

1) 애플리케이션 시나리오 작성

.NET 윈도우즈 프로그래밍은 객체기반 프로그래밍이다. 즉, 프로그램을 작성하기 이전에 윈도우즈 폼을 디자인하고, 폼을 구성하는 컨트롤들을 사용자가 클릭할 때 윈도우즈 폼이 어떻게 변할 것인가에 대한 변환 시나리오를 먼저 정의하여야 한다.

사용자가 윈도우즈 폼 상의 컨트롤들에 대하여 마우스나 키보드 등 입력장치를 이용하여 입력행위를 하면 이벤트가 발생하게 된다. 이벤트 프로시저란 사용자가 이벤트를 발생시켰을 때 해당 컨트롤에 GUI 변화를 지시하는 명령어 코드를 기입하는 프로시저를 말한다. 따라서 윈도우즈 프로그램을 개발하기 위해서는 기본 GUI의 시각적인 디자인과 사용자가 발생시킨 이벤트에 따라 GUI의 변화에 대한 시나리오를 먼저 작성하여야 한다.

윈도우즈 프로그래밍 예제를 위한 기본 GUI는 〈그림 8-5〉와 같이 디자인 하였고, 사용자가 마우스로 'Click Me!' 버튼을 클릭하면 〈그림 8-6〉과 같이 텍스트 박스에 '윈도우즈 프로그래밍 예제'라고 출력할 것이다.

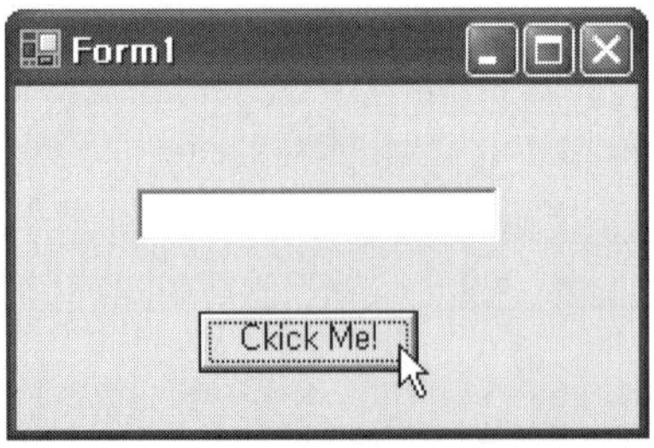

〈그림 8-5〉 윈도우즈 프로그래밍 예제의 기본 GUI

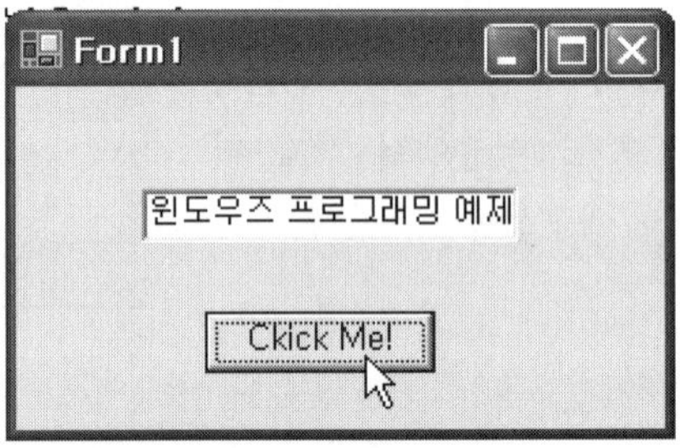

〈그림 8-6〉 클릭 이벤트 후의 GUI

2) 윈도우즈 프로젝트 시작과 빈 윈도우즈 폼 생성

윈도우즈 프로젝트를 시작하여 빈 윈도우즈 폼을 생성한다. .NET 프로그래밍을 하기 위해서는 〈솔루션 탐색기〉, 〈속성 창〉, 〈도구상자〉 및 〈서버 탐색기〉를 원활히 다룰 수 있어야 한다. 윈도우즈 프로젝트의 시작과 빈 윈도우즈 폼을 생성하는 절차 및 통합개발환경(IDE)의 주요 창에 대한 설명을 간략히 소개한다.

(1) 새 프로젝트 시작하기

Microsoft Visual .NET 프로그램을 실행하면 '시작 페이지' 화면이 나타난다. 〈새 프로젝트〉 버튼을 선택한다.

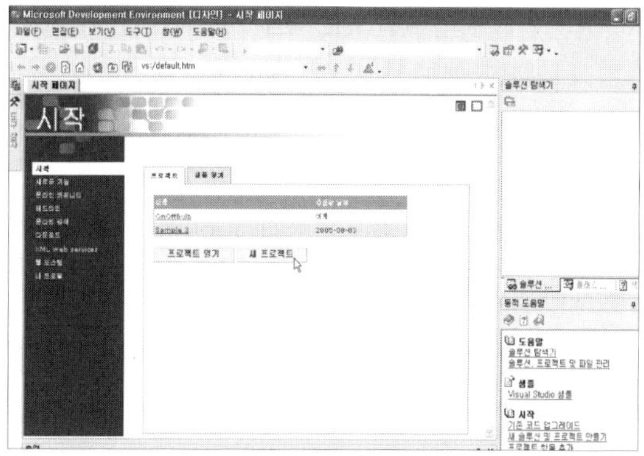

(2) 빈 프로젝트 생성

새 프로젝트 창에서 〈프로젝트 형식〉을 Visual Basic 프로젝트로, 〈템플릿〉을 Windows 응용 프로그램으로 선택하고 프로젝트를 생성할 위치와 프로젝트 이름을 입력한 후 〈확인〉을 선택한다.

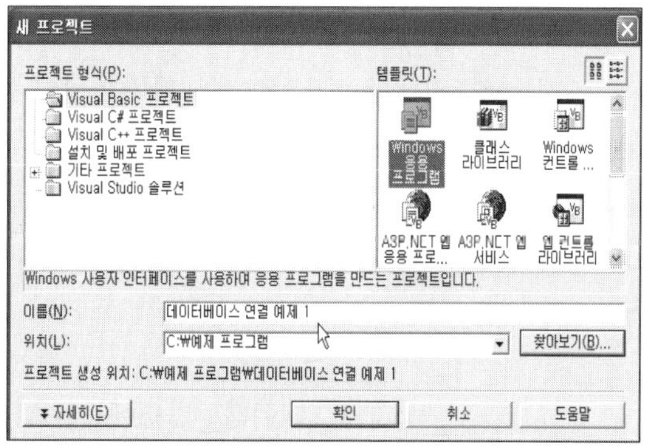

(3) 빈 윈도우즈 폼 생성 결과

통합개발환경(IDE)에 빈 '윈도우즈 폼'이 생성되어 있다. IDE 우측 상단에는 '솔루션 탐색기'가, 우측 하단에는 '속성 창'이, 또한 IDE 좌측 상단에는 '서버 탐색기'와 '도구상자'가 위치하고 있다.

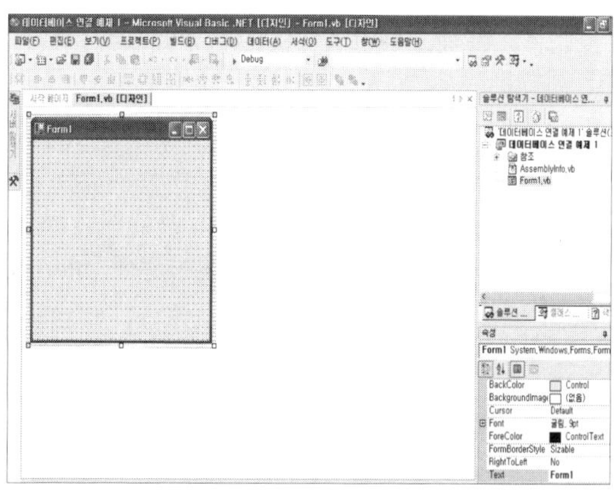

□ Windows Forms 도구상자

도구상자 아이콘에 마우스를 위치시키면 Windows Forms 컨트롤을 포함하는 도구상자가 나타난다.

도구상자는 윈도우즈 폼을 제작하기 위한 다양한 컨트롤들을 포함한다.

데이터를 출력할 수 있는 컨트롤들은 데이터 소스와 연결하여 데이터베이스에 있는 데이터들을 폼에 출력한다. 〈속성〉 창의 '(DataBinding)' 항목에 'DataSource' 속성이 존재하는 모든 윈도우즈 컨트롤들은 데이터베이스 레코드와 연계할 수 있으며, 따라서 데이터들을 출력할 수 있다.

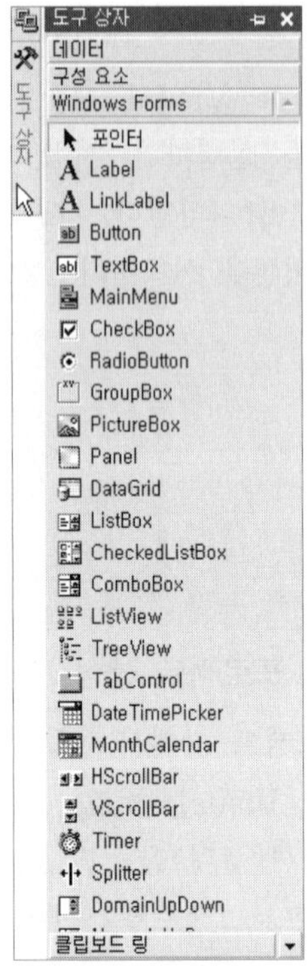

□ 데이터 도구상자

도구상자의 데이터 폴더에는 ADO.NET과 관련된 객체들이 위치한다.

데이터 관련 객체를 생성하기 위하여는 해당 객체 아이콘을 윈도우즈 폼으로 드래그하면 된다.

□ 서버 탐색기

좌측 상단의 서버 아이콘에 마우스를 위치시키면 〈서버 탐색기〉가 나타난다. 서버 탐색기는 ADO.NET 프로그래밍에서 서버 및 데이터 소스와의 연결 상태를 확인할 수 있는 유용한 도구이다.

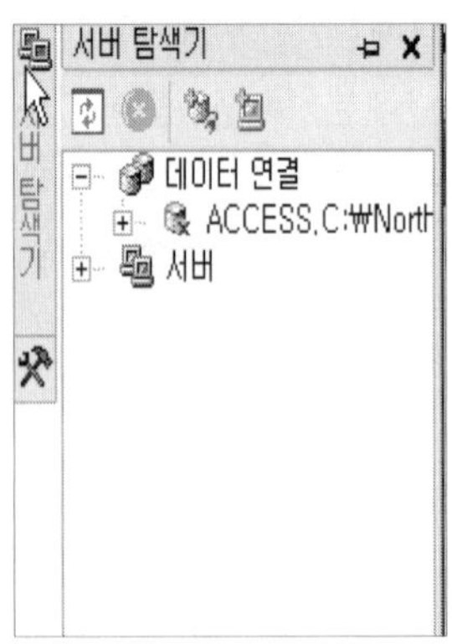

□ 디자이너 및 코드 보기

GUI 디자인을 하기 위해서는 〈다자이너 보기〉를 선택하고 프로그램 코딩을 하려면 〈코드 보기〉를 선택하여야 한다.

〈솔루션 탐색기〉 상단 좌측의 아이콘을 선택하거나 폼 윈도우 좌측 상단의 〈Form1.vb 〔디자인〕〉 및 〈Form1.vb〉를 선택하면 된다.

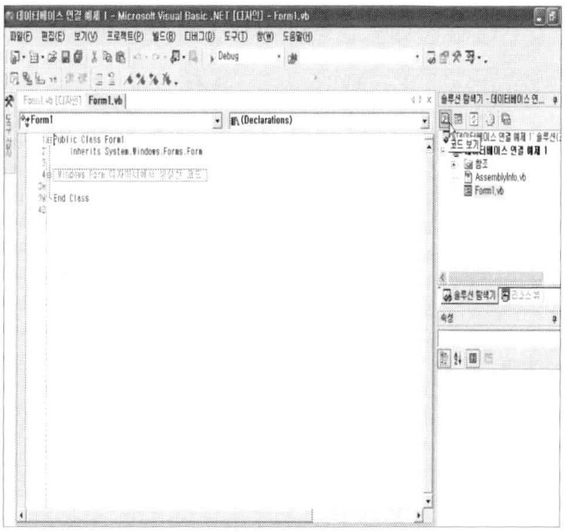

3) GUI 디자인

〈그림 8-5〉와 같이 윈도우즈 프로그래밍 예제를 위한 기본 GUI를 디자인하기 위하여 도구상자와 속성 창을 이용하여 다음과 같이 GUI를 디자인한다.

(1) 버튼 생성

도구상자에서 버튼을 드래그 하여 윈도우즈 폼에 위치시키고 절절한 크기로 조절한다.

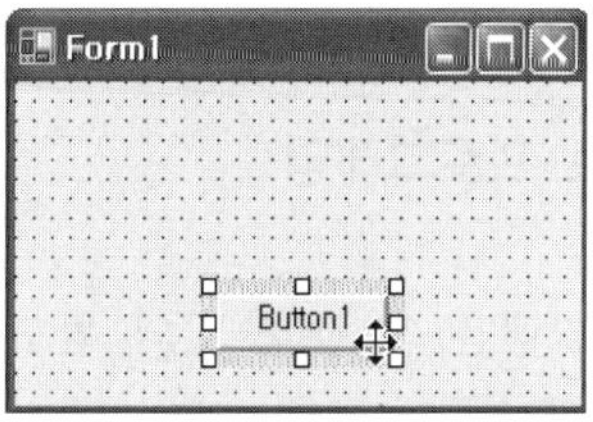

(2) 텍스트 박스 생성

문자 출력을 위한 텍스트박스를 도구상자에서 드래그하여 윈도우즈 폼에 적절한 크기로 위치시킨다.

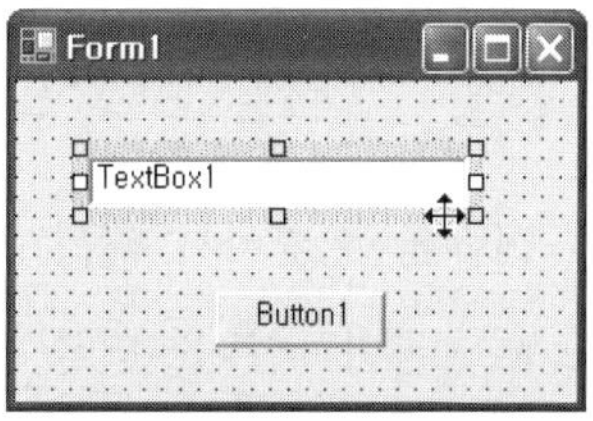

(3) 버튼 Text 속성 수정

버튼에 표시되는 기본 값인 'Button1'을 'Click Me!'로 수정하기 위하여 버튼을 클릭한 후 속성 창의 'Text' 속성을 Click Me!로 수정한다.

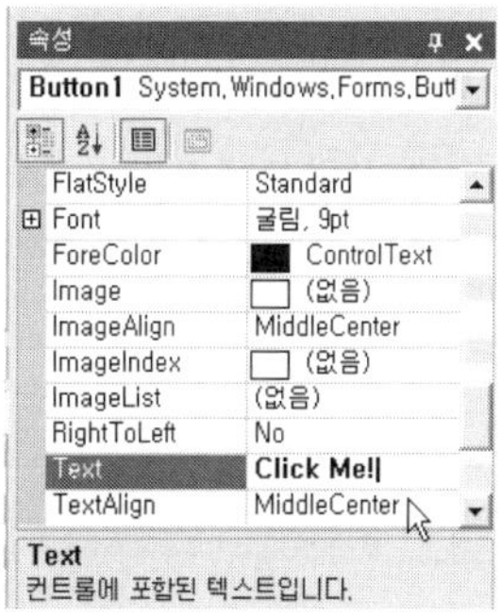

(3) TextBox1의 Text 속성 수정

TextBox1에 표시되어 있는 기본 값인 'TextBox1'을 삭제하기 위하여 TextBox1 속성 창의 Text 속성 값을 삭제한다.

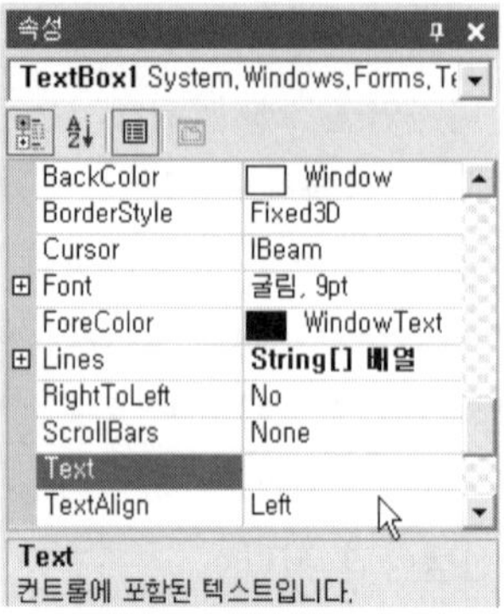

□ GUI 완성

우측 그림과 같이 GUI가 완성되었다.

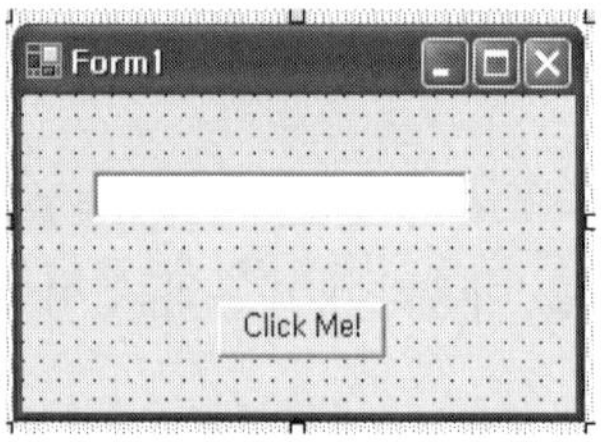

4) 이벤트 프로그래밍

예제 프로그램은 〈그림 8-5〉의 윈도우즈 폼에서 사용자가 'Click Me!' 버튼을 클릭할 때 텍스트박스에 '윈도우즈 프로그래밍 예제'라고 출력한다. 즉, 예제 프로그램에서는 버튼의 'Click' 이벤트가 필요하며, 이 이벤트 프로시저에는 텍스트박스에 '윈도우즈 프로그래밍 예제'라는 문장을 출력할 수 있도록 다음에 예시하는 바와 같이 프로그램이 되어야 한다.

(4) 이벤트 프로시저 생성

윈도우즈 폼의 버튼을 더블 클릭하거나 마우스의 오른쪽 버턴을 클릭한 후 〔코드보기〕를 선택하면 'Button1_ Click' 이벤트 프로시저가 자동생성된다.

```
Public Class Form1
    Inherits System.Windows.Forms.Form

 Windows Form 디자이너에서 생성한 코드

    Private Sub Button1_Click(ByVal sender As System.

    End Sub
End Class
```

(5) TextBox1.Text 속성 선택

객체지향 프로그램에서는 dot 형 표기법을 사용한다. 즉, 객체명인 'text1'과 '.'을 입력하면 속성과 메서드를 선택할 수 있는 창이 자동으로 나타나며 'Text' 속성을 선택한다.

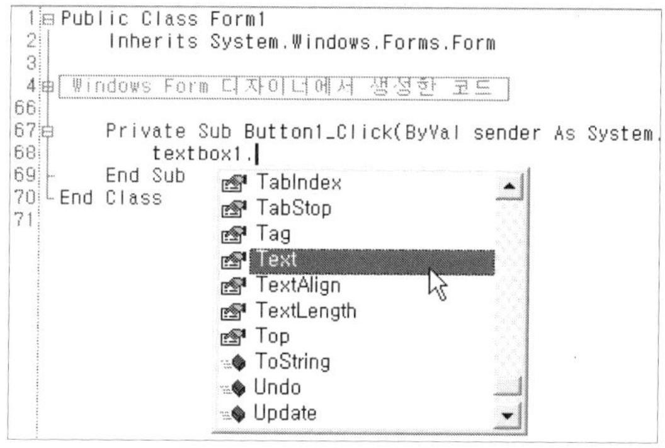

(6) 이벤트 프로시저 완성

Textbox1.Text에 해당 문장을 치환하는 명령어를 완성한다.

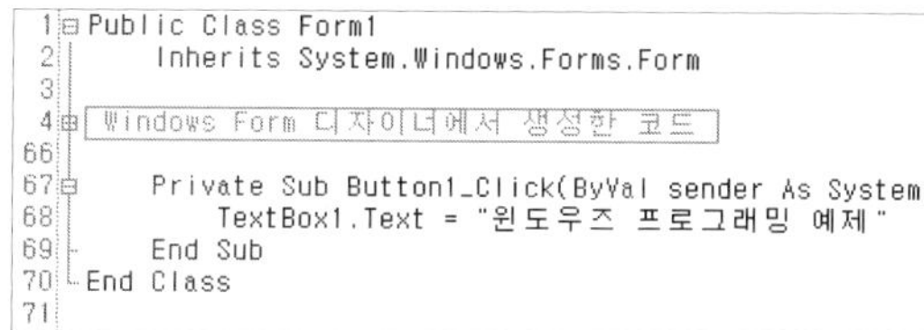

(7) 화면 가운데 정렬하기

'Form1_Load' 이벤트 프로시저에 우측과 같이 코딩하면 폼이 화면 중앙에 위치한다. Form1_Load 이벤트 프로시저는 빈 폼을 더블클릭하면 생성된다.

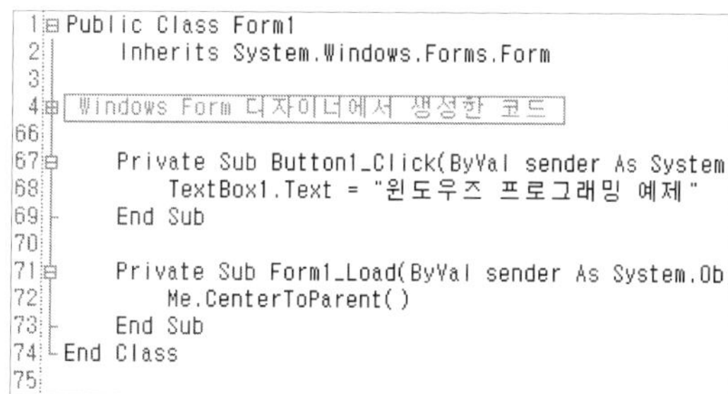

5) 실행 및 디버깅

프로그래밍이 완성되면 실행을 한다. 프로그램이 정상적으로 실행되기 위하여서는 비주얼베이직 문법 오류가 발생하지 않아야 하며, 프로그래밍 논리오류가 발생하지 않아야 한다. 문법 오류가 발생할 경우, 오류 메세지들은 통합개발환경(IDE) 화면 하단에 위치한 '디버그' 창에 표시된다. 이들 오류 메시지를 더블클릭하면 오류가 발생된 코드 위치로 자동 이동되므로 오류의 원인을 쉽게 찾을 수 있다.

(8) 실행

프로그래밍이 완성되면 〈디버그〉 메뉴의 〈시작〉 메뉴를 선택하여 애플리케이션을 실행한다.

(9) 정상 실행 결과

'Click Me!' 버튼을 클릭하면 우측화면과 같이 텍스트박스에 문장이 출력된다.

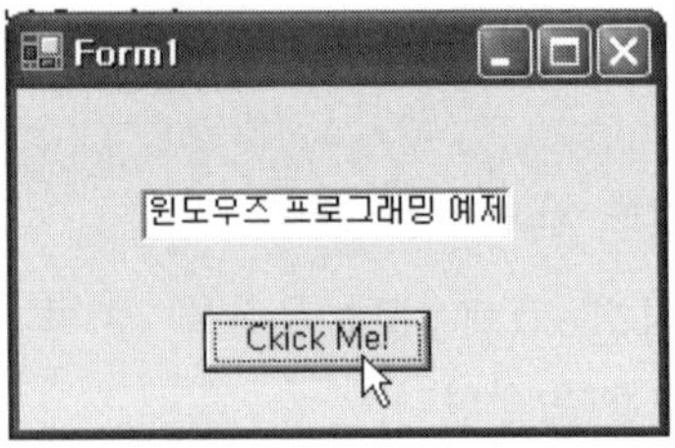

8.4절 ADO.NET 이해하기

데이터베이스 애플리케이션을 개발하기 위하여서는 애플리케이션을 데이터베이스와 연결하여야 한다. Visual Basic .NET 환경에서 애플리케이션들은 ADO.NET을 통하여 데이터베이스와 연결된다. 다라서 본 절에서는 Visual Basic .NET 윈도우즈 애플리케이션을 개발하기 이전에 먼저 ADO.NET을 사용한 데이터베이스 연결 방법을 학습한다.

ADO.NET은 데이터베이스와 관련된 서비스를 제공하는 Visual Studio .NET의 구성요소이다. 즉, ADO.NET은 거대한 창고를 관리하는 조직 또는 시스템과 같다고 할 수 있다. 우리는 창고에 물건을 보관하거나 찾을 때 직접 창고에 가지 않고 창고를 관리하는 조직 또는 시스템에게 서비스(저장, 조회, 인출 등)를 요청하게 된다. 이 경우 관리 조직에는 다양한 관리자가 있을 것으로 예상할 수 있다. 즉, 냉동 창고 관리자, 대형물품 관리자, 소형물품 관리자 등 각각의 담당자가 서비스를 제공할 것이다.

ADO.NET의 객체란 창고를 관리하는 조직의 각각의 구성원들로 이해하고, 그 관리 조직은 물품형태에 따라 구성되어 있다고 비유할 수 있을 것이다. ADO.NET의 구성은 다음과 같다.

- 데이터베이스와 항구적으로 연결되어 '연결된 서비스'를 제공하는 조직(객체들)
- 필요할 경우에만 데이터베이스와 잠시 연결하여 '연결되지 않은 서비스'를 제공하는 조직 (객체들)

연결된 객체와 연결되지 않은 객체

ADO.NET은 연결된 환경과 연결되지 않은 환경을 동시에 제공한다. 〈그림 8-7〉은 ADO.NET의 객체들의 구성도를 제시한 것으로서 점선 왼쪽의 객체들은 "연결된(connected)" 객체들이며 우측은 "연결되지 않은(disconnected)" 객체들이다.

"연결된(connected)" 객체란 데이터베이스 연결과 트랜잭션 관리뿐만 아니라 데이터베이스에서 데이터를 가져오고 변경된 것을 적용시키는 등의 작업을 수행하기 위하여 직접 데이터베이스와 연결하여 통신한다.

"연결되지 않은(disconnected)" 객체란 연결된 객체가 데이터베이스로부터 검색해온 데이터를 사용자 또는 애플리케이션이 오프라인(offline)으로 작업을 수행할 수 있도록 한다.

ADO.NET의 DataSet 객체는 데이터베이스와 직접 통신하지 않으며 DataAdapter를 사용하여 데이터베이스와 간접 통신한다. 즉, ADO.NET의 연결된 객체인 DataAdapter의 Fill 메서드를 사용하여 데이터를 DataSet으로 가져오고 DataSet에 저장되어 있는 변경 내용을 데이터베이스에 반영하기 위하여 DataAdapter 객체의 Update 메서드를 사용한다.

연결된 객체를 사용하여 데이터베이스를 이용하면 그 애플리케이션은 연결된 환경에서 수행하게 되며, DataSet 객체를 사용하면 해당 애플리케이션은 연결되지 않은 환경에서 프로그램이 실행되는 것이다.

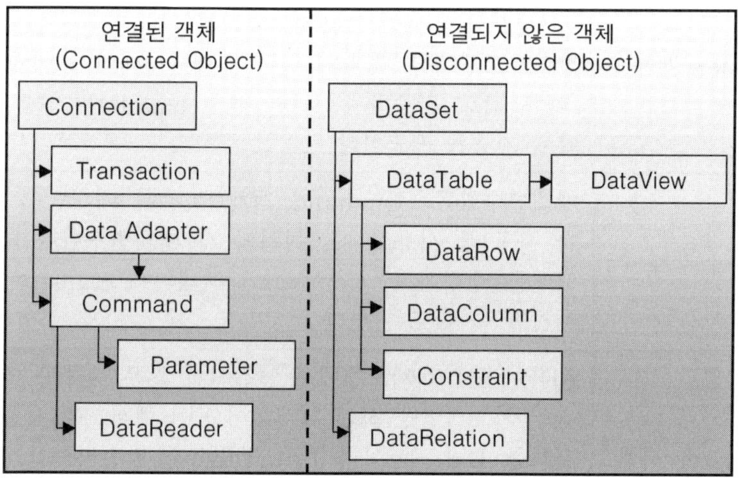

〈그림 8-7〉 ADO.NET의 객체 구성도

연결된 객체

〈그림 8-7〉 ADO.NET의 객체 구성도의 점선 왼쪽의 객체들은 연결된 객체들로서 이 객체모델들은 데이터 소스와 직접 통신할 수 있도록 설계된 클래스들이다. 이 객체들의 대부분은 데이터베이스와의 물리적인 연결, 쿼리 등과 관련된 작업을 수행한다.

〈표 8-2〉 연결된 객체 개요

연결된 객체	기능개요
Connection 객체	Connection 객체의 다양한 속성을 통해서 데이터 소스의 타입과 위치 등이 데이터 소스와의 연결정보를 지정한다.
Command 객체	데이터베이스에 대한 쿼리를 나타내거나, 저장 프로시저를 호출하거나, 또는 특정 테이블의 내용을 리턴하는 직접적인 요청을 나타낸다.
DataReader 객체	쿼리결과로 리턴되는 행들을 제공하며 업데이트를 지원하지 않고 읽기전용만 지원하나 최소 기능집합만 제공하기에 매우 빠르고 가볍다.
Transaction 객체	사용자의 요청을 처리하기 위하여 일련의 데이터베이스 작업이 필요한 경우가 있으며 이러한 작업단위를 트랜잭션이라 한다. 트랜잭션 객체는 일련의 데이터베이스 작업을 하나의 작업단위로 간주하여 모두 커밋(commit)되거나 취소될 수 있는 기능을 제공한다.
Parameter 객체	매개변수화된 Command 객체(SQL에 매개변수 표시자 '?'를 사용)를 사용할 때, 쿼리의 각 매개변수마다 Parameter 객체를 생성하고, Command 객체의 Parameter 컬렉션에 추가할 수 있도록 한다.
DataAdapter 객체	ADO.NET 객체모델에서 연결되지 않은 객체와 데이터 소스 간의 가교역할을 하는 객체로서 Fill 메서드를 사용하여 쿼리 결과를 DataSet이나 DataTable에 저장해주어 오프라인에서 작업이 가능하도록 해주며, Update 메서드로 캐시된 변경을 데이터 소스에 적용하는 기능을 제공한다.

연결되지 않은 객체

〈그림 8-7〉 ADO.NET의 객체 구성도의 점선 오른쪽의 객체들은 연결되지 않은 객체들(disconnected objects)이다. 연결된 객체인 DataAdapter에 의하여 데이터 소스에서 데이터를 DataSet이나 DataTable에 저장하면 데이터는 서버와 연결이 끊어지고 오프라인으로 작업을 하며 작업 도중에 데이터 소스와 살아있는 연결을 하지 않기에 "연결되지 않은" 객체라 부른다.

〈표 9-2〉 연결되지 않은 객체 개요

연결된 객체	기능개요
DataSet 객체	DataSet 객체는 여러 DataTable 객체의 컨테이너이며 데이터에 대한 어떠한 변경이라도 각 DataRow에 캐시되어 Getchange 메서드를 사용하여 수정된 행만 데이터 소스로 보낼 수 있는 등의 기능을 제공한다.
DataTable 객체	다른 연결되지 않은 객체들의 컬렉션을 속성으로 포함하고 있어서 테이블에 대하여 오프라인으로 작업할 수 있도록 한다.
DataColumn 객체	실제로 DataTable에 저장된 데이터를 포함하지 않는 대신에 열 구조에 대한 데이터 타입 등의 메타데이터 정보를 저장하여 활용할 수 있도록 한다.
DataRow 객체	DataRow 객체는 실제 행에 대한 값을 가지고 있는 것이 아니라 행(row)구조에 대한 열 이름, 인덱스 값 등의 정보를 사용하여 데이터를 읽을 수 있도록 한다.
Constraint 객체	DataTable 객체에 로컬로 저장된 데이터에 대한 유일성(uniqueness) 또는 외래키 지정 등으로 제약조건을 지정할 수 있다.
DataRelation 객체	DataSet 내의 서로 다른 두 테이블 간의 관계를 나타내며 참조무결성(referential integrity)을 적용하는 속성도 가지고 있다.
DataView 객체	DataSet 내의 테이블들을 다른 방법으로 보기 위한 사용자 또는 애플리케이션 시각을 설정한다.

ADO.NET의 객체 모델

ADO.NET의 객체모델(object model)은 DataSet 클래스와 .NET 데이터 공급자(data provider) 클래스로 구성되어 있다.

.NET 데이터 공급자(data provider) 클래스는 데이터 소스와 연결하고, 연결된 데이터 소스로부터 데이터를 검색하고, 또한 갱신하는 기능을 제공하는 클래스들로 구성되어져 있다. .NET data provider 클래스는 다양한 형태의 원천 데이터베이스를 (data source)를 액세스 하여야 하기에 데이터 소스 유형(데이터베이스 관리시스템 유형)에 따라 다음과 같은 다양한 종류의 데이터 공급자를 제공한다.

- SQL Server .NET Data Provider : SQL Server 7.0 이상의 데이터 소스를 연결할 때 사용한다.
- OLE DB .NET Data Provider : SQL Server 6.5 또는 이하의 데이터 소스를 연결할 때 사용한다.
- Other .NET Data Provider : SQL 이외의 데이터 소스를 연결할 때는 해당 데이터 소스를 연결할 수 있는 공급자를 선택한다.

DataSet 클래스는 데이터 소스와는 연결되지 않은 캐쉬(cache)에 사용자가 데이터를 저장하고 처리하는 클래스를 제공한다.

데이터 소스와 사용자 인터페이스간의 연결도는 〈그림 8-9〉와 같다. 이미 설명한 바와 같이 ADO.NET은 분산되어 있는 이기종의 서버 또는 데이터베이스시스템을 연결할 수 있는 환경을 제공한다. 즉 각각의 데이터베이스와 연결(connection)을 형성하고, 데이터베이스를 액세스하여(SQL문에 의하여) 필요한 데이터를 추출하여 DataSet을 형성할 수 있는 데이터 어댑터(DataAdapter)를 작성한다. 사용자 인터페이스는 DataSet에 형성되어 있는 필드와 윈도우즈 폼의 컨트롤과 연결함으로서 원격지에 저장되어 있는 데이터 소스를 윈도우즈 화면에 나타낸다.

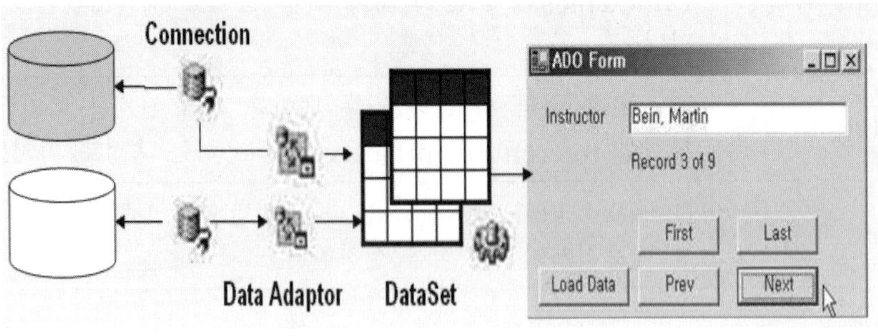

〈그림 8-9〉 ADO.NET의 연결도

8.5절 ADO.NET 데이터베이스 애플리케이션 개발

Visual Basic .NET 애플리케이션을 개발하는 방법은 ADO.NET 모델에서 설명한 바와 같이, '연결된 환경'에서 개발하는 방법과 '연결되지 않은 환경'에서 개발하는 방법의 두 가지 접근 방법이 있다고 살펴보았다.

- '연결된 환경' : 데이터 소스와 애플리케이션이 항속적으로 연결되어 애플리케이션이 실행이 되는 방식
- '연결되지 않은 환경' : 애플리케이션이 필요한 경우에만 데이터 소스와 연결하는 형식

인터넷 사용자의 폭발적인 증가에 따라 데이터베이스가 위치한 서버의 성능에 미치는 영향을 최소화하면서 접속자 수를 증가시킬 수 있는 방안이 데이터베이스 환경에서 활발히 응용되고 있다. 그리고 이를 위한 해법 중의 하나가 '연결되지 않은 환경'을 이용하여 애플리케이션이 필요할 때만 데이터 소스에 접근하여 필요한 데이터만 검색하여 클라이언트(PC)로 가져오는 방식이다. 예를 들면 수많은 가입자가 서버에 접속하는 휴대폰 환경에서 널리 사용하는 방식이다.

본 교재에서는 일반적으로 활용되는 '연결되지 않은 환경'의 데이터베이스 프로그래밍에 대하여 예제를 통해 학습하고자 한다. '연결된 환경'의 데이터베이스 애플리케이션은 '8.4절 ADO.NET 이해하기'에서 설명한 바와 같이 '연결된 환경'의 객체모델을 사용하면 된다.

아래에서 소개하는 'ADO.NET 프로그래밍 순서'에서 제시하는 단계들 중에서 2) 연결 객체 생성, 3) 데이터어댑터 객체 생성 및 4) 데이터 집합 객체 생성은 '연결되지 않은 환경'에서의 데이터베이스 애플리케이션 프로그래밍에서 항상 동일하게 적용되는 절차이기에 별도의 항목으로 설명하고, 1) Visual Basic .NET 프로젝트 생성과 GUI 디자인, 5) 바운드 컨트롤에 데이터집합 연결, 6) 이벤트 프로시저 작성 및 7) 실행은 예제마다 상이하기에 예제를 다루는 항에서 설명하기로 한다.

ADO.NET 프로그래밍 순서

객체지향 데이터베이스 프로그래밍이란 데이터베이스와 관련된 서비스를 제공하는 객체를 호출하는 것이다. 일반 사회에서도 특정 서비스를 제공받기 위한 절차가 규정되어져 있듯이 ADO.NET을 이용하여 데이터베이스를 활용하는 프로그래밍도 정형화된 패턴을 이용하여 프로그래밍 하도록 되어져 있다.

다음은 ADO.NET을 이용한 '연결되지 않은 환경'의 데이터베이스 프로그래밍 순서는 다음과 같다.

(1) Visual Basic .NET 프로젝트 생성과 GUI 디자인 : Visual Basic .NET 프로젝트(윈도우즈 응용프로그램 템플릿)를 생성하고 적절한 컨트롤을 사용하여 윈도우즈 폼의 GUI를 디자인한다.

<그림 8-10> ADO.NET의 프로그래밍 순서

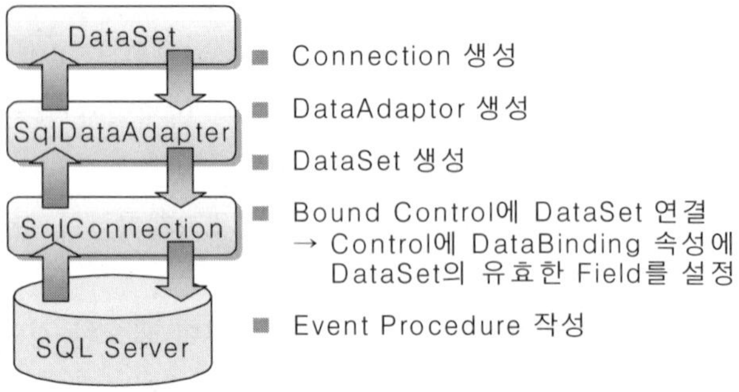

(2) 연결(Connection) 객체 생성 : 데이터 소스와 연결하는 연결객체를 생성한다.

(3) 데이터어댑터(Data Adpater) 객체 생성 : 데이터 소스와 상호 연동할 데이터 어댑터를 생성한다. 데이터 어댑터는 데이터베이스 유형에 따라 다르며, 서버 탐색기를 이용하여 생성하거나 도구상자의 데이터 폴더를 이용하여 생성할 수 있다. 데이터 어댑터를 생성할 때 SQL 문을 작성하여 데이터 소스에서 검색하여 작업공간으로 가져올 부분집합을 정의한다.

(4) 데이터집합(DataSet) 객체 생성 : 데이터 소스와 연결하여 검색해온 데이터를 임시로 저장하고 처리하기 위한 작업공간, 즉, 테이블 공간을 정의한다.

(5) 바운드 컨트롤(Bound control)에 DataSet 연결 : DataSet에 있는 데이터를 출력할 수 있는 GUI 객체인 컨트롤을 윈도우즈 폼에 위치시키고 DataSet과 연결한다. 이와 같이 데이터와 연결된 컨트롤을 바운드 컨트롤(bound control)이라고 한다. 즉 컨트롤의 DataBinding 속성에 DataSet의 유효한 필드를 설정함으로서 데이터소스의 데이터가 GUI에 출력되도록 한다.

(6) 이벤트 프로시저 작성 : 해당 컨트롤(bounded control)에 의하여 출력되는 데이터들을 표시하거나 조작하기 위한 이벤트 프로시저를 작성한다.

(7) 실행 : 데이터베이스 프로그래밍이 끝나면 실행을 하고, 오류가 발생하면 디버깅한다.

데이터베이스 연결(connection) 환경

ADO.NET을 이용하여 데이터베이스 관련 애플리케이션을 작성하고자 한다면 데이터 소스와 애플리케이션이 먼저 연결되어야 한다. 데이터 소스와 애플리케이션의 연결 방법은 어떤 환경('연결된 환경' 또는 '연결되지 않은 환경')으로 프로그래밍 하더라도 동일한 방법으로 이루어진다. 애플리케이션과 데이터 소스(데이터베이스)의 연결 서비스는 연결(Connection) 객체가 제공한다.

연결객체를 생성하여 데이터 소스와 연결하는 방법은 일반적인 비주얼베이직 프로그래밍과 동일하다. 즉, 다음의 2가지 방식이 있다.

1) 폼 디자인에서 도구상자를 이용하여 프로그래밍하는 방식
2) 프로그래밍 코드에 의하여 런타임 시 객체를 생성하는 방법

1)번 방식은 마법사 또는 그래픽 도구를 사용하기에 코드를 작성해야 하는 2)번 방식보다는 코드레벨에 대한 상세한 지식이 없더라도 프로그래밍 할 수 있기에 본 교재에서는 도구상자를 사용하여 연결객체를 생성하기로 한다.

본 교재의 실습예제에서는 윈도우즈 XP 환경의 마이크로소프트사의 Northwind.mdb를 데이터 소스로 사용할 것이다. Northwind 데이터베이스의 위치는 C:\Northwind.mdb로 할 것이며 따라서 OleDbConnection 객체를 사용할 것이다. (만약 사용하는 데이터 소스가 SQL 서버일 경우에는 SqlConnection 객체를 사용하여야 하며, 이것만이 본 교재의 예제와 상이하며 다른 부분은 모두 동일하다.)

데이터베이스 연결(connection) 생성

빈 Visual Basic .NET 프로젝트를 생성하고 데이터베이스 연결(connection)객체를 생성하여 C:\Northwind.mdb 데이터 소스와 연결하는 절차는 다음과 같다.

(1) 빈 프로젝트 생성

새 프로젝트 창에서 〈프로젝트 형식〉을 Visual Basic 프로젝트로, 〈템플릿〉을 Windows 응용 프로그램으로 선택하고 프로젝트를 생성할 위치와 프로젝트 이름을 입력한 후 〈확인〉을 선택한다.

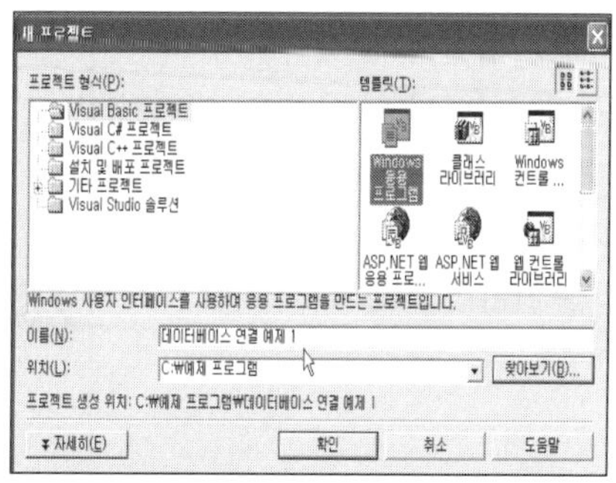

(2) 데이터베이스 연결 생성

〈서버 탐색기〉를 보면 현재는 아무런 데이터베이스도 연결되어 있지 않다는 것을 〈데이터 연결〉을 통하여 알 수 있다.

(2-1)

데이터베이스와의 연결 생성을 위해 〈도구〉메뉴에서 〈데이터베이스에 연결〉을 선택한다.

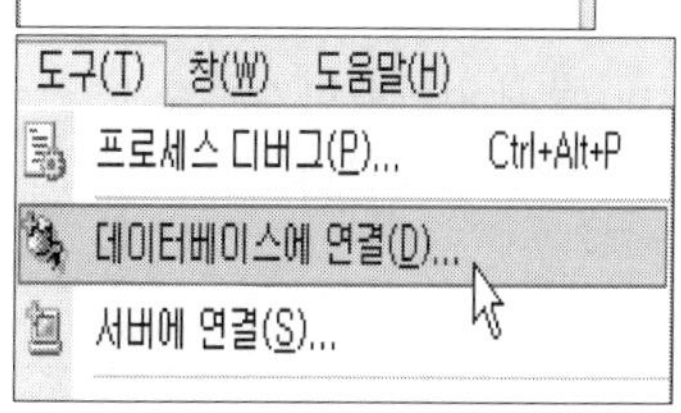

(2-2)

〈데이터 연결 속성〉 창의 〈공급자〉 탭에서 연결할 데이터베이스의 적절한 유형을 지정한다. 본 교재에서는 마이크로소프트의 Access 데이터베이스를 사용하기에 Microsoft Jet 4.0 OLE DB Provider를 선택한다.

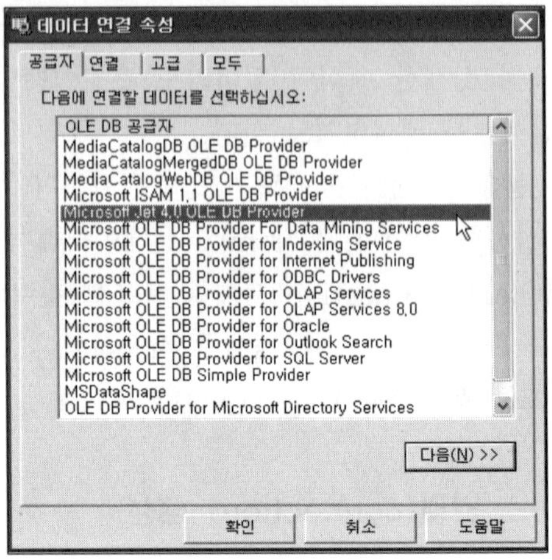

(2-3)

〈데이터 연결 속성〉 창의 〈연결〉 탭에서 연결하고자 하는 데이터베이스 이름을 입력하거나 선택을 한다. 위치를 선택하기 위해서는 선택 버튼을 클릭한다.

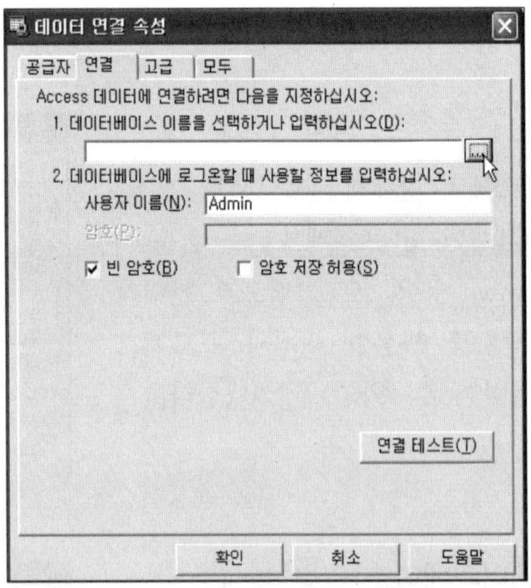

(2-4)

Access 데이터베이스 탐색 창에서 예제 데이터베이스인 Northwind 데이터베이스의 위치를 탐색하여 선택한다.

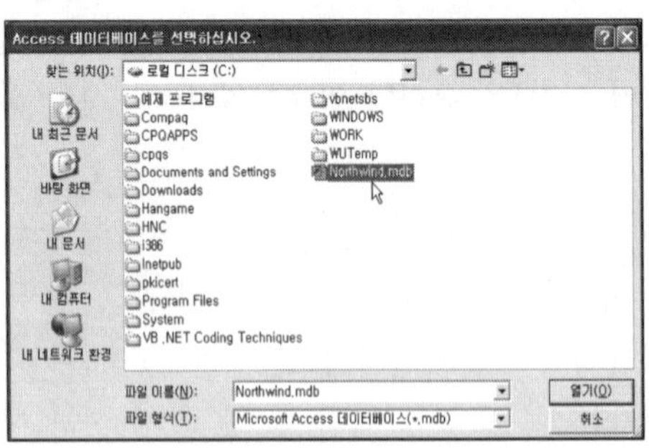

(3) 데이터베이스 연결 확인

데이터베이스 연결이 정상적으로 되었는지를 테스트하기 위하여 〈연결 테스트〉 버튼을 클릭하여 연결 테스트를 한다.

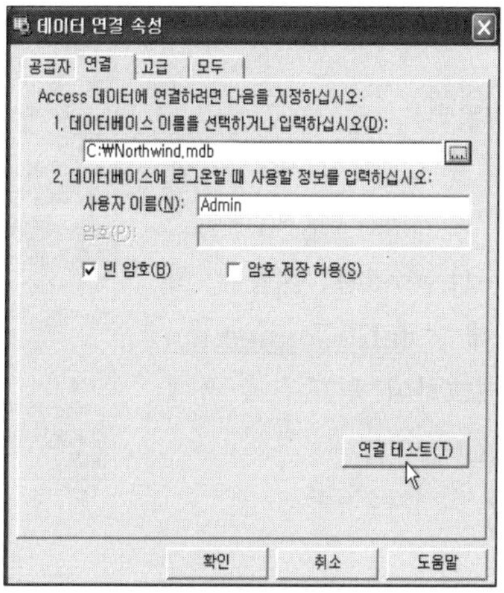

(3-1)

〈Microsoft 데이터 연결〉 창에서 연결 테스트 결과를 확인한다.

(4) 서버 탐색기에서 연결된 데이터베이스 확인

데이터 연결이 정상적으로 이루어지면 〈서버 탐색기〉에서 연결된 데이터베이스 내용을 확인할 수 있다. 〈데이터 연결〉을 클릭하면 Northwind 데이터베이스가 연결된 것을 확인할 수 있으며, 테이블, 뷰 및 저장 프로시저 각각을 확인할 수가 있다. 〈테이블〉을 클릭하면 Northwind 데이터베이스의 테이블을 확인할 수 있으며, 각 테이블을 클릭하면 해당 테이블의 필드구성을 알 수 있다. 즉 Customers 테이블을 클릭하면 CustomerID, CompanyName 등의 개별필드들이 나타난다.

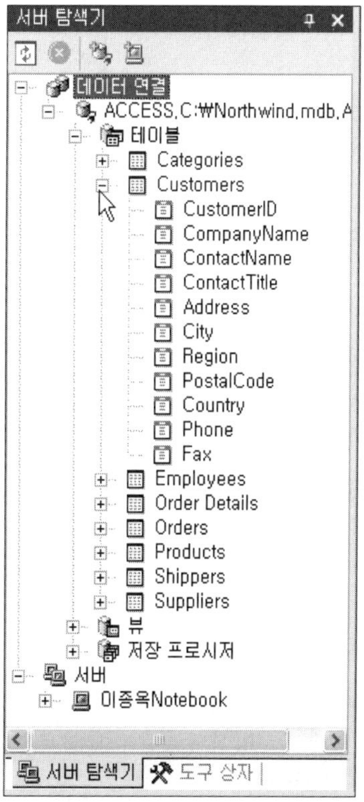

(5) 연결(connection) 생성

〈도구상자〉의 〈데이터〉 폴더에서 Access 데이터베이스인 Northwind와 연결을 하기 위해 OleDbConnection을 드래그하여 윈도우즈 폼에 위치시킨다.

(5-1)

윈도우즈 폼 하단에 OleDbConnection1이 위치하고 있음을 확인한다.

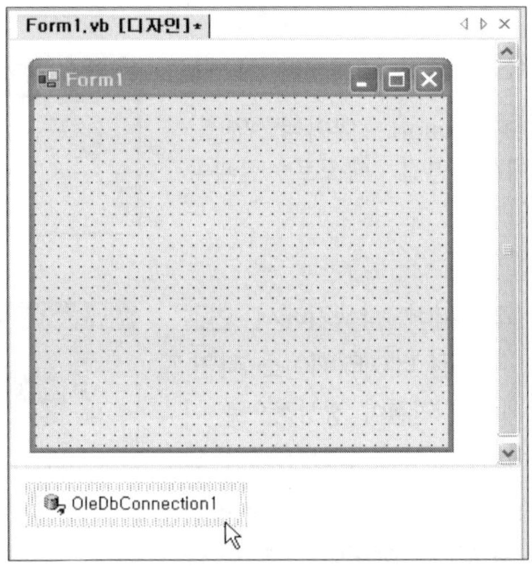

(5-2)

〈속성〉 창에서 OleDbConnection1 객체를 선택하고 〈ConnectionString〉 속성을 정의한다. ConnectionString은 a) 직접 입력하거나, b) 드롭다운 버튼을 눌러 선택할 수 있으며 b-1) 현재 프로젝트와 연결되어진 데이터베이스 또는 b-2) 〈새 연결〉을 설정할 수 있다. 본 예제에서는 b-1) 방식으로 Northwind를 선택한다.

(5-3) 연결 문자열 (connection string)

〈속성〉 창의 OleDbConnection1 객체의 〈ConectionString〉 속성을 보면 C:\Northwind.mdb를 연결하기 위한 다양한 매개변수가 우측과 같이 정의되어 있음을 확인할 수 있다.

```
Provider=Microsoft.Jet.OLEDB.4.0;
Password="";
UserID=Admin;
DataSource=C:\Northwind.mdb;
Mode=Share Deny None;
Extended Properties="";
Jet OLEDB:System database="";
Jet OLEDB:Registry Path="";
Jet OLEDB:Database Password="";
Jet OLEDB:Engine Type=4;
Jet OLEDB:Database Locking Mode=0;
Jet OLEDB:Global Partial Bulk Ops=2;
Jet OLEDB:Global Bulk Transactions=1;
Jet OLEDB:New Database Password="";
Jet OLEDB:Create System Database=False;
Jet OLEDB:Encrypt Database=False;Jet
    OLEDB:Don't Copy Locale on
    Compact=False;
Jet OLEDB:Compact Without Replica
    Repair=False;Jet OLEDB:SFP=False
```

데이터어댑터(DataAdapter) 생성

연결(Connection) 객체란 데이터 소스와 애플리케이션 사이에 연결 통로만을 제공하는 객체이다. 이 연결동로를 이용하여 데이터를 검색해오거나 수정하는 서비스를 이용하기 위해서는 데이터어댑터 객체가 필요하다.

데이터어댑터는 데이터 소스의 종류에 따라 SqlDataAdapter 또는 OleDbDataAdapter를 사용하게 된다. 본 교재에서는 Windows XP 환경의 Northwind.mdb를 사용하기에 OleDbDataAdapter를 사용한다.

데이터베이스 애플리케이션은 데이터 소스의 모든 데이터를 사용하지 않는 것이 일반적이다. 즉 데이터 소스의 일부 데이터만을 가져와서 사용한다. 따라서 데이터어댑터를 정의할 때 SQL 문을 정의하여 데이터어댑터가 연결 객체를 이용하여 데이터 소스로부터 가져올 데이터들을 정의한다.

다음은 데이터어댑터 객체를 정의하는 일반적인 절차이다.

(1) 데이터 어댑터 선택

〈도구상자〉의 〈데이터〉 폴더에서 OleDbDataAdapter 객체를 선택한다.

본 예제에서는 마이크로소프트의 Access 데이터베이스인 Northwind.mdb를 사용하고 있으며, 이 데이터베이스에 알맞은 데이터 어댑터는 OleDbData Adapter이다.

(2) 데이터 어댑터 구성 마법사

〈도구상자〉의 OleDbData Adapter를 끌어서 윈도우즈 폼에 위치시키면 〈데이터 어댑터 구성 마법사〉가 자동적으로 실행된다. 〈다음〉 버튼을 클릭하여 데이터 어댑터 구성 마법사를 시작한다.

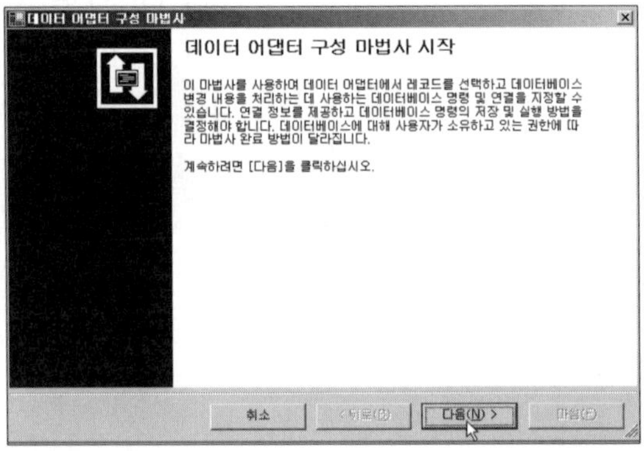

(3) 데이터 연결 선택

데이터어댑터에서 사용할 데이터 연결을 선택한다. 이미 데이터베이스 연결을 생성한 경우에는 이들이 '데이터 어댑터에서 사용할 연결'에 나타난다. 따라서 드롭다운 리스트에서 선택하면 된다. 만약 데이터 연결을 생성하지 않았다면 〈새 연결〉을 선택하여 연결을 먼저 생성하도록 한다.

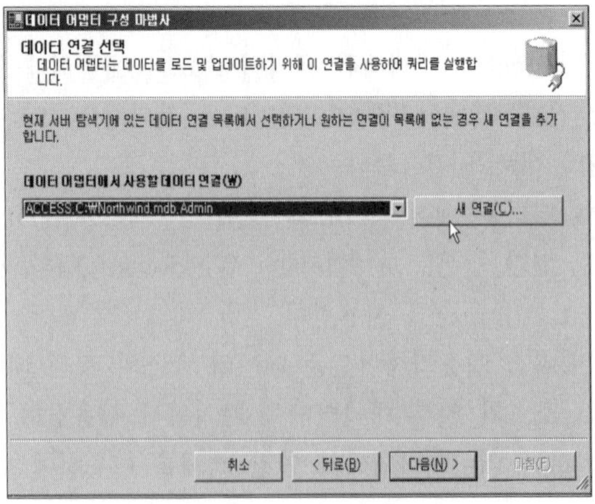

(4) SQL 문 생성

데이터 소스에서 필요한 테이블 일부를 검색해오기 위한 SQL 문을 작성한다. SQL문을 직접 입력하거나 또는 쿼리 작성기를 사용하여 SQL 문을 생성하여도 된다. 본 예제에서는 쿼리 작성기를 사용한다.

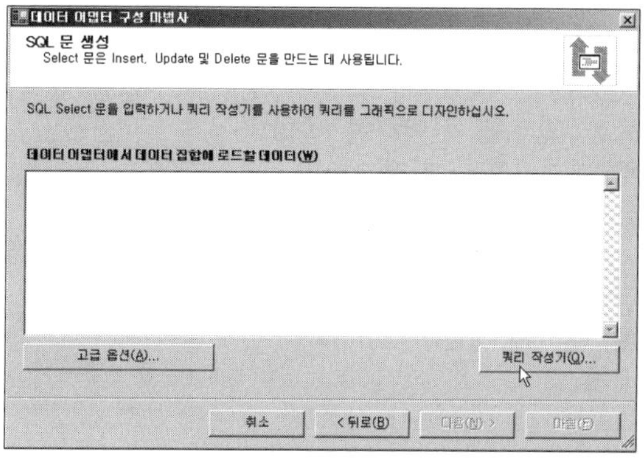

(4-1)

쿼리 형식은 SQL 문을 사용하거나 SQL 문이 저장되어 있는 저장 프로시저(stored procedure)를 사용할 수가 있다. 본 예제에서는 SQL 문을 직접 입력하기 위하여 〈다음〉 버튼을 클릭한다.

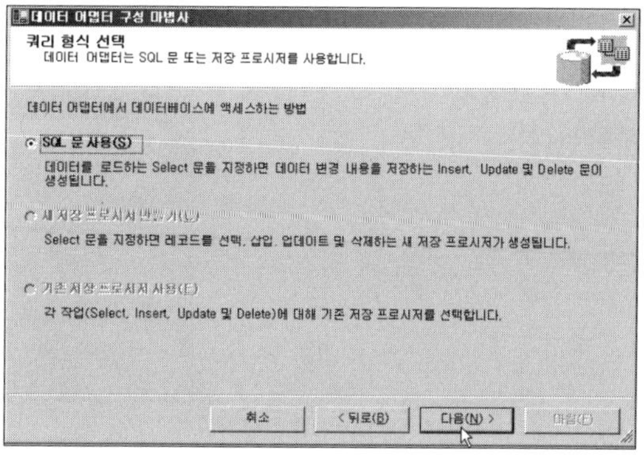

(4-2)

SQL 문에 사용될 테이블 또는 뷰를 선택하여 〈추가〉 버튼을 클릭한다. 모든 테이블 또는 뷰가 선택되어진 후 〈닫기〉 버튼을 클릭한다.

본 예제에서는 Customers 테이블만 사용한다.

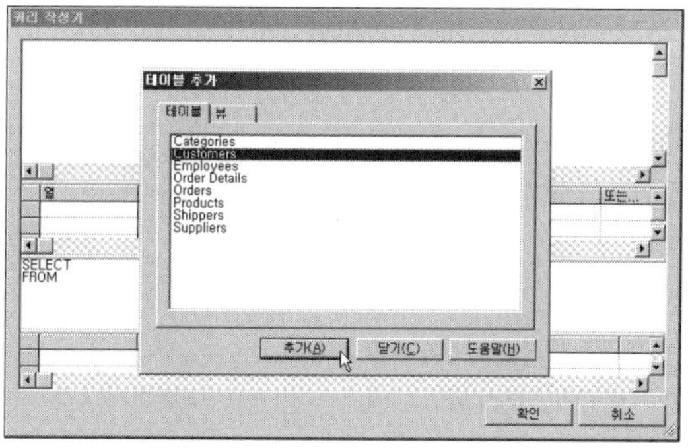

(4-3)

상단의 테이블구조에서 필요한 필드를 선택하여 중앙의 필드 영역으로 드래그한다. 필요에 따라 정렬형식과 Select 조건을 입력한다. 하단 창에서 선택된 조건에 따른 SQL문을 확인한 후 〈확인〉 버튼을 클릭한다.

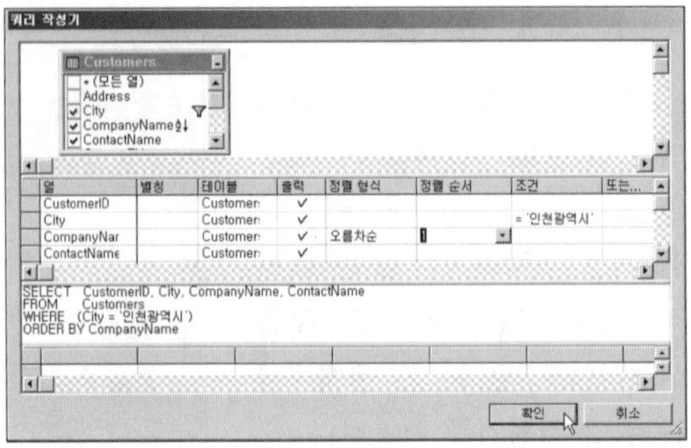

(4-4)

쿼리 작성기로 완성된 SQL 문을 확인하고 〈다음〉 버튼을 클릭한다.

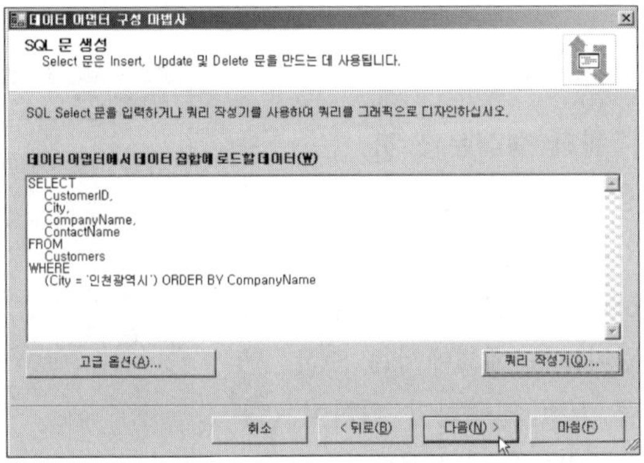

(5) 데이터 어댑터 구성확인

마법사를 사용하여 완성된 데이터 어댑터 기능을 확인한다. 데이터 어댑터가 제 기능을 수행하기 위하여는 연결(테이블 매핑), 검색(SELECT 문) 및 갱신(INSERT문, UPDATE문, 및 DELETE 문)이 정상적으로 생성되어야 한다.

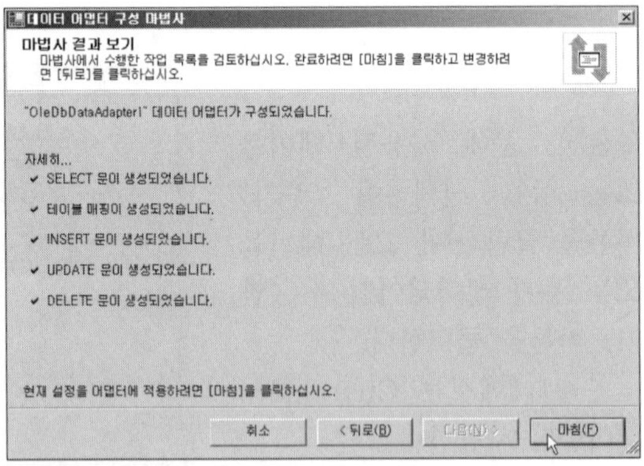

(6) 윈도우즈 폼의 데이터 어댑터 객체

데이터 어댑터 구성이 완료되면 윈도우즈 폼 하단의 구성요소 트레이에 위치한 OleDbData Adapter1 객체를 확인할 수 있다.

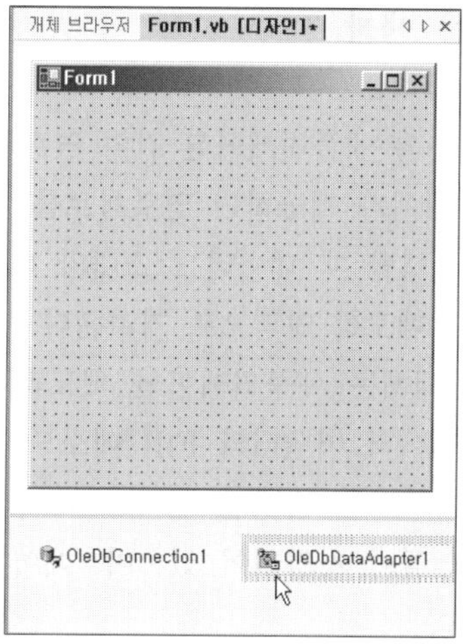

데이터 어댑터의 역할

분산 환경에서는 데이터 소스를 연결하여 매번 액세스하는 것보다 데이터 소스를 연결하여 필요한 데이터만 작업공간(일반적으로 웹 애플리케이션 서버의 메모리)으로 가져와 저장해 놓고 애플리케이션에서 사용하는 것이 데이터베이스 서버와 애플리케이션 모두에게 효과적인 데이터 액세스모델일 것이다. 데이터 어댑터(DataAdapter)는 이러한 서비스를 제공하는 객체로서 DataSet과 데이터 소스 중간에 위치하여 상호간의 데이터를 교환하는 가교역할을 한다.

데이터 소스의 데이터베이스와 직접 교신하는 객체인 데이터 어댑터 객체는 원격지의 데이터 소스를 액세스하여 필요한 테이블 또는 데이터를 검색하여 애플리케이션 작업공간 객체인 DataSet을 채우고(Fill), 애플리케이션 작업의 결과로 데이터 소스를 갱신할 내용이 있으면 데이터 소스를 갱신(Update)해 주는 기능을 가진, 데이터베이스 연결과 관련된 명령어들을 가지는 객체라고 할 수 있다.

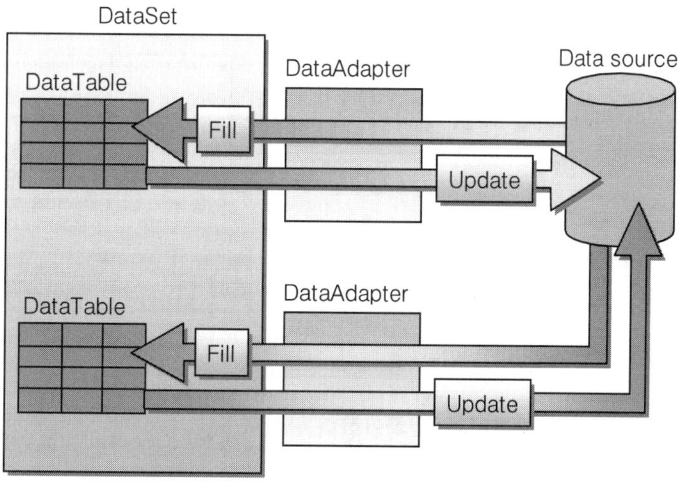

<그림 8-11> 데이터 어댑터의 기능구성도

데이터집합(DataSet) 생성

연결 객체는 데이터 소스와 애플리케이션 간의 연결통로를 유지해주는 서비스를 제공하고, 데이터어댑터 객체는 연결 객체가 제공하는 연결통로를 이용하여 데이터 소스에 접근하여 데이터 어댑터의 Fill 메소드가 실행될 때 데이터 소스내의 데이터 테이블에서 필요한 데이터 레코드들을 검색하여 애플리케이션 메모리 영역으로 가져온다.

데이터집합(DataSet) 객체는 애플리케이션 메모리 영역에 임시로 저장된 데이터들에 대한 서비스를 제공한다. 즉, 데이터 어댑터의 Fill 메소드가 실행될 때 데이터어댑터는 이미 지정한 SQL 문에 따라 데이터베이스를 검색한 결과를 데이터집합에 채운다. 따라서 데이터집합에는 SQL문으로 검색한 데이터들이 저장되어 있으며, 데이터집합의 각 메소드는 검색된 데이터들에 대한 각종 연산을 지원한다.

다음은 데이터어댑터와 연관된 데이터집합(DataSet) 객체를 생성하는 일반적인 절차이다.

(1) 〈데이터〉 메뉴의 〈데이터 집합 생성〉을 선택한다.

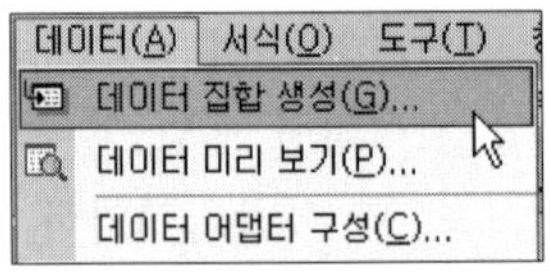

(2) 데이터 집합 생성 화면에서 추가할 테이블을 선택한다.

본 예제에서는 테이블이 Customers 하나이지만 애플리케이션에 따라서는 다수가 나타날 수도 있다.

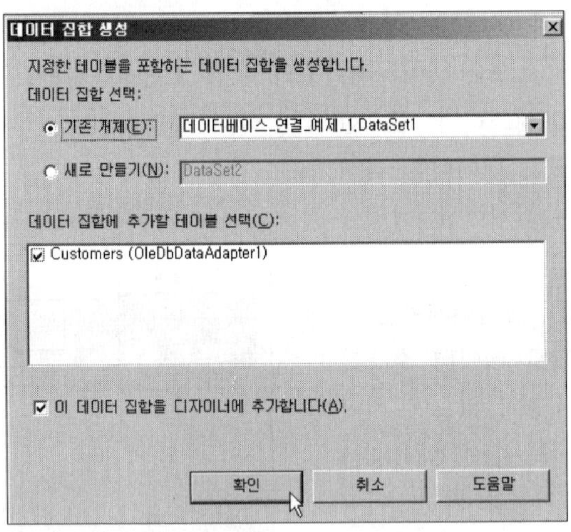

(3) 생성결과를 확인한다.

DataSet의 역할

ADO.NET의 DataSet은 연결되지 않은 환경에서 데이터들을 조작하기 위한 관계형 뷰로서, 데이터에 대한 메모리 캐시(in-memory cache) 또는 기능을 의미한다. 연결되지 않은 환경(disconnected environment)이란 애플리케이션이 DataSet에 있는 데이터를 참조하거나 처리할 때에도 데이터 소스에 대한 연결을 유지할 필요가 없다는 것을 의미한다.

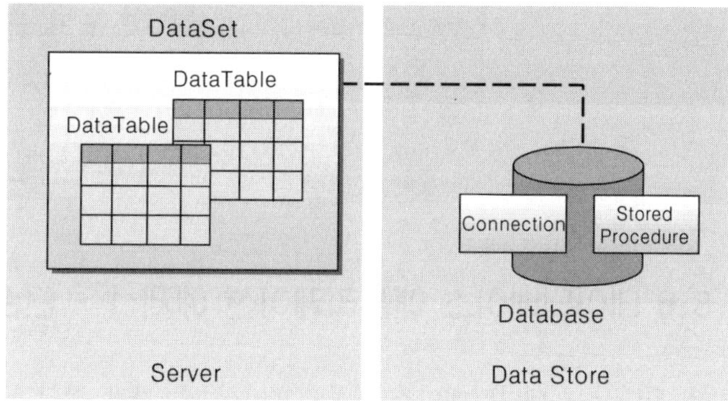

〈그림 8-12〉 DataSet과 Database의 관계도

애플리케이션 서버에 위치한 DataSet은 데이터베이스 서버에 위치한 데이터베이스로부터 검색해온 데이터들을 임시로 저장하는 공간이며 또한 저장된 DataTable 등을 다룰 수 있는 클래스를 제공한다.

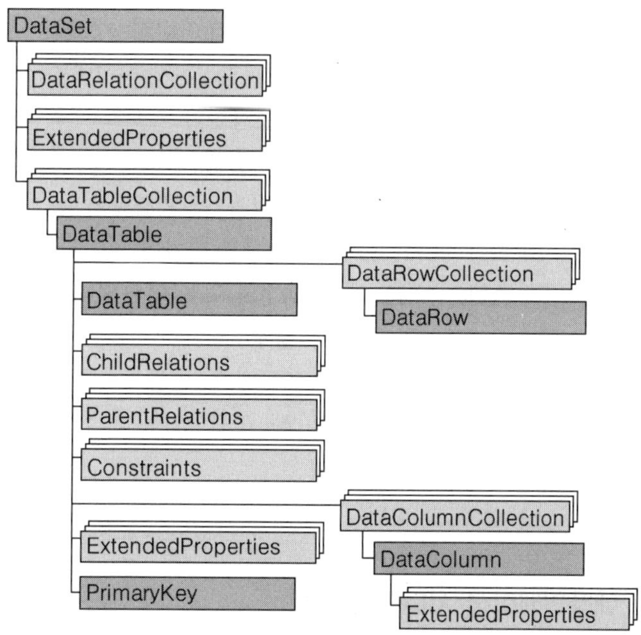

〈그림 8-13〉 DataSet 객체 구조도

DataSet은 관계형 데이터를 계층적 객체모델(hierarchical object model)로 저장한다. 즉 DataSet은 DataTable들로 구성되어 있으며, DataTable은 행(rows)과 열(columns)들로 구성된다. 또한 DataTable 객체, DataRow 객체, 및 DataColumn 객체 이외에 데이터 테이블간의 관계를 나타내는 DataRelation 객체와 DataColumn 객체의 제약사항을 나타내는 Constraints 객체로 구성된다.

DataTable 객체는 DataSet을 구성하는 테이블을 나타낸다 (〈그림 8-14〉 참조).

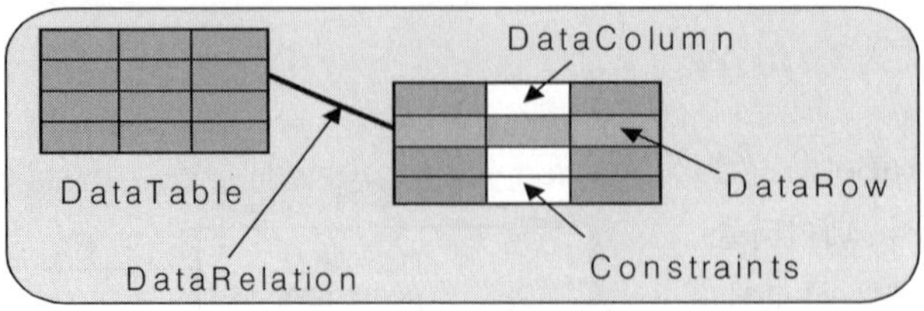

〈그림 8-14〉 DataTable 객체

8.6 데이터베이스 애플리케이션 예제:1 - 단순 조회

본 절에서는 데이터베이스 애플리케이션 중 가장 간단한 형식들을 단계별로 소개한다. 본 절에서 개발할 프로젝트의 과제는 다음과 같다.

- 예제 과제 : Northwind.mdb로부터 Customer 테이블을 검색하여 윈도우즈 폼에 출력한다.
- 프로젝트 개발 순서 : 예제:1은 데이터베이스를 이용하는 애플리케이션이다. 따라서 일반적인 윈도우즈 애플리케이션 개발절차에 추가하여 데이터베이스와 애플리케이션을 연결하기 위한 ADO.NET 절차를 포함한다.

  1) 애플리케이션 시나리오 작성
  2) 윈도우즈 프로젝트 시작과 빈 윈도우즈 폼 생성
  3) 도구상자를 이용하여 GUI 디자인
  *) ADO.NET 객체 생성으로 데이터베이스와 애플리케이션 연결하기
     - 연결 객체 생성
     - 데이터어댑터 객체 생성
     - 데이터테이블 객체 생성
  4) 이벤트 프로그래밍
  5) 실행 및 디버깅

애플리케이션 시나리오 작성

예제:1 프로젝트를 개발하기 위한 시나리오를 다음과 같이 전개한다.

- 시나리오 : 실행 시 〈그림 8-15〉와 같은 GUI를 가지도록 한다. 즉, 데이터베이스 테이블을 출력할 수 있는 컨트롤을 윈도우즈 폼에 디자인한다. 사용자 이벤트를 발생시키기 위하여 메인메뉴를 디자인한다. '테이블 채우기' 메뉴를 클릭하면 데이터 소스에서부터 테이블을 검색하여 〈그림 8-16〉와 같이 출력한다.

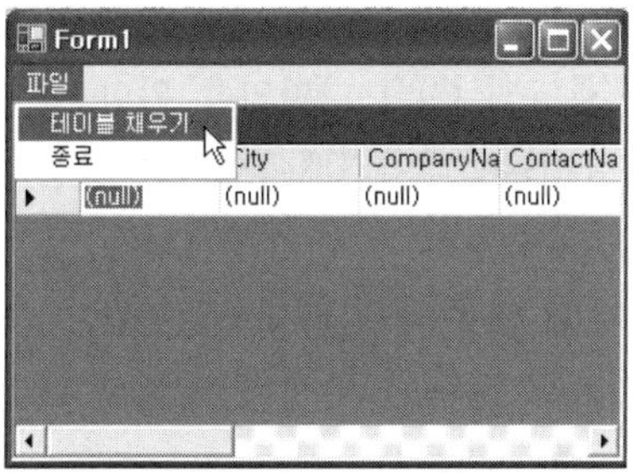

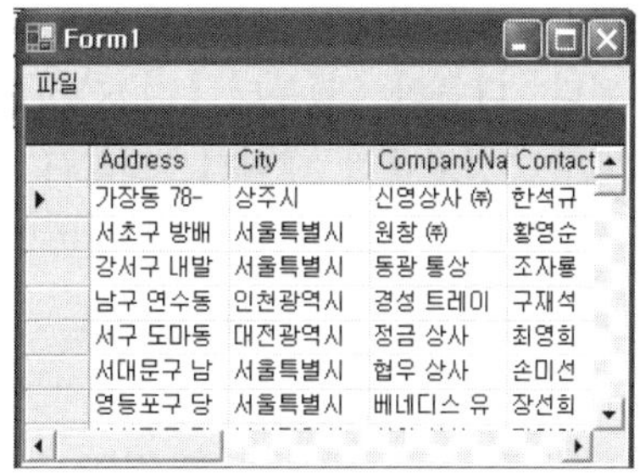

〈그림 8-15〉 예제:1의 GUI　　〈그림 8-16〉 테이블 채우기 이벤트

윈도우즈 프로젝트 시작과 빈 윈도우 폼 생성

예제:1 프로젝트를 개발하기 위하여 다음과 같이 새 윈도우즈 프로젝트를 시작하고, 빈 윈도우즈 폼을 생성한다.

(1) 프로젝트 정의

〈프로젝트 형식〉을 Visual Basic 프로젝트로 〈템플릿(T)〉을 Windows 응용 프로그램으로 선택하고 적절한 프로젝트 위치와 이름을 입력한다.

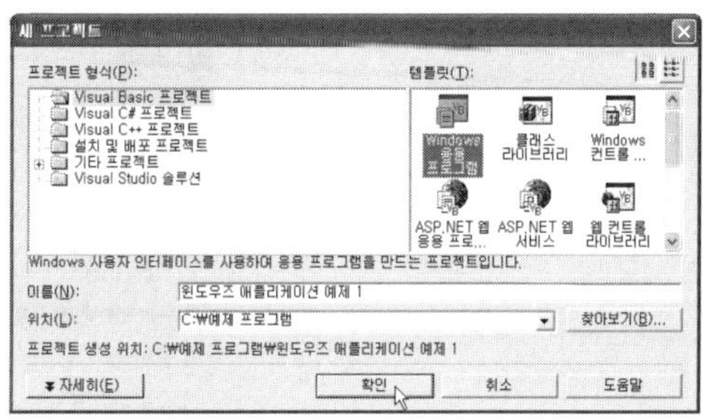

(2) 빈 윈도우즈 폼 생성

통합개발환경(IDE)에 우측과 같은 빈 윈도우즈 폼이 생성된다.

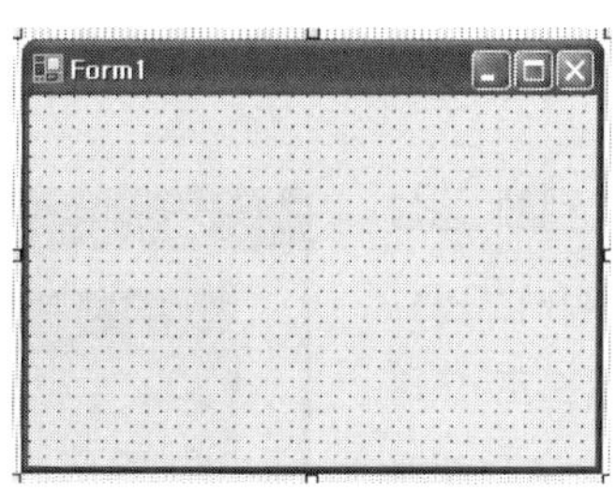

GUI 디자인

〈그림 8-15〉와 같은 GUI을 디자인하기 위하여 데이터그리드 컨트롤과 메인메뉴 컨트롤을 사용한다. 데이터그리드 컨트롤은 별도의 코드 조작 없이 검색된 데이터들을 출력할 수 있는 유용한 컨트롤이다. 메인메뉴는 메뉴를 통하여 사용자 선택 항목을 나타낼 수 있는 유용한 객체이다.

일반적으로 윈도우즈 폼 타이틀에 프로그램 이름이 나타나도록 한다. 이는 폼의 〈Text〉 속성을 수정하면 된다. 다음의 (3)부터 (11)까지는 예제:1의 GUI 디자인을 위한 세부 절차이다.

- 데이터그리드 컨트롤 : 데이터그리드(DataGrid)는 데이터베이스 테이블을 손쉽게 출력할 수 있는 유용한 컨트롤이다. 데이터그리드를 윈도우즈 폼에 결합(Docking)하여 윈도우즈 폼의 크기가 조정될 때 데이터그리드의 크기도 자동 조절하도록 〈Dock〉 속성을 'Fill'로 설정한다. 또한 데이터 테이블의 위치를 〈DataSource〉 속성에 설정함으로서 데이터테이블과 데이터그리드를 연결할 수 있다.

- 데이터그리드 컨트롤 디자인 :

(3) 데이터그리드 컨트롤

Windows Forms 도구상자에서 DataGrid를 선택하여 윈도우즈 폼으로 드래그 한다.

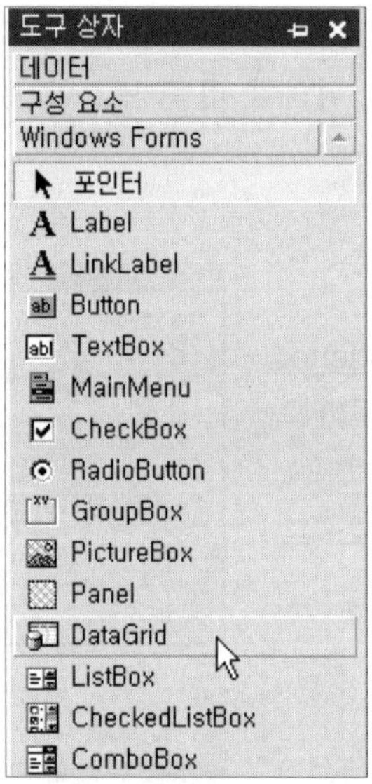

(4) 데이터그리드 객체 생성

도구상자에서 데이터그리드 컨트롤을 윈도우즈 폼으로 드래그 함으로서 데이터그리드 객체가 윈도우즈 폼에 나타난다.

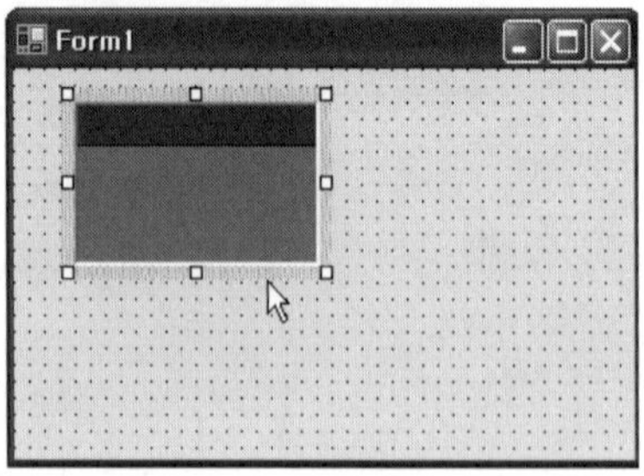

(5) 윈도우즈 폼에 채우기

윈도우즈 폼이 확대 축소될 때 데이터그리드 크기도 자동적으로 조절하기 위하여 DataGrid1의 속성 창에서 〈Dock〉 속성을 Fill로 수정한다.

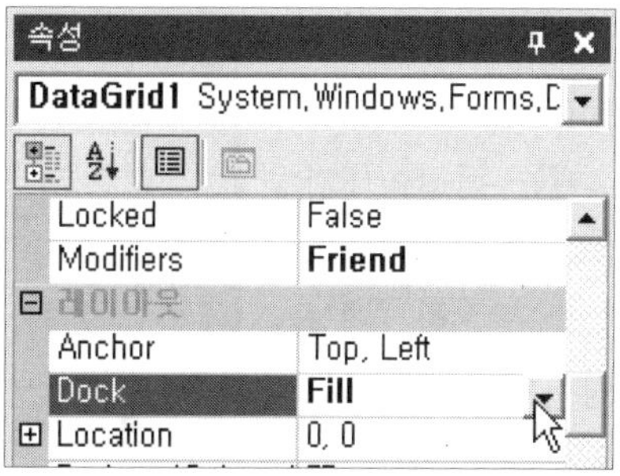

(6) 윈도우즈 폼에 채운 상태

〈DataGrid1.Dock〉속성이 Fill로 설정되면 데이터그리드가 우측과 같이 윈도우즈 폼에 채워진다.

• 메뉴 생성

(7) 메인메뉴 컨트롤

Windows Forms 도구상자에서 MainMenu 컨트롤을 선택하여 윈도우즈 폼으로 드래그 한다.

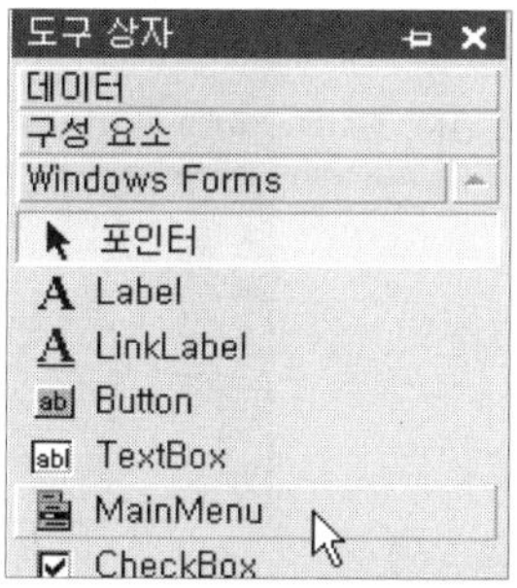

(8) 메인메뉴 컨트롤 생성

도구상자에서 메인메뉴 컨트롤을 드래그 하면 윈도우즈 폼 좌측상단에 빈 메뉴가 형성되며, 디자인화면 하단에 'MainMenu1' 개체가 생성됨을 알 수 있다.

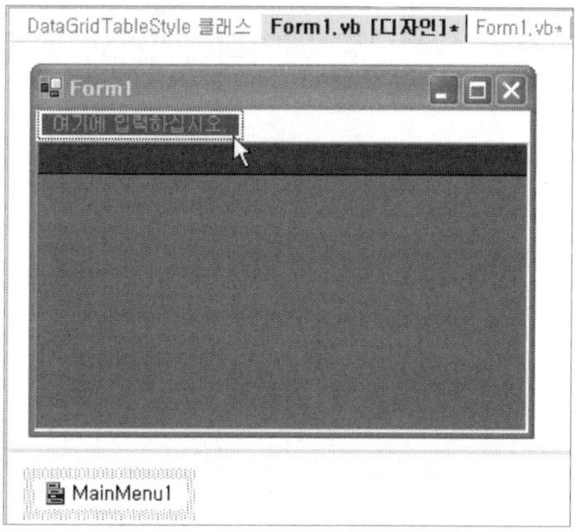

(9) 메뉴 편집

하단의 MainMenu1 객체를 클릭하면 메뉴 편집상태가 된다. 마우스를 메뉴입력화면에 위치시키고 필요한 메뉴 타이틀을 입력한다.

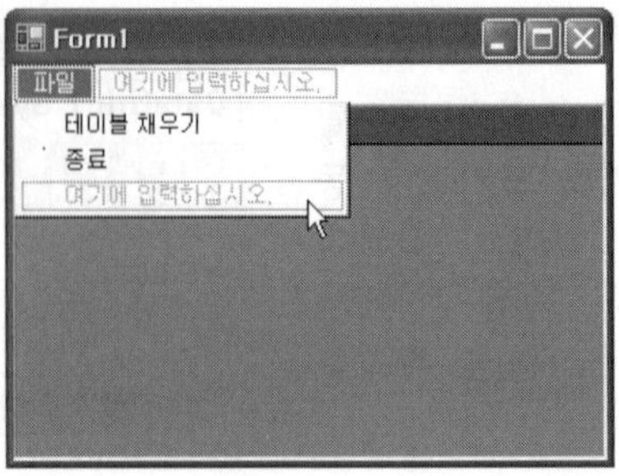

- 폼 타이틀 수정

(10) 폼 타이틀 수정

폼 타이틀을 수정하기 위하여 Form1 객체의 속성 창에서 〈Text〉 속성을 <u>윈도우즈 애플리케이션 - 예제 1</u>로 수정한다.

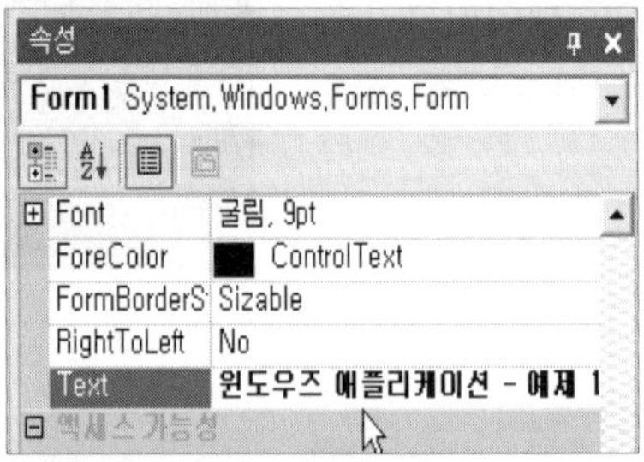

(11) 폼 타이틀 수정 결과

윈도우즈 폼의 타이틀이 수정됨을 알 수 있다.

ADO.NET 객체 생성으로 데이터베이스와 애플리케이션 연결하기

ADO.NET 객체들은 데이터소스와 애플리케이션을 연결해주는 서비스를 제공한다. 〈그림 8-17〉에 예시되어 있듯이,

- 연결객체는 데이터 소스와 애플리케이션의 연결통로를 제공해 준다.
- 데이터어댑터는 연결객체가 제공하는 연결통로를 이용하여 데이터소스에서 필요한 데이터를 검색하여 데이터집합에 채운다.
- 데이터어댑터를 정의할 때 데이터소스에서 필요한 데이터만 검색할 수 있도록 SQL 문을 정의한다.

- 또한 데이터어댑터는 Fill 메소드가 호출될 때 데이터집합을 채운다.
- 데이터집합은 데이터소스에서부터 검색해온 데이터테이블들을 저장하고 이를 가공할 수 있는 서비스를 제공한다.
- 마지막으로 데이터그리드와 데이터집합을 연결(bound)함으로서 데이터집합의 테이블들을 GUI로 출력한다.

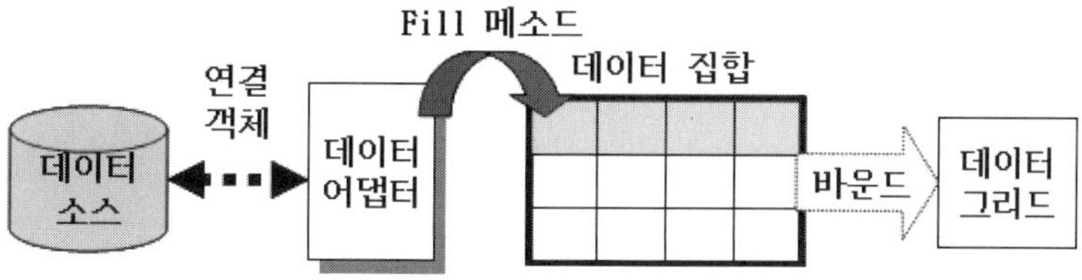

〈그림 8-17〉 데이터소스 연결 개념도

- 연결객체와 데이터어댑터 객체 생성 : 연결객체와 데이터어댑터 객체의 상세한 생성 절차는 '8.5절 ADO.NET 애플리케이션 개발' 절을 참조하기 바란다.

(12) 연결객체와 데이터어댑터객체 생성 결과

연결객체와 데이터어댑터객체가 정상적으로 생성되어지면 하단에 OleDbConection1 객체 및 OleDbDataAdapter1 객체 아이콘이 생성된다.

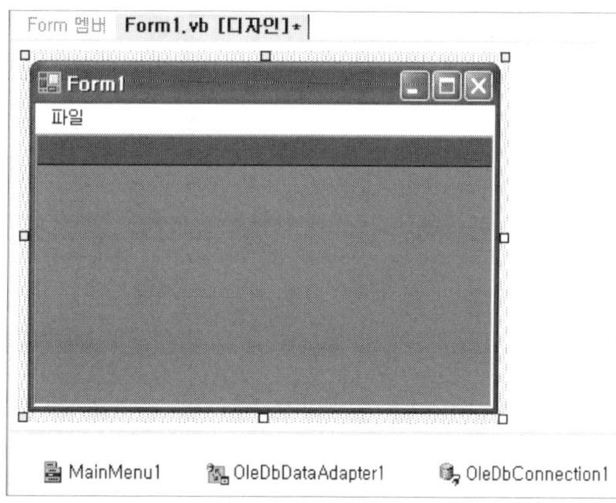

- 데이터어댑터 확인 : 연결객체와 데이터어댑터객체를 생성하면 데이터어댑터가 검색해올 데이터를 미리 확인할 수가 있다. 만약 검색해올 데이터 자체가 잘못될 경우에는, 프로그램 코드가 잘못된 것으로 오해하여, 디버깅 시 오류를 찾아내기가 어렵게 되기에 미리 확인하는 것이 좋다. 이는 프로그램이 되어있지 않더라도 통합개발환경(IDE)이 데이터소스로부터 정의된 데이터어댑터를 이용하여 미리 데이터를 가져와 출력해주는 서비스를 제공하기에 가능하다. 만약 검색되어온 데이터가 원하는 것이 아니라면 1) 연결 객체의 연결 문자열이 잘못되었거나 2) 데이터어댑터의 SQL 문장이 잘못된 경우이니 이를 확인하여 수정하여야 한다. (13)부터 (15)까지는 데이터어댑터를 확인하는 상세 절차이다.

(13) 데이터 미리보기 선택

속성 창 하단에 정의되어 있는 〈데이터 미리보기〉 메뉴를 선택한다.

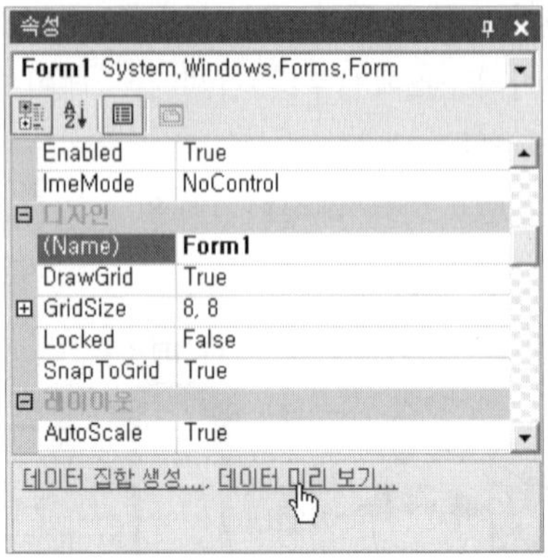

(14) 데이터 집합 채우기

'데이터 어댑터 미리보기' 창에서 〈데이터집합 채우기(T)〉 버튼을 선택한다.

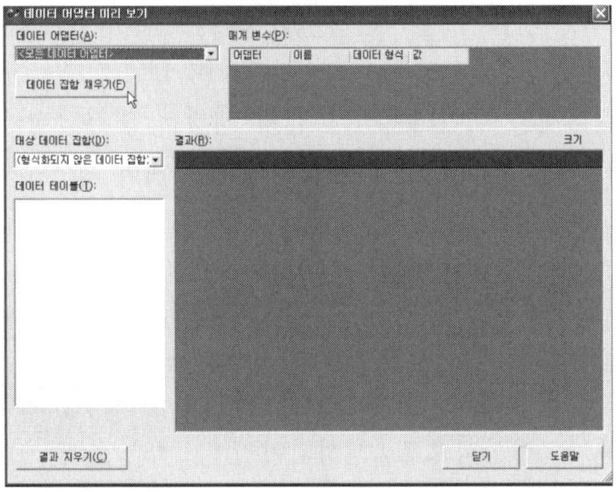

(15) 데이터 집합 확인

'데이터 어댑터 미리보기' 창의 우측 하단에 위치한 '결과' 창에서 데이터 소스로부터 검색되어져 온 데이터를 확인할 수 있다.

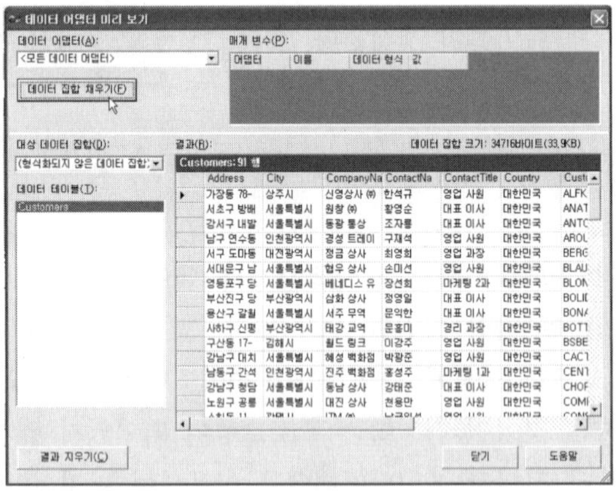

- 데이터 집합 생성 : 연결객체와 데이터어댑터객체를 정상적으로 생성한 이후에 데이터 테이블의 작업공간인 데이터집합(DataSet) 객체를 생성하여야 하며, 생성 절차는 (16)부터 (18)까지와 같다.

(16) 데이터 집합 생성 메뉴

데이터집합을 생성하기 위하여 속성 창 하단에 위치한 〈데이터 집합 생성〉 메뉴를 선택한다.

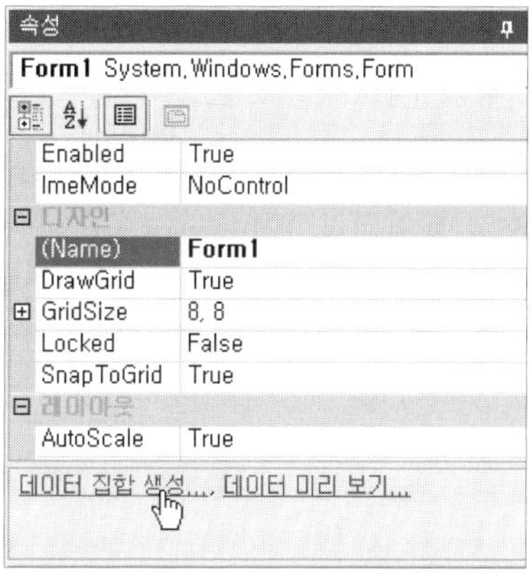

(17) 데이터 집합 생성

'데이터 집합 생성' 창에서 〈새로만들기(N)〉를 선택하고, 데이터 집합에 추가할 테이블을 선택한 후 〈확인〉 버튼을 선택함으로서 데이터집합 객체가 생성된다.

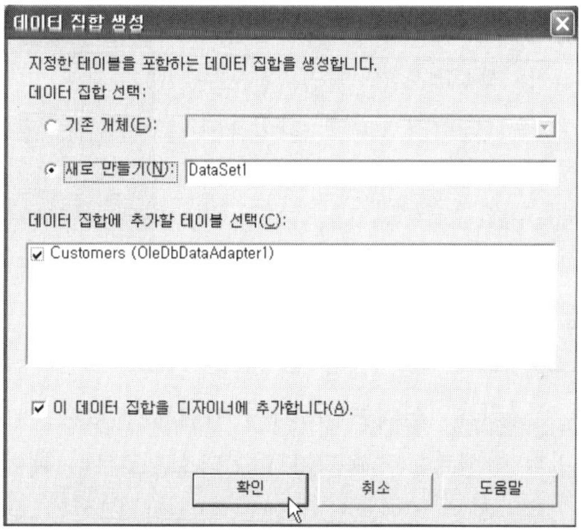

(18) 생성 결과

하단에 DataSet1 객체가 생성되었음을 확인할 수 있다.

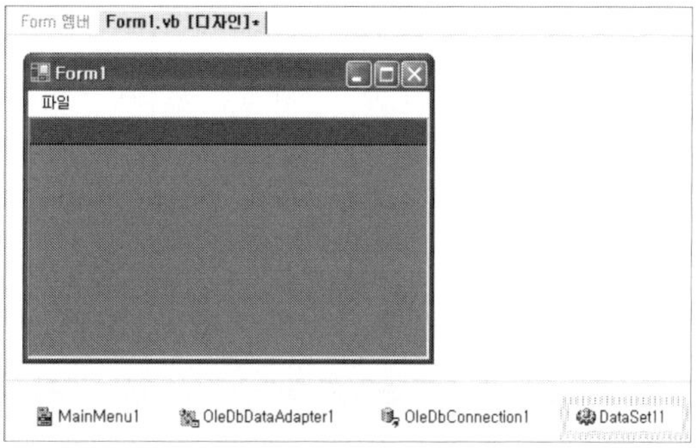

- 데이터그리드와 데이터 집합 연결 : 데이터집합까지 생성한 이후에 데이터집합의 테이블과 데이터그리드를 연결함으로서 데이터소스에서 검색되어 데이터집합에 저장된 테이블을 출력할 수가 있다. (19)부터 (21)까지는 데이터그리드와 데이터집합을 연결하는 세부 절차이다.

(19) 바운드 속성 지정

데이터그리드와 데이터집합을 연결하기 위하여 데이터집합에 저장된 테이블 이름을 데이터그리드의 〈DataSource〉로 지정한다.

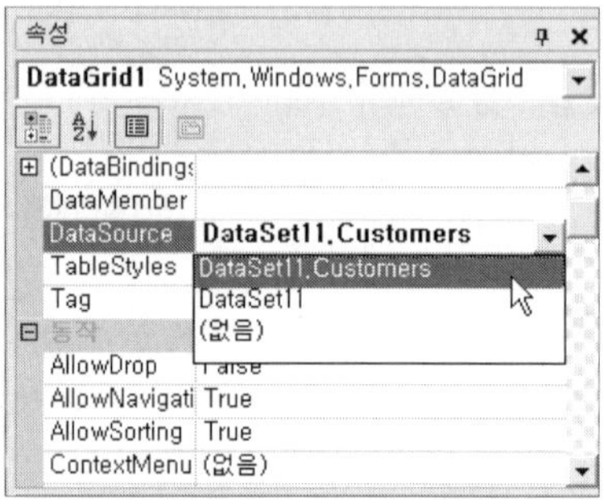

(20) 바운드 결과 확인

데이터그리드와 데이터집합의 연결이 정상적으로 되면 윈도우즈 폼의 데이터그리드 타이틀에 데이터베이스 테이블 필드명이 지정된다.

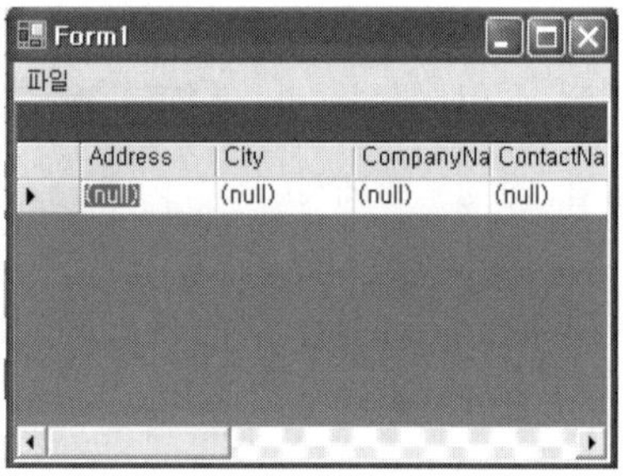

이벤트 프로그래밍

예제:1 애플리케이션에는 두 가지 이벤트가 있다.

- 첫 번째 이벤트는 사용자가 데이터소스로부터 데이터 테이블을 검색하여 데이터그리드에 출력하도록 하는 이벤트로서 메뉴 항목의 '테이블 채우기'라는 메뉴를 선택할 때 발생한다.
- 다른 하나는 애플리케이션을 종료하는 이벤트로서 메뉴 항목의 '종료'라는 메뉴를 선택할 때 발생한다.

이들 이벤트들은 사용자가 메뉴를 선택함으로서 발생된다. 이들 메뉴들은 자동으로 'MenuItem2'와 'MenuItem3'로 명명되어져 있다. 이렇게 자동 설정된 메뉴항목 이름을 프로그래머가 변경하고자 한다면 해당 메뉴항목을 선택하고 속성 창에서 〈Name〉 속성을 수정하면 된다.

각 메뉴항목에 대한 이벤트 프로시저를 작성하기 위하여서는 디자인 모드에서 해당 메뉴를 더블클릭하면 이벤트 프로시저를 코딩하기 위한 빈 프로시저가 자동으로 만들어진다. 메뉴의 클릭 이벤트에 대한 이벤트 프로시저이므로 이들 프로시저의 이름은 'MenuItem2_Click' 및 'MenuItem3_Click' 로 부여된다.

- 테이블 채우기(MenuItem2_Click) 이벤트 프로시저 프로그래밍 : '데이터 채우기'를 실행할 이벤트 프로그래밍을 한다. 즉, 데이터어댑터를 사용하여 데이터집합을 채우는 명령을 작성한다. 데이터어댑터(OleDbDataAdapter1)가 데이터소스를 연결하여 정의된 SQL문에 따라 데이터를 검색하여 데이터 집합을 채우는 서비스는 데이터 어댑터의 Fill 메소드가 제공한다. 따라서 다음과 같은 '데이터어댑터로 데이터집합을 채우라'라는 의미의 명령어를 코딩한다.

  OleDbDataAdapter1.Fill(DataSet1)

- 종료(MenuItem3_Click) 이벤트 프로시저 프로그래밍 : 이 이벤트 프로시저는 사용자가 메뉴항목에서 '종료'를 선택할 때 실행되며 애플리케이션을 종료시키면 된다. 애플리케이션을 종료시키는 명령어는 'End' 명령이다.

(21) MenuItem2_Click 이벤트 프로시저 생성

이벤트 프로시저를 생성하려면 메뉴 항목을 더블클릭하면 된다.

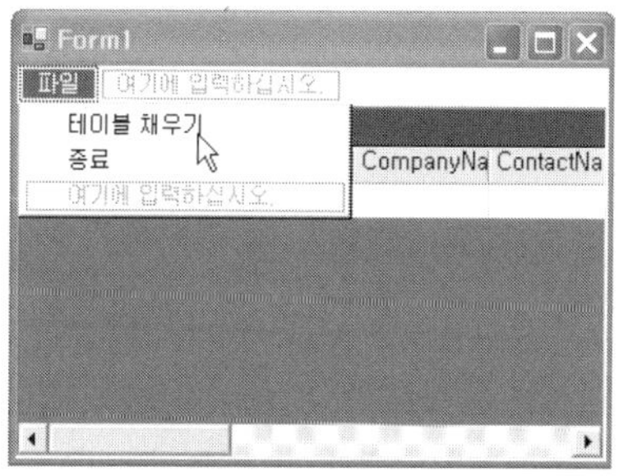

(22) 생성된 이벤트 프로시저

'MenuItem2_Click' 이벤트 프로시저가 생성되었다.

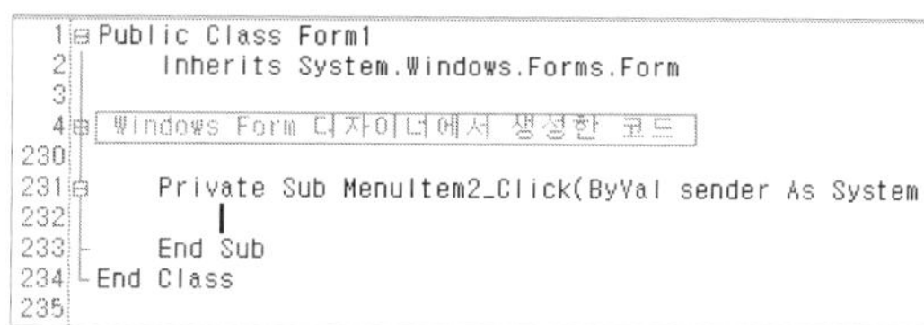

(23) 메소드 선택

객체지향에서는 dot 형식의 표현법을 사용한다. 즉, OleDbDataAdapter1이라는 객체명과 .(dot)를 입력하면 해당 객체에서 사용할 수 있는 속성과 메서드가 드롭다운으로 나타난다. 이들 속성과 메서드 중에서 Fill 메서드를 선택한다.

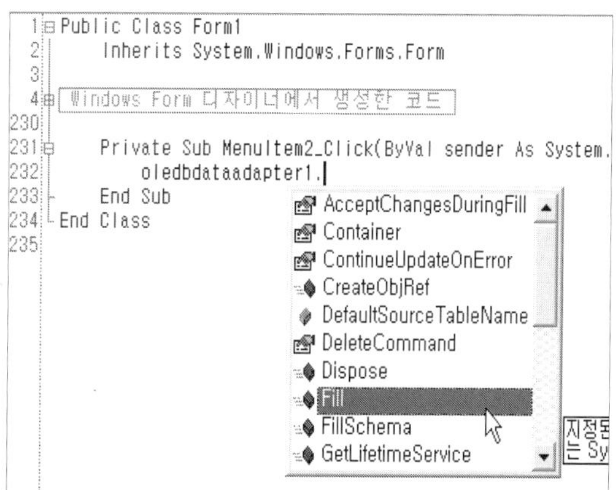

(24) 프로시저 완성

Fill 메소드의 파라미터로 데이터집합 이름을 입력한다.

```
Public Class Form1
    Inherits System.Windows.Forms.Form

[Windows Form 디자이너에서 생성한 코드]

    Private Sub MenuItem2_Click(ByVal sender As System.
        OleDbDataAdapter1.Fill(DataSet11)
    End Sub
End Class
```

(25) MenuItem3_Click 이벤트 프로시저 작성

MenuItem2_Click 프로시저와 동일한 방법으로 '종료' 메뉴 항목에 대한 이벤트 프로시저를 완성한다.

```
Public Class Form1
    Inherits System.Windows.Forms.Form

[Windows Form 디자이너에서 생성한 코드]

    Private Sub MenuItem2_Click(ByVal sender As System.
        OleDbDataAdapter1.Fill(DataSet11)
    End Sub

    Private Sub MenuItem3_Click(ByVal sender As System.
        end
    End Sub
End Class
```

실행 및 디버깅

예제:1 애플리케이션을 실행하면 처음 화면은 (26)과 같이 나타난다. 이 화면에서는 데이터그리드에 데이터들이 출력되지 않고 있음을 알 수 있다. 이는 예제:1이 '연결되지 않은' 환경, 즉, 애플리케이션이 실행되더라도 애플리케이션이 데이터베이스와 연결되어 있지 않기 때문이다. 사용자가 메뉴의 '데이터 채우기' 항목을 선택할 때 이 이벤트를 처리하기 위하여 'MenuItem2_Click' 이벤트 프로시저가 실행되고, 이 프로시저의 'OleDbDataAdapter1.Fill(DataSet1)' 명령에 의하여 순간적으로 데이터베이스에서 정의된 SQL문을 실행하고, 그 결과를 데이터집합인 DataSet1에 에 채우고, 데이터집합 내용이 (27)과 같이 데이터그리드에 출력된다. 예제:1이 '연결되지 않은 환경'으로 작성되었기에 (27) 화면에서 데이터그리드의 레코드 내용을 수정하였더라도 데이터소스의 원 데이터베이스 내용은 변경되지 않는다. 이를 변경시키려면 데이터어댑터의 'Update' 메소드를 이용하여 데이터베이스와 재접속하여 테이블을 수정하라는 명령을 작성하여야 한다.

(26) 실행화면

데이터 채우기 이벤트를 실행하지 않았기에 데이터그리드에는 아무 내용도 출력되지 않는다.

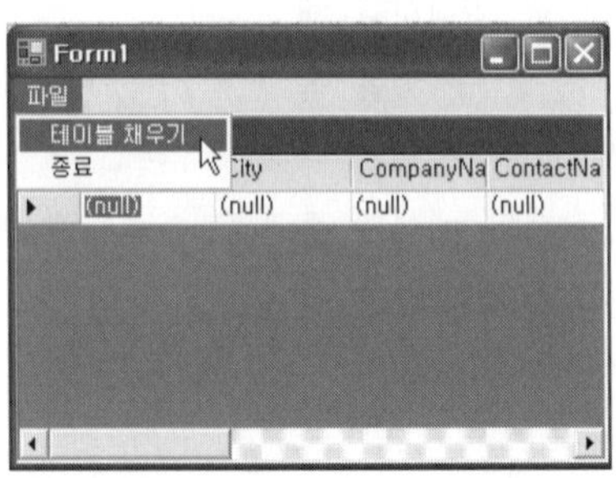

(27) '테이블 채우기' 결과

데이터소스의 해당 테이블 내용이 데이터그리드에 출력된다.

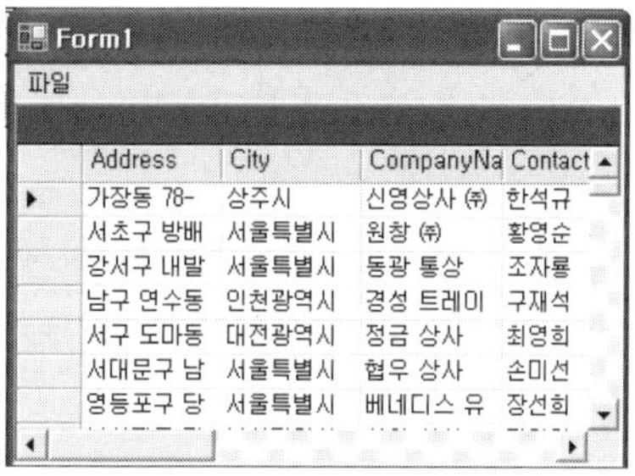

8.7절 애플리케이션 예제:2 - 관계 조회

8.7절에서는 서로 관계가 맺어진 데이터 테이블들을 조회하는 프로그램을 소개한다. 많은 경우 데이터들은 1대 1, 1대 다 및 다대 다의 관계를 형성하고 있다. Northwind 데이터베이스에도 서로 연관이 있는 테이블들이 포함되어 있는데, 이들 중에서 고객(Customers)-주문(Orders)-주문내역(OderDetails) 테이블은 1대다의 부모-자식관계를 나타내는 전형적인 모델이다. 즉, 이 관계는 고객은 다수의 주문을 할 수 있으며, 한 주문서에는 다수의 주문내역이 존재한다.

8.7절에서는 고객(Customers), 주문(Orders) 및 주문내역(OrderDetails) 테이블을 관계 조회하는 애플리케이션을 소개하고자 한다. 관계 조회란 주문 테이블을 조회할 때 해당 고객에 대한 주문만을 조회하고, 주문내역을 조회할 때에도 해당 주문에 관련된 주문내역만 조회하는 것을 말한다.

본 교재에서는 '연결되지 않은 환경'의 애플리케이션 모델만을 소개하고 있다. 데이터 소스에서 고객, 주문 및 주문내역 테이블을 데이터집합으로 검색해 왔을 때 각 테이블간의 관계는 형성되어져 있지 않기에 애플리케이션에서 관계를 형성해 주어야만 한다. 일견 이 방법은 불편하게 느껴질 수도 있겠으나 '연결되지 않은 환경'에서는 고객, 주문 및 주문내역 등의 데이터 테이블이 동일한 데이터 소스 또는 데이터베이스에 존재한다고 가정하지는 않는다. 즉, 이 세 테이블이 각기 다른 데이터소스에 존재할 수도 있을 뿐만 아니라 데이터 형식도 동일하지 않다고 가정한다. 이러한 가정은 애플리케이션을 작성할 때 데이터소스 및 타입에 대하여 대단한 유연성을 제공하기는 진보된 개념이라 할 수 있다.

따라서 .NET으로 프로그래밍 할 때에는 각 데이터 테이블을 별도로 데이터집합으로 검색해 온 이후에 관계를 형성해 주어야만 한다. 만약 각 테이블이 서로 다른 데이터 소스에 존재한다면 본 예제에서 연결객체(Connection Object)를 각각 별도로 정의해 주면 된다.

Visual Basic에서는 검색된 테이블간의 관계 형성을 2가지 방법으로 생성할 수 있다.

1) 스키마 보기에서 생성

2) 코드로 생성

본 교재에서는 스키마 보기에서 관계를 형성한다. 코드로 관계를 형성하는 것은 동일한 개념을 프로그램 코드로 나타내면 된다.

본 절에서 개발할 관계 조회 프로젝트의 과제는 다음과 같다.

- 예제 과제 : Northwind.mdb로부터 Customers, Orders 및 OderDetails 테이블을 관계 조회하여 윈도우즈 폼에 출력한다.
- 프로젝트 개발 순서 : 관계조회를 하기 위한 프로젝트 개발 순서는 10.3절에서 제시하였던 개발 순서에서 '+) 테이블 관계 형성'이 추가되어야 한다.
  1) 애플리케이션 시나리오 작성
  2) 윈도우즈 프로젝트 시작과 빈 윈도우즈 폼 생성
  3) 도구상자를 이용하여 GUI 디자인
  *) ADO.NET 객체 생성으로 데이터베이스와 애플리케이션 연결하기
     - 연결 객체 생성
     - 데이터어댑터 객체 생성
     - 데이터테이블 객체 생성
     + 테이블 관계 형성
  4) 이벤트 프로그래밍
  5) 실행 및 디버깅

애플리케이션 시나리오 작성

예제:2 프로젝트를 개발하기 위한 시나리오를 다음과 같이 전개한다.

- 시나리오 : 최초 실행 시 〈그림 8-18〉과 같이 예제:1과 동일하게 데이터그리드와 메인메뉴가 포함된 화면이 나타난다. 〈그림 8-19〉에 예시한 바와 같이 '테이블 채우기' 메뉴항목을 선택하면 〈그림 8-20〉와 같이 고객 테이블이 출력되도록 한다.
  스키마 보기에서 고객, 주문 및 주문내역 테이블들 사이에 관계를 설정해 놓으면 〈그림 8-21〉에서와 같이 해당 고객에 대한 주문을 관계 검색하여 결과를 〈그림 8-22〉과 같이 출력하도록 데이터그리드가 반응한다. 역 관계 검색은 〈그림 8-23〉와 같이 우측 상단의 상향 검색 아이콘을 클릭하면 된다.

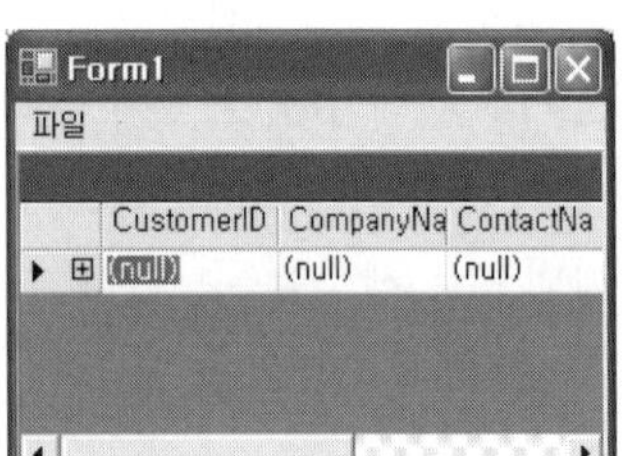

〈그림 8-18〉 최초 실행 시

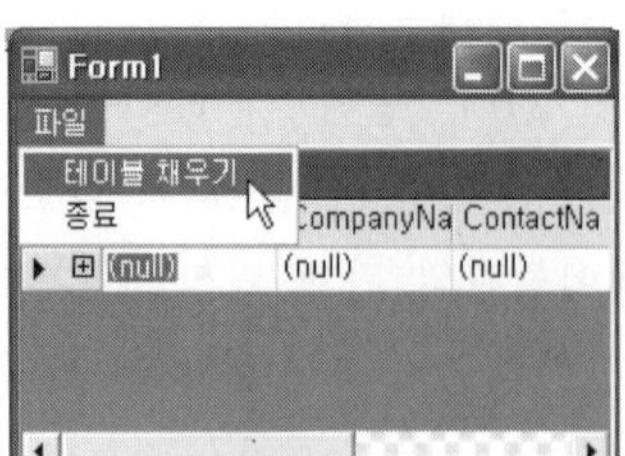

〈그림 8-19〉테이블 채우기이벤트

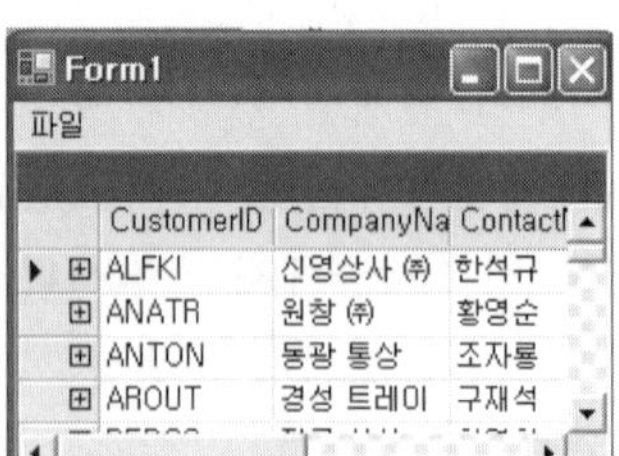

〈그림 8-20〉 채우기 이벤트 결과

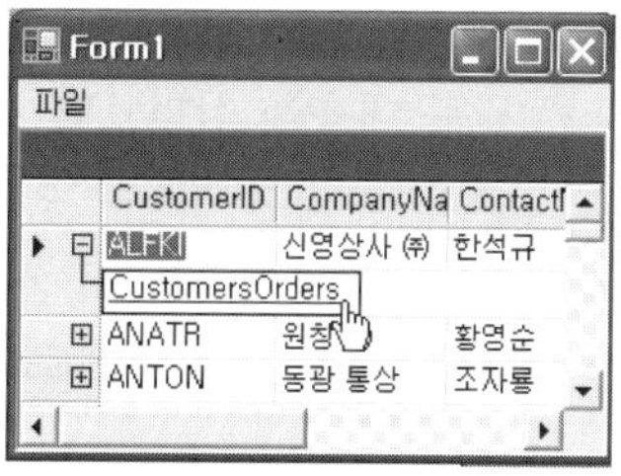

〈그림 8-21〉 관계 검색

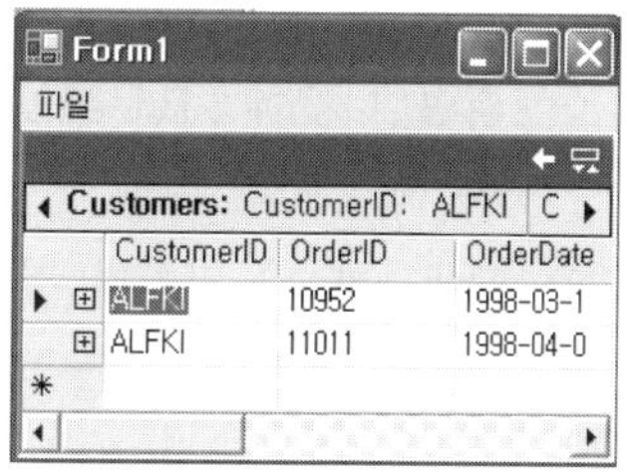

〈그림 8-22〉 관계 검색 결과

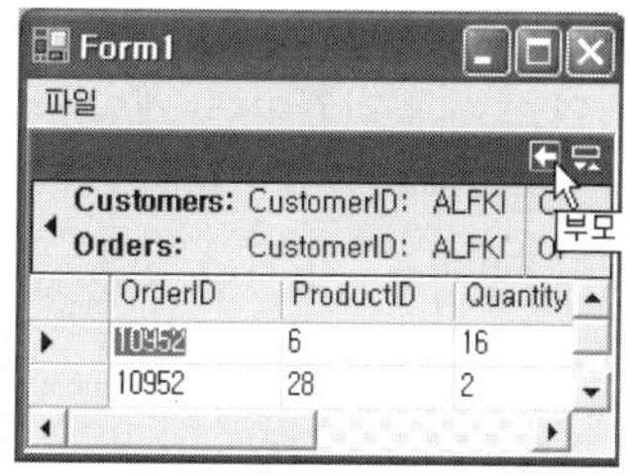

〈그림 8-23〉 역 관계 검색

윈도우즈 프로젝트 시작과 빈 윈도우 폼 생성

'윈도우즈 프로젝트 시작과 빈 윈도우 폼 생성'에 대한 상세한 절차는 예제:1의 (1)과 (2)와 동일하다.

GUI 디자인

예제:2의 GUI는 예제:1의 GUI와 동일하다. 따라서 예제:1의 GUI 디자인 세부 절차 (3)부터 (11)까지 동일하게 진행하면 된다. 다만 세부절차 (10)에서 Form1의 〈Text〉 속성은 '윈도우즈 애플리케이션 - 예제 2'로 입력한다.

ADO.NET 객체 생성으로 데이터베이스와 애플리케이션 연결하기

예제:1 단순조회에서는 데이터 소스에서 고객(Customers) 테이블만 검색하였다. 그러나 예제:2에서는 고객, 주문 및 주문내역 등 3개의 테이블을 검색해야 한다. 이를 개념적으로 나타내면 〈그림 8-24〉와 〈그림 8-25〉와 같이 나타낼 수가 있다. 즉, 예제:2는 3개의 서로 다른 데이터어댑터를 이용하여 고객(Customers), 주문(Orders) 및 주문내역(OrderDetails) 테이블들을 데이터집합으로 검색해 온다.

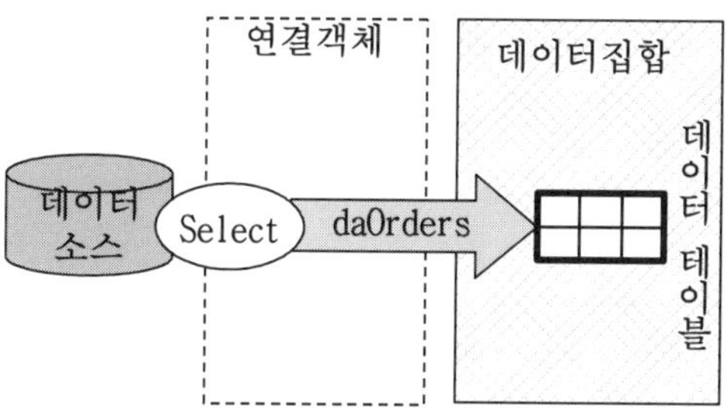

〈그림 8-24〉 예제:1 개념도

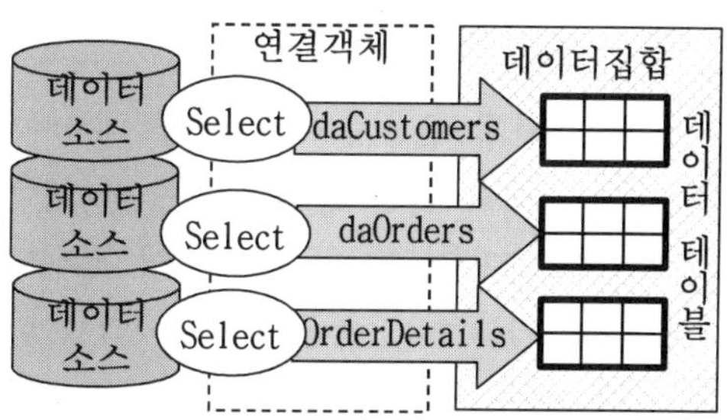

〈그림 8-25〉 예제:2 개념도

예제:2를 위한 연결객체와 데이터어댑터 객체 생성의 상세한 절차는 '8.5절 ADO.NET 데이터베이스 애플리케이션 개발'절에 소개하였던 것과 거의 동일하다. 세부 내용을 살펴보면 다음과 같다.

- 연결객체 : 〈그림 8-25〉의 개념도에 나타나 있지만 검색해올 각 테이블의 데이터 소스 위치가 서로 상이하여도 무방하나 본 예제에서는 모든 데이터 테이블들을 동일한 데이터 소스인 C:\Northwind.mdb에서 검색해 오기에 '8.6 절'과 동일하다.
- 데이터어댑터 : 데이터어댑터 생성 절차는 '8.6 절'과 동일하다. 다만 〈그림 8-25〉 개념도에 예시된 바와 같이 각 데이터 테이블마다 서로 다른 데이터어댑터를 사용한다. 따라서 3개의 데이터어댑터를 생성하여야 한다. 이 경우 시스템에서 자동적으로 부여하는 데이터어댑터 이름인 OleDbDataAdapter1, OleDbDataAdapter2 및 OleDbDataAdapter3은 상호 혼동의 가능성이 있기에 daCustomers, daOrders 및 daOrderDetails 등으로 이름 짓기로 한다. 데이터어댑터의 이름 변경은 데이터어댑터 속성 창에서 이름(Name) 속성을 수정해주면 된다.
- 연결객체와 3개의 데이터어댑터가 정상적으로 생성되면 〈그림 8-26〉과 같이 객체가 생성된 결과를 확인할 수 있다.

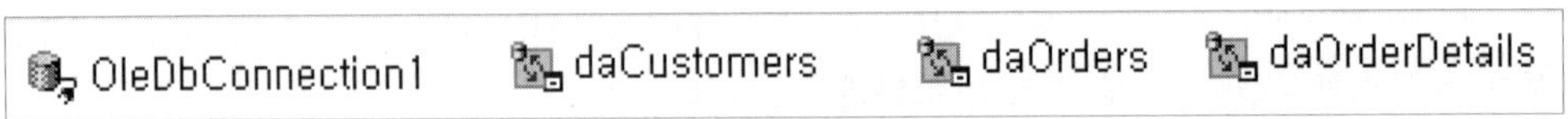

〈그림 8-26〉 데이터베이스 관련 객체

- 데이터집합 생성 : 데이터집합 생성 절차 또한 예제:1의 (16)부터 (18)까지와 유사하다. 다만 〈그림 8-25〉의 개념도에 나타나 있듯이 3개의 테이블이 동일한 데이터집합을 사용하도록 지정하는 점이 예제:1과 다른 점이라 할 수 있다. 즉, 데이터 집합 생성 창에서 〈데이터 집합에 추가할 테이블 선택(C)〉시 세 테이블을 모두 선택함으로서 모든 테이블이 데이터집합 DataSet1을 사용하도록 지정한다.

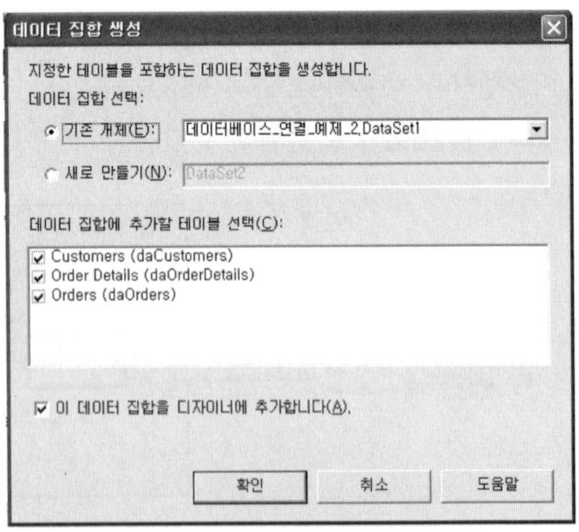

〈그림 8-27〉 데이터집합 생성

- 테이블 관계 생성 : 이미 설명한 바와 같이 '연결되지 않은 환경'에서는 각 테이블이 서로 다른 데이터 소스에서 검색되어 올 수도 있는 유연성을 가지고 있다. 따라서 데이터집합에 검색되어온 각 테이블의 관계를 스키마 보기를 사용하거나 혹은 프

로그램 코드로 생성해주어야 한다. 데이터테이블들 사이의 관계는 데이터관계 객체가 서비스한다. 데이터관계 객체(Data Relation Object)는 두 테이블 사이의 관계를 정의하는 객체로서 부모 레코드에 대한 자식 레코드들을 표시하는 관계를 설정한다. 데이터집합 객체는 테이블들 사이의 관계를 직접적으로 지원하지 않으며, 부모(master) 테이블과 자식(detail) 테이블 간의 공통 속성인 외래키를 이용하여 데이터관계 객체를 생성한다. 스키마 보기에서 관계객체를 생성하는 절차는 다음과 같다.

(18-1) 스키마 보기 메뉴

데이터집합객체 'DataSet11'을 선택하고 오른쪽 마우스버튼을 클릭하여 '스키마 보기'를 선택한다.

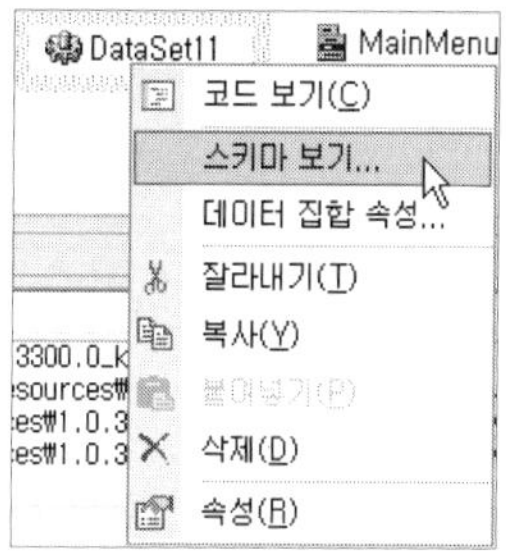

(18-2) 그래픽형 스키마

데이터집합에 상호관계가 없는 테이블들이 있음을 볼 수 있다.

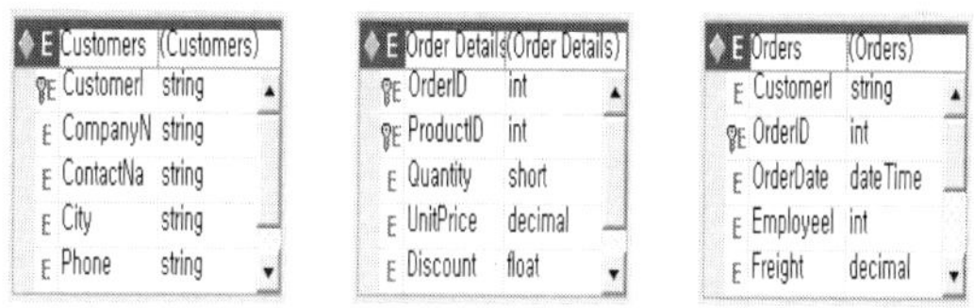

(18-3) 새 관계 메뉴

Customers 테이블 스키마를 선택하고 오른쪽 마우스버튼을 클릭하여 '추가 → 새 관계'를 선택한다.

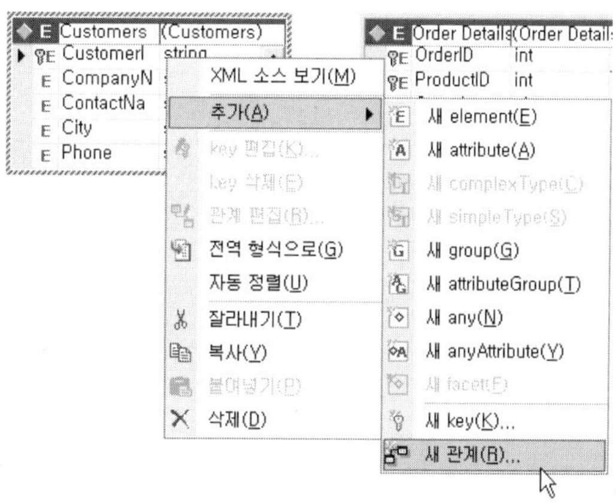

(18-4) 관계 편집 창

관계 편집 창에서 부모 요소에 'Customers' 테이블을, 자식 요소에 'Orders' 테이블을 선택한다. 필드항목에서 공통필드인 'CustoemrID'로 1대 다수 관계가 설정됨을 알 수 있다.

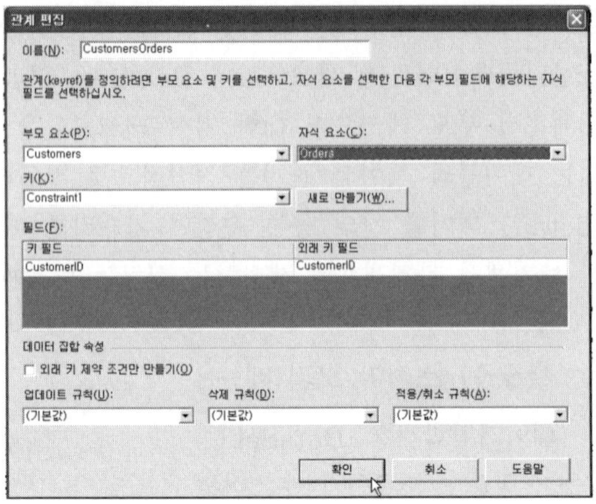

(18-5) 고객-주문 관계 형성

스키마 창에서 Customers 테이블과 Orders 테이블의 관계를 그림으로 확인할 수 있다.

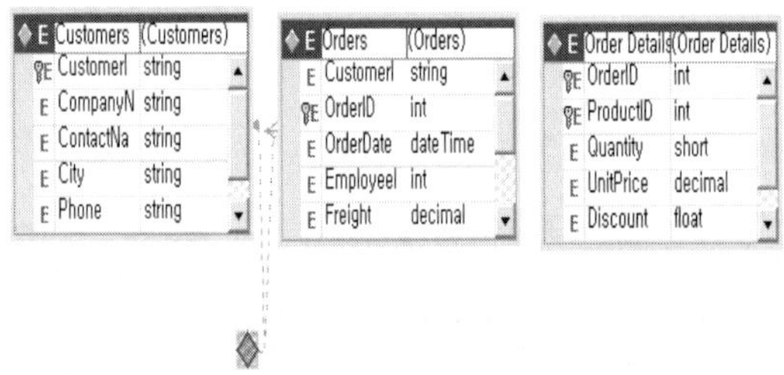

(18-6) 새 관계 메뉴 선택

Orders 테이블과 Order_Details 테이블간의 관계설정을 위하여 Order 테이블을 선택하고 오른쪽 마우스를 클릭하여 '추가 → 새 관계'를 선택한다.

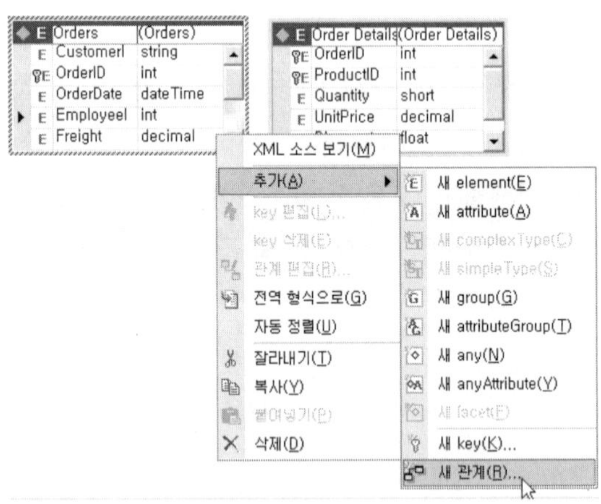

(18-7) 주문-주문내역 관계설정

관계 편집 창에서 부모 요소에 'Orders' 테이블을, 자식 요소에 'Order Details' 테이블을 선택한다. 필드항목에서 공통필드인 'OrderID'로 1대 다수 관계가 설정됨을 알 수 있다.

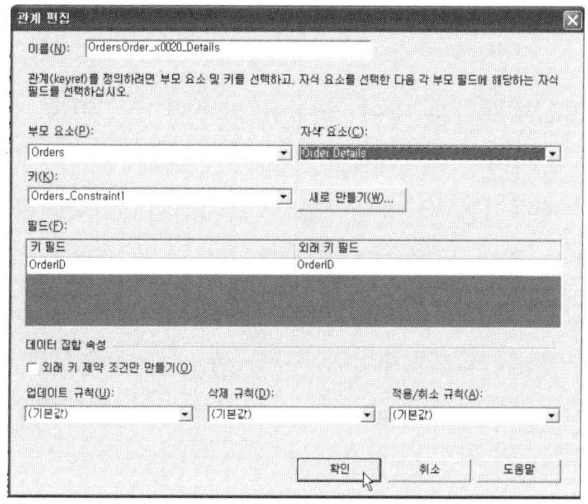

(18-7) 관계설정 결과

데스키마 창에서 'Customers→Orders→Order Details' 테이블의 관계가 정상적으로 설정되었다.

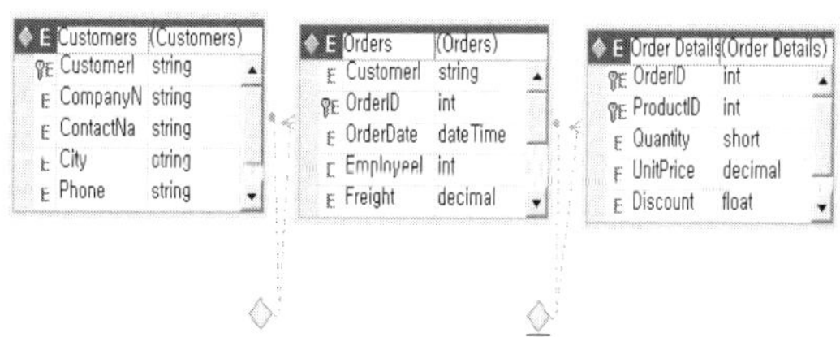

(18-8) XML 메뉴

데이터스키마 창의 하단 좌측에서 스키마의 XML 버전을 보기 위하여 〈XML〉 버튼을 선택한다.

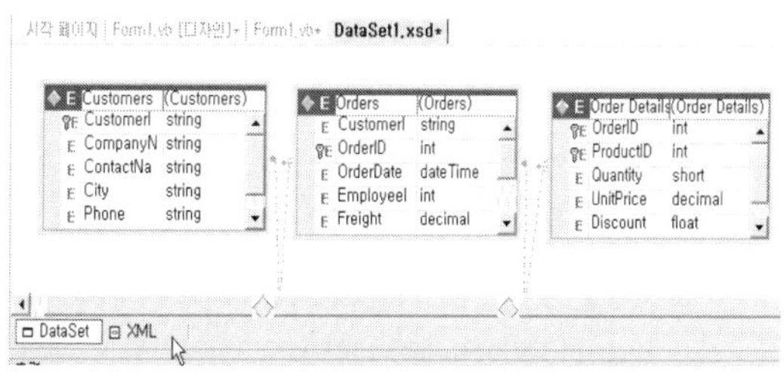

(18-9) XML형 스키마

'Customers→Orders→Order Details' 테이블 관계에 대한 XML 코드를 확인할 수 있다. 서버와 클라이언트 사이에는 XML 버전의 스키마를 주고받는다.

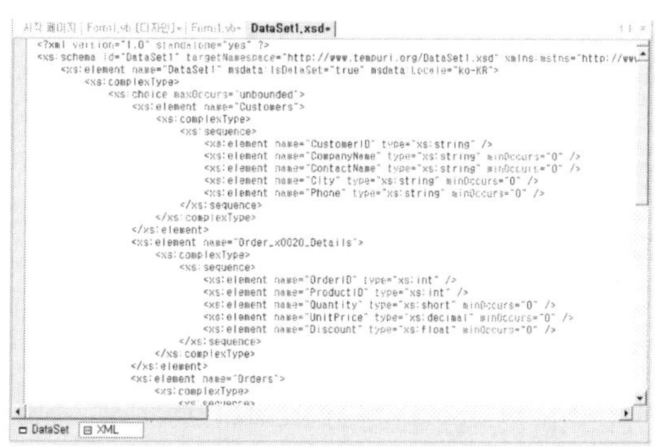

이벤트 프로그래밍

예제:2도 예제:1과 같이 '테이블 채우기' 및 '종료' 등 두 가지 이벤트가 있으며, 이벤트 프로시저에서 행하여야 할 과제도 유사하여 예제:1의 세부절차 (21)부터 (25)까지를 행하면 된다. 다만 예제:2에서는 세 개의 서로 다른 데이터어댑터를 이용하여 각 데이터테이블들을 데이터집합에 채우는 것이 예제:1과 다르다.

- 테이블 채우기(MenuItem2_Click) 이벤트 프로시저 프로그래밍 : '데이터 채우기'를 실행할 이벤트 프로그래밍을 한다. 즉, 데이터어댑터로 데이터집합을 채우는 명령을 작성한다. 데이터어댑터(OleDbDataAdapter1)가 데이터소스를 연결하여 정의된 SQL문에 따라 데이터 부분 집합을 검색하는 서비스는 Fill 메소드가 제공한다. 따라서 다음과 같은 '데이터어댑터로 고객 테이블을 데이터집합에 채우라'라는 의미의 명령어를 코딩한다.

  daCustomers.Fill(DataSet11)

  데이터어댑터로 주문 테이블을 데이터집합에 채우라라는 명령어와 주문내역 테이블을 데이터집합에 채우라라는 명령어가 같은 형식으로 코딩한다.

  daOrders.Fill(DataSet11)
  daOrderDetails.Fill(DataSet11)

- 종료(MenuItem3_Click) 이벤트 프로시저 프로그래밍 : 이 이벤트 프로시저는 사용자가 메뉴항목에서 '종료'를 선택할 때 실행되며 애플리케이션을 종료시키면 된다. 애플리케이션을 종료시키는 명령어는 'End' 명령이다.

(25) 이벤트 프로그래밍 결과

daCustomers, daOrders 및 daOrderDetails는 데이터어댑터의 사용자 정의 이름이다.

```
Public Class Form1
    Inherits System.Windows.Forms.Form

[Windows Form 디자이너에서 생성한 코드]

    Private Sub MenuItem2_Click(ByVal sender As System.
        daCustomers.Fill(DataSet11)
        daOrders.Fill(DataSet11)
        daOrderDetails.Fill(DataSet11)
    End Sub

    Private Sub MenuItem3_Click(ByVal sender As System.
        End
    End Sub
End Class
```

실행 및 디버깅

예제:2의 실행은 예제:1과 유사하다. 즉, '연결되지 않은 환경'이기에 '테이블 채우기' 이벤트를 실행하여야만 데이터테이블이 데이터그리드에 출력되어진다. 다만 예제:2는 고객, 주문 및 주문내역 등 3개의 테이블이 데이터집합에 위치하고 각 테이블은 관계객체를 이용하여 상호 관

계를 형성하였기에 다음의 세부절차에 나타나는 바와 같이 관계 검색의 기능을 데이터그리드가 제공한다.

(28) 실행화면

실행 초기화면에는 데이터가 데이터그리드에 나타나지 않는다.

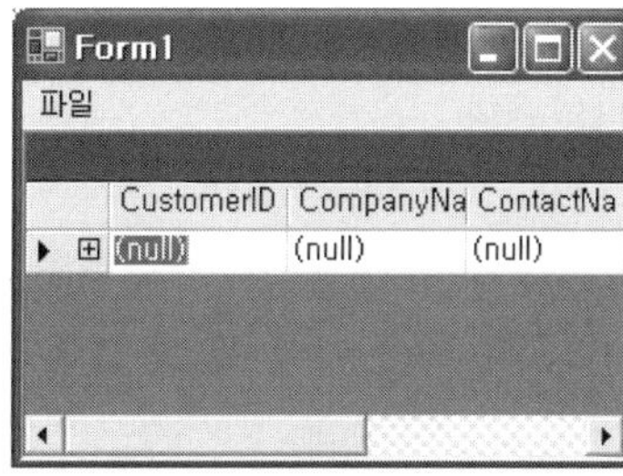

(29) '테이블 채우기'메뉴

'테이블을 채우기' 이벤트를 실행하기 위하여 메뉴항목을 선택한다.

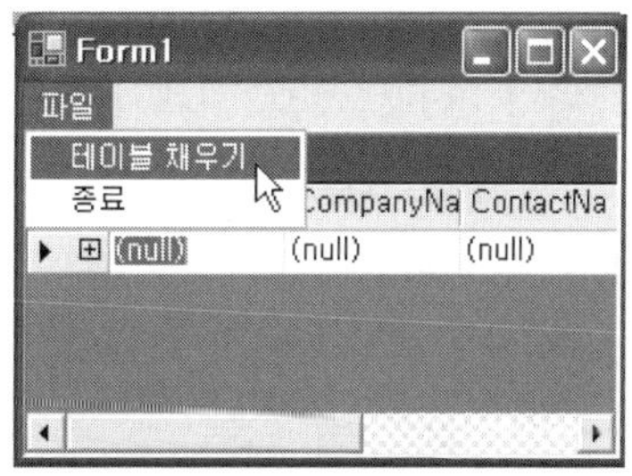

(30) '테이블 채우기'결과

'테이블 채우기' 이벤트 결과로 데이터그리드에 Customers 테이블 내용이 출력된다.

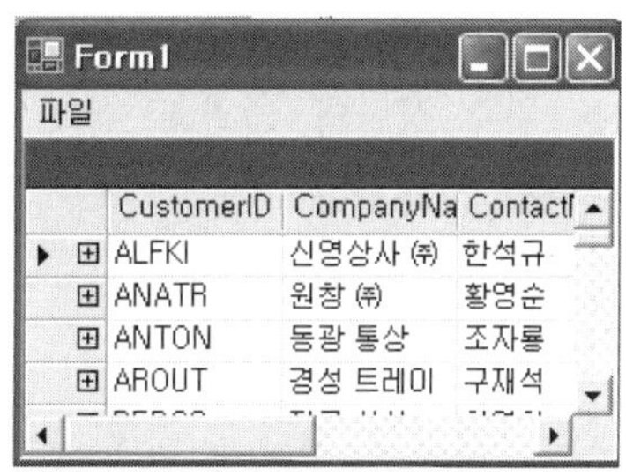

(31) 주문 관계 검색

고객 레코드를 클릭하면 해당 고객에 대한 주문을 관계 검색할 수 있는 메뉴가 나타난다.

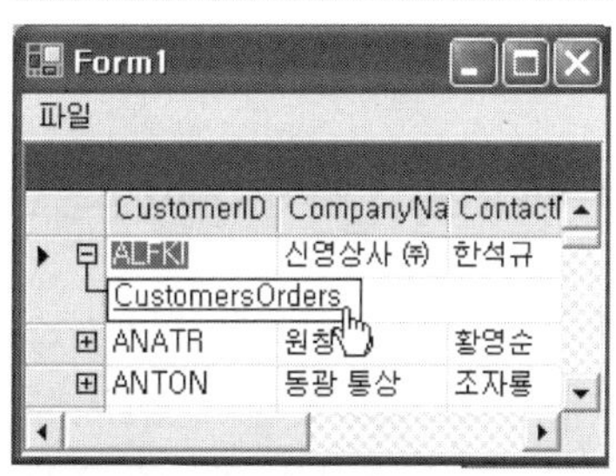

(32) 주문 관계 검색 결과

주문 관계 검색 결과가 나타난다. 이때 부모 고객 레코드의 내용은 상단에 나타난다.

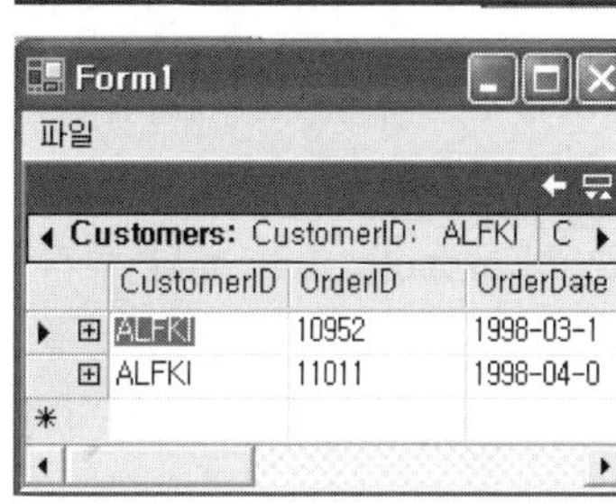

(33) 주문내역 관계 검색

주문 레코드를 클릭하면 해당 주문에 대한 주문내역을 관계 검색할 수 있는 메뉴가 나타난다.

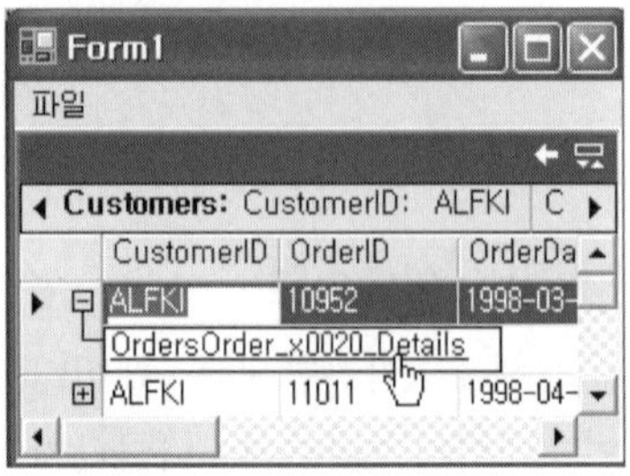

(34) 주문내역 관계 검색 결과

주문 관계 검색 결과가 나타난다. 이때 부모 고객 레코드와 주문 레코드의 내용이 상단에 나타난다.

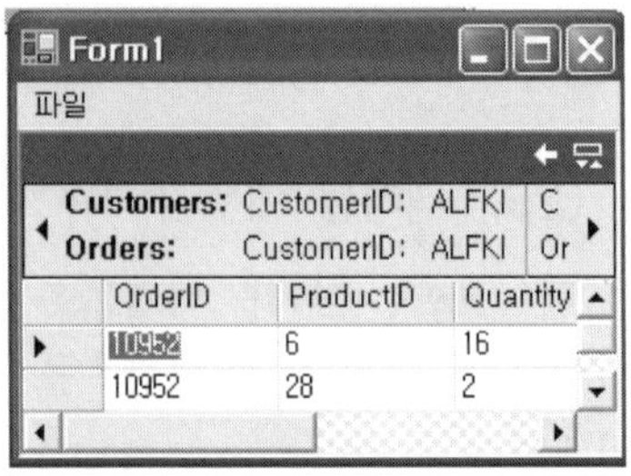

(35) 관계 역 검색

관계를 역 검색하고자 한다면 우측 상단의 역관계 검색 버튼을 선택한다.

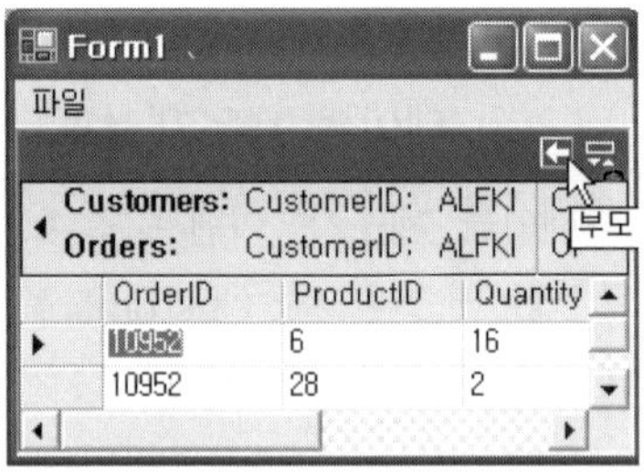

8.8절 데이터베이스 애플리케이션 예제:3 - SQL 조회

8.8절에서는 SQL을 이용하여 데이터베이스를 검색하는 애플리케이션을 작성한다. 예제:1과 예제:2는 데이터어댑터를 생성할 때 SQL문을 정의하였기에 비록 '테이블 채우기' 이벤트가 발생하였을 때 최신의 데이터테이블 내용을 검색하였더라도 항상 동일한 형태의 데이터 테이블만 검색할 수가 있었기에 검색되어지는 테이블이 정적이라 할 수가 있다. 이런 정적 형태의 프로그램은 검색 조건이 바뀔 때마다 새로이 프로그래밍 하여야 하는 단점이 있다. 이러한 단점을 해결하기 위하여서는 Microsoft Access의 쿼리 객체에서 SQL 보기처럼 손쉽게 SQL문을 작성하고, 이를 이용하여 데이터베이스를 다양하게 검색할 수 있는 동적인 프로그램이 필요하다.

그러나 Microsoft Access의 마법사처럼 GUI를 화려하게 구성하고 사용자가 손쉽게 사용할 수 있도록 하기 위해서는 데이터베이스 기법보다는 비주얼베이직 프로그래밍 테크닉을 더 많이 필요로 한다. 본 교재는 데이터베이스 학습을 위한 교재이기에 비주얼베이직 요소는 최소화하고 어떤 방식으로 데이터베이스를 SQL을 이용하여 동적인 검색을 할 수 있는가에 초점을 맞추기로 한다.

예제:3의 과제를 다음과 같이 정의한다.

- 예제 과제 : 사용자로부터 애플리케이션 실행 중에 SQL문을 입력받고, 이를 이용하여 Northwind 데이터베이스를 검색하여 윈도우즈 폼에 출력한다.

위에서 정의한 예제 과제 프로젝트를 수행하기 위해서는 최소한의 프로그래밍적인 요소만을 포함하더라도 ADO.NET과 비주얼베이직 프로그래밍에 대한 몇 가지 이론적인 배경을 살펴보아야 SQL을 이용한 동적인 프로그램을 작성할 수가 있기에 예제:3 프로젝트 실습 상세절차를 소개하기 이전에 ADO.NET에 대한 동적 섬색에 대한 이론적 학습을 선행하기로 한다.

ADO.NET의 동적 검색

ADO.NET을 이용한 데이터베이스 애플리케이션을 SQL문을 이용하여 동적으로 프로그래밍하기 위해서는 〈그림 8-29〉에 도식화된 것처럼 최소한 3가지가 프로그램 코드로 작성되어져야 한다. 즉, 애플리케이션이 실행 중에 데이터베이스와 동적으로 동작되려면,

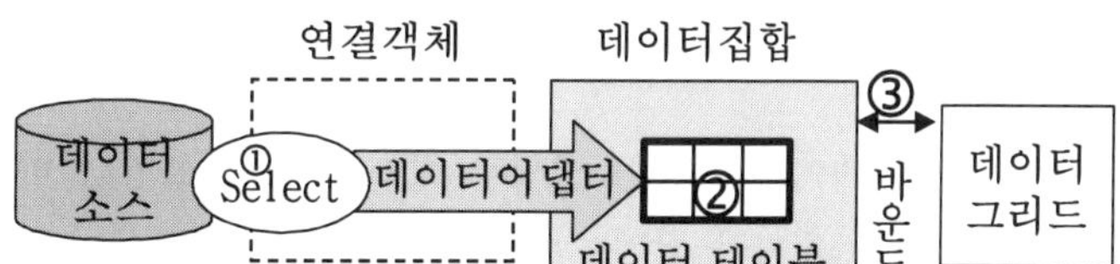

〈그림 8-28〉 동적 애플리케이션 개념도

1) 데이터어댑터를 통하여 데이터소스로부터 데이터들을 검색해 오기 위한 SQL문을 코드로 작성할 수 있어야 하며,
2) 데이터집합에 저장되는 테이블은 스키마와 같이 저장되는 것이기 때문에 구조가 다른 테이블을 검색한다면 이미 데이터집합내에 존재하는 데이터테이블은 프로그램 코드로 삭제하고, 새로운 테이블을 생성할 수 있어야 하고,
3) 데이터집합의 데이터 테이블과 데이터그리드가 동적으로 바인딩되어야 한다.

이들 각각에 대하여 보다 자세히 설명하면 다음과 같다.

- 데이터어댑터에 SQL문 동적 할당 : 데이터어댑터는 'SelectCommand'라는 주요한 속성을 가지고 있다. 이 속성은 데이터어댑터의 'Fill' 메소드가 실행될 때, 데이터 소스를 검색할 SQL문을 가지고 있다.

  'SelectCommand' 속성은 SQL 명령객체에 의하여 수정된다. 따라서 cmdSelect가 SQL 명령객체라고 가정한다면, 다음 명령문은 'OleDb 데이터어댑터의 SQL 문을 cmdSelect

명령객체의 값으로 수정하라'라는 의미가 된다.

"OleDbDataAdapter1.SelectCommand = cmdSelect"

비주얼베이직에서 새로운 객체를 생성할 때에는 'New'라는 생성 키워드를 사용하며, 새로운 이름을 정의는 'Dim' 키워드를 사용한다. 따라서 다음 문장은'OleDb 명령객체를 새로 생성하여 cmdSelect로 명명하라'라는 의미가 된다.

"Dim cmdSelect As New OleDb.OleDbCommand"

또한 명령객체를 정의할 때 두 가지 파라미터를 정의해야 하는데 하나는 SQL 문장을 문자열(string) 형식으로 기억하고 있는 변수명(EnterSql)과 해당 SQL 문장이 사용될 연결객체(OleDbConnection1)를 파라미터로 정의하여야 한다.

EnterSql이 "Select * From Customers;"와 같은 SQL 문장을 문자열 형식으로 저장하고 있는 변수라고 할 때, 데이터어댑터에 SQL문을 동적으로 할당하기 위한 코드는 〈코드 8-1〉과 같이 예시된다.

```
' 데이터어댑터가 사용할 SQL 명령객체를 정의
Dim cmdSelect As New OleDb.OleDbCommand(EnteredSql, OleDbConnection1)
' 데이터어댑터에 SQL명령 전달
OleDbDataAdapter1.SelectCommand = cmdSelect
```

〈코드 8-1〉 데이터어댑터에 SQL문 동적 할당하는 코드

- 데이터 테이블의 동적 생성과 삭제 : 이미 설명한 바와 같이 데이터집합내에서 데이터 테이블은 스키마와 함께 저장된다. 따라서 만약 데이터어댑터가 내용이 상이한 SQL문을 이용하여 데이터베이스를 검색하였다면 검색된 데이터테이블은 데이터 집합에 이미 저장되어 있는 데이터 테이블과는 구조가 상이하게 될 것이다. 상이한 구조의 데이터테이블을 데이터집합에 이미 존재하고 있던 데이터테이블에 저장하고자 한다면 스키마와 상충되어 오류가 발생하게 된다. 따라서 새로운 구조의 데이터테이블을 저장하고자 한다면 데이터집합에 존재하는 이전의 데이터테이블은 삭제하고 새로운 데이터테이블을 생성하여야 한다.

〈코드 8-2〉는 데이터테이블의 동적 삭제와 생성을 위한 코드를 예시한 것이다. "DataSet11.Tables"은 데이터집합 DataSet11에 생성되어져 있는 모든 데이터테이블들을 나타낸다. 즉, "DataSet11.Tables("Customers")" 코드는 데이터집합 내에 있는 데이터테이블 중에서 "Customers" 데이터테이블을 지칭하게 된다. 데이터테이블은 'Remove' 메소드에 의하여 삭제된다. 따라서 "DataSet11.Tables.Remove("Customers")" 문장은 '데이터집합 DataSet11에 저장되어 있는 데이터테이블 Customers를 제거하라'라는 의미가 된다.

데이터테이블은 'Add' 메소드에 의하여 생성할 수 있다. "New DataTable("Customers")"라는 코드의 의미는 '새로운 데이터 테이블 Customers를 생성하라'라는 의미이다. 따라서 "DataSet11.Tables.Add(New DataTable("Customers"))" 명령의 의미는 '데이터테이블 Customers를 생성하여 데이터집합 DataSet11에 추가하라'라는 의미가 된다.

```
' 데이터집합의 기존 데이터테이블 삭제
DataSet11.Tables.Remove("Customers")
' 데이터집합에 새로운 테이터테이블 생성
DataSet11.Tables.Add(New DataTable("Customers"))
```

<코드 8-2> 데이터테이블을 동적으로 생성하고 삭제하는 코드

비록 동일한 이름의 데이터테이블을 삭제하고 생성하였으나, 새로이 만들어진 "Customers" 데이터테이블은 이선의 "Customers" 데이터테이블과는 전혀 다른 스키마를 갖는다. 즉 새로운 "Customers" 데이터테이블은 새로운 SQL 문장에 의하여 검색된 데이터들을 저장하는 테이블을 나타내며, 다만 테이블 이름만을 그냥 "Customers"라고 사용하는 것 뿐이다.

- 데이터그리드의 동적 연계 : 비록 동일한 이름의 데이터테이블을 데이터집합에서 삭제와 생성을 한다고 하여도 삭제하는 순간 데이터그리드와 데이터테이블의 바인딩 관계는 소멸되게 된다. 따라서 새로운 데이터테이블을 데이터집합에 생성할 때마다 데이터그리드와 동적인 바인딩(연계)을 하여야만 출력이 정상적으로 될 수 있을 것이다. 〈코드 8-3〉은 '데이터그리드 DataGrid1의 DataSource에 데이터집합 DataSet11의 Customers 테이블 이름을 할당하라'라는 의미가 된다.

```
' 데이터그리드와 데이터테이블의 동적 연계
DataGrid1.DataSource = DataSet11.Tables("Customers")
```

<코드 8-3> 데이터그리드의 동적 바인딩

예제:3을 위한 비주얼베이직 코딩

이제까지 데이터베이스의 동적 검색을 위한 ADO.NET과 관련된 명령어를 살펴보았다면, 이제는 이를 구현하기 위한 최소한의 비주얼베이직 코드들을 살펴보기로 한다.

1) 예제과제를 수행하기 위해서는 SQL 입력 창과 검색 결과 출력을 위한 윈도우즈 폼 등, 적어도 2개의 윈도우즈 폼이 필요하다. 따라서, 디자인 보기에서 윈도우즈 폼을 추가하고, 실행 시 윈도우즈 폼을 이용한 Dialog의 생성, 출력 및 소멸에 관한 프로그래밍을 할 수 있어야 한다.
2) Clipboard를 사용하여 윈도우즈 폼 간의 데이터 교환을 할 수 있어야 하고,
3) 메시지 박스의 출력 및
4) 구조적 예외처리 방식에 대한 코드도 학습하여야 한다.

- 폼의 추가 및 실행 시 Dialog의 생성, 출력과 소멸 : 일반적으로 애플리케이션은 하나 이상의 윈도우즈 폼으로 만들어진다. 예제:3 프로젝트의 과제를 수행하기 위해서도 최소한 2개의 폼이 필요하다. 하나는 이제까지의 예제와 같이 데이터그리드를 포함한 윈도우즈 폼으로서 검색결과를 출력하기 위한 것이고 다른 하나는 SQL문을 입력받기 위한 별도의 폼을 사용하고자 한다.

물론 하나의 폼에서 SQL문장을 입력받고 검색결과를 출력할 수도 있겠지만 윈도우즈 폼의 특성 중의 하나가 사용자가 정하는데 따라서 폼의 크기를 변화시킬 수 있다는 것이다. 따라서 데이터그리드의 Dock 속성을 Fill로 정의하여 전체 폼을 사용하도록 한다면 SQL 입력을 위한 별도의 폼이 필요한 것이다.

2개 이상의 폼을 사용하기 위하여서는 솔루션 탐색기를 이용하여 복수개의 폼을 정의한다. 디자인 타임 때 정의한 폼은 객체가 아닌 클래스이다. 솔류션 탐색기에서 해당 폼의 '코드보기'를 선택하여 폼에 대한 명령코드를 살펴보면 제일 첫 줄에 "Public Class Form1 Inherits System.Windows.Forms.Form"라는 명령어를 볼 수가 있다. 이 코드의 의미는 '마이크로소프트사에서 미리 정의한 Form인 System.Windows.Forms.Form로부터 상속받아(inherite) From1의 클래스를 모두가 사용할 수 있도록(public) 정의한다'라는 뜻이다. 즉 Form1은 클래스이기에 실행 시에 객체로 생성하여야 한다. 다만 폼이 하나 일 때는 실행시스템이 자동으로 Form1에 대한 객체를 생성하여 실행시킨다. 예제:3에서 SQL 입력을 위한 윈도우즈 폼이 'Form2'라고 정의되어 있다면
〈코드 10-4〉에서 예시된 바와 같이 Form2 클래스에서 상속받아 frmForSql 폼을 정의할 수 있다. 다음 명령 코드는 'frmForSql'을 Form 형식으로 정의하되(As Form) Form2에서 상속받아 생성(new Form2())하라'라는 의미이다.

"Dim frmForSql As Form = New Form2()"

생성된 폼 객체는 해당 폼의 기능이 끝나기 전에는 다른 폼으로 포커스를 움직일 수 없도록 하는 모달 형식의 출력과 기능의 종료 여부와 관계없이 자유로이 포커스를 다른 폼으로 이동이 가능한 모달리스 형식으로 출력할 수가 있다. 모달 형식의 폼은 메시지박스, 글꼴 창, 인쇄 창 등에서 흔히 활용된다. 폼의 출력 형태를 모달 또는 모달리스 형식으로 결정하는 것은 폼의 'ShowDialog' 메서드(모달형식)를 사용하거나 또는 'Show' 메서드(모

달리스형식)를 사용하면 된다. 본 예제에서는 다이얼로그 형의 모달 폼을 사용할 것이기에 "frmForSql.ShowDialog()" 명령 코드를 사용한다.
frmForSql 폼이 'ShowDialog' 메소드에 의하여 모달형식으로 출력된 이후 폼은 일정 기간이후에 소멸될 것이다. 즉 사용자가 윈도우즈 폼의 우측상단에 있는 '폼 종료' 버튼을 클릭하여 폼을 강제로 종료시키거나 또는 기능을 다하여 프로그램 코드에 의하여 종료할 것이다. 따라서 Form2 클래스에서 "Me.Dispose()"라는 명령으로 Form2를 소멸시킬 수 있으며, 이는 'Form2인 나(me)를 소멸(Dispose) 시켜라'는 의미이다.

```
' frmForSql을 Form2형의 폼으로 생성
Dim frmForSql As Form = New Form2()

' frmForSql을 dialog형으로 출력
frmForSql.ShowDialog()
```

<코드 8-4> 폼의 생성과 Dialog 형으로 출력

- Clipboard를 이용한 폼 간의 데이터 교환 : 두 개의 윈도우즈 폼 사이에 데이터 교환이 이루어질 경우가 왕왕 있다. 본 예제에서도 Form2에서 입력받은 SQL문을 Form1으로 전달하여야 한다. 다양한 방법으로 폼간 데이터를 교환할 수 있지만 예제:3에서는 클립보드(Clipboard)를 사용하기로 한다. 클립보드란 복사하기와 붙여넣기에 활용되는 윈도우즈 시스템에서 제공하는 기능으로서 'SetDataObject' 메소드로 클립보드에 개체(object)를 저장하고 'GetDataObject' 메소드로서 클립보드에서부터 개체를 붙여 넣을 수 있다.

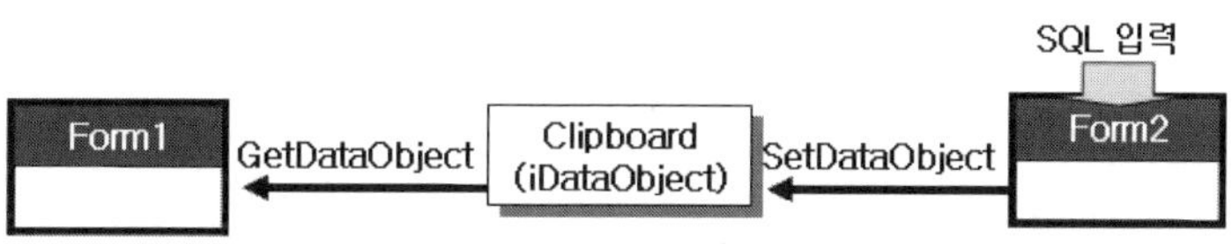

<그림 8-29> 클립보드를 이용한 데이터 교환 개념도

클립보드에는 SQL문과 같은 텍스트만 저장할 수 있는 것이 아니라 그림, 파일 등 어떤 개체라도 자유롭게 저장할 수 있기에 'iDataObject' 개체를 사용한다.
입력된 SQL문이 RichTextBox 컨트롤의 Text 속성에 저장된다고 가정할 때, 클립보드에 입력된 SQL문을 저장하는 명령은 "Clipboard.SetDataObject(RichTextBox1.Text)"이며 이는 'SetDataObject 메소드를 사용하여 클립보드에 RichTextBox1의 Text를 저장하라'라는 의미이다.

```
' 클립보드에 입력된 SQL 문 저장
Clipboard.SetDataObject(RichTextBox1.Text)
```

<코드 8-5> 클립보드에 입력된 SQL문 저장하기

클립보드에서 저장된 SQL문을 가져오는 것은 약간의 프로그램적인 테크닉이 필요하다. 즉, 클립보드에 저장되는 데이터 형식은 텍스트뿐만 아니라 다양한 형태이기에 iDataObject형태로 저장되기에 이를 문자열로 바꾸는 절차가 필요하게 된다. "Dim iData As IDataObject = Clipboard.GetDataObject()" 문장은 'iData를 iDataObject 형식으로 정의하되 그 값은 클립보드에서 가져오라'라는 뜻의 문장이다. iDataObject형 개체인 iData는 다양한 형식을 가질 수 있기에 'GetDataPresent' 메소드로서 그 형식을 테스트 할 수 있다. "If iData.GetDataPresent (DataFormats.Text) Then" 명령은 'iData의 저장된 데이터형식(DataFormats)이 Text형이면 then 블록을 수행하라'라는 의미이다. 또한 'Ctype'은 데이터형식을 바꾸어주는 시스템함수이기에 "EnteredSql = CType(iData.GetData(DataFormats.Text), String)" 문장은 'iData에서 Text형의(DataFormats.Text) 자료를 가져와서(GetData) 문자열(string)로 바꾸어 EnteredSql에 치환하라'라는 뜻이 된다.

```
' 클립보드로부터 데이터를 저장하기 위하여 IDataObject 형 iData정의
Dim iData As IDataObject = Clipboard.GetDataObject()
' 입력된 SQL을 저장하기 위한 변수 정의
Dim EnteredSql As String

' 클립보드에서 가져온 iData가 Text형 자료이면
If iData.GetDataPresent(DataFormats.Text) Then
    ' 문자열로 바꾸어 EnterSql로 저장
    EnteredSql = CType(iData.GetData(DataFormats.Text), String)
Else
    ' SQL이 입력되지 않은 것으로 간주
    EnteredSql = ""
End If
```

<코드 8-6> 클립보드에 저장된 개체(SQL문) 가져오기

- 메시지박스 출력과 사용자 선택에 따른 반응 : 비주얼베이직의 메시지는 MessageBox라는 개체로 정의되어 있다. 이 개체는 Show 메서드에 의해서 화면에 출력되며 Show 메서드에 대한 메시지로서 (출력할 문자열, 메시지박스 창 타이틀, 버튼, 아이콘) 순서로 정의해주면 된다. 따라서 "myDialogResult = MessageBox.Show(RichTextBox1.Text, "SQL 입력 확인 창", MessageBoxButtons.OKCancel, MessageBoxIcon.Exclamation)" 명령 코드는 '메시지박스를 출력하고 사용자의 버튼 선택 결과를 myDialogResult에 저장하라'라고 명령하게 된다. 즉, MessageBoxButtons.OKCancel 코드에 의해 메시지박스에는 확인(Ok) 버튼과 취소(cancel) 버튼이 나타나게 되며, 사용자는 확인이나 취소를 하게 된다. '사용자 선택에 따라(Select Case myDialogResult) 사용자의 반응결과가 확인이면(Case DialogResult.OK) 해당 Case 블록을 수행하고, 반응결과가 취소이면(Case DialogResult.Cancel) 클립보드에 아무 것도 저장하지 말라(Clipboard.SetDataObject("")))'라는 명령을 하게 된다.

```
' 사용자 선택을 저장할 개체 선언
Dim myDialogResult As DialogResult
' 메시지박스를 출력하고 사용자 선택을 확인
 myDialogResult = MessageBox.Show(RichTextBox1.Text, _
                       "SQL 입력 확인 창", _
                       MessageBoxButtons.OKCancel, _
                       MessageBoxIcon.Exclamation)

Select Case myDialogResult
    Case DialogResult.OK
        If RichTextBox1.Text <> "" Then
            ' 클립보드에 입력된 SQL 문 저장
            Clipboard.SetDataObject(RichTextBox1.Text)
            ' 현 Form2 객체의 소멸
             Me.Dispose()
        End If
    Case DialogResult.Cancel
    ' Do nothing
        Clipboard.SetDataObject("")
End Select
```

<코드 8-7> 메시지박스와 사용자 선택에 따른 반응

- 구조적 예외처리 : 애플리케이션이 실행될 때에 프로그램 코드로 방지할 수 없는 예기치 못한 예외(exception)가 발생되기도 한다. 예를 들어보자면 원격 데이터소스에 접속하였는데 서버가 다운되어 있다거나, 네트워크상에서 통신장애가 발생하는 등 하드웨어적 장애 때문에 프로그램이 더 이상 실행할 수 없는 상황이 발생되기도 한다.
  사용자가 입력한 SQL문을 이용하여 데이터베이스를 검색할 때에는 전술한 하드웨어적인 장애적 요소뿐만 아니라 SQL문이 잘못되어 오류가 발생하는 것이 일반적이다. SQL문은 비주얼베이직 시스템이 해석하는 것이 아니라 데이터어댑터가 데이터베이스를 검색할 때 데이터베이스 시스템이 해석하고 실행하는 것이다. 따라서 SQL문이 잘못되었을 경우에는 데이터베이스 시스템이 오류를 통보하게 되고 애플리케이션은 더 이상 실행을 하지 못하고 중단해야만 한다.
  비주얼베이직 명령 중에는 외적인 장애로 인하여 애플리케이션이 중단상태에 빠지는 것을 구조적으로 방지하기 위한 'Try ... Catch ... End Try'문이 제공된다. 먼저 오류를 발생시킬 가능성이 있는 문장들을 'Try' 키워드 다음에 위치시킨다. 만약 Try와 Catch 사이의 명령을 수행하다 오류가 발생하면 Exception 개체를 통하여 오류 메시지를 통보받게 된다. 따라서 "Catch ex As Exception"명령은 '오류가 발생되면 시스템 오류개체 Exception으로부터 메시지를 통보받고 오류를 붙잡아(Catch) Catch 아래 문장을 수행하라'라는 의미가 된다. 이렇게 'Try ... Catch ... End Try' 문을 사용함으로서 애플리케이션은 의도치 않은 중단 상태를 극복할 수 있을 뿐만 아니라 오류메시지도 직접 확인할 수가 있게 된다.

```
Try
    ' 오류를 발생시킬 가능성이 있는 문장들의 위치

Catch ex As Exception
    MessageBox.Show(ex.ToString, _
        "데이터베이스 오류 메시지 창", _
        MessageBoxButtons.OK, MessageBoxIcon.Error)
End Try
```

〈코드 8-8〉 구조적 예외처리 Try ... Catch ... End Try

애플리케이션 시나리오 작성

예제:3 프로젝트를 개발하기 위한 시나리오를 다음과 같이 전개한다.

- 시나리오 : 최초 실행 시 〈그림 8-30〉과 같이 Customers 테이블 내용이 출력되도록 한

다. 사용자가 <그림 8-31>와 같이 'SQL 입력하기' 메뉴항목을 선택하면 <그림 8-32>과 같은 SQL 입력기 폼이 출력되도록 한다. <그림 8-33>와 같이 사용자가 SQL문을 입력하고 '확인' 버튼을 선택하면 <그림 8-34>와 같이 'SQL 입력 확인 창'이 메시지 박스로 출력되도록 하고, 사용자가 SQL을 확인하면 해당 SQL을 실행시켜 <그림 8-35>과 같이 출력되도록 한다.

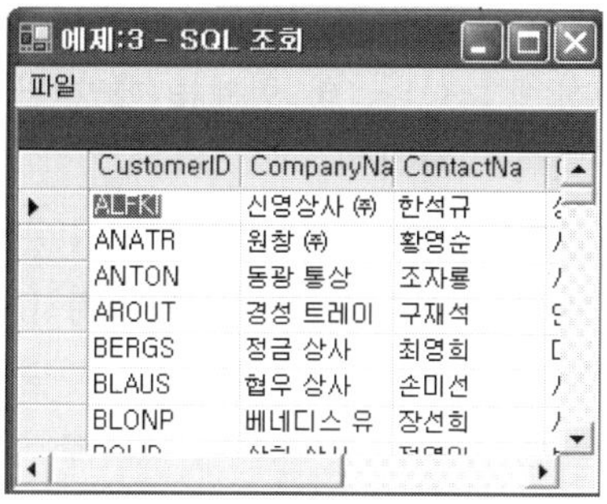

<그림 8-30> 최초 실행 시 GUI

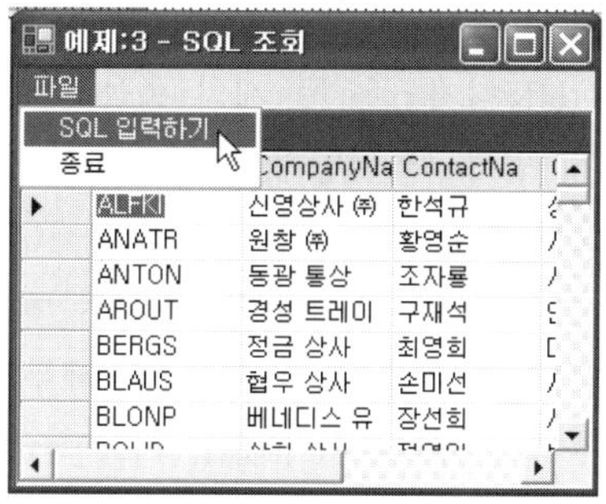

<그림 8-31> SQL 입력하기 선택

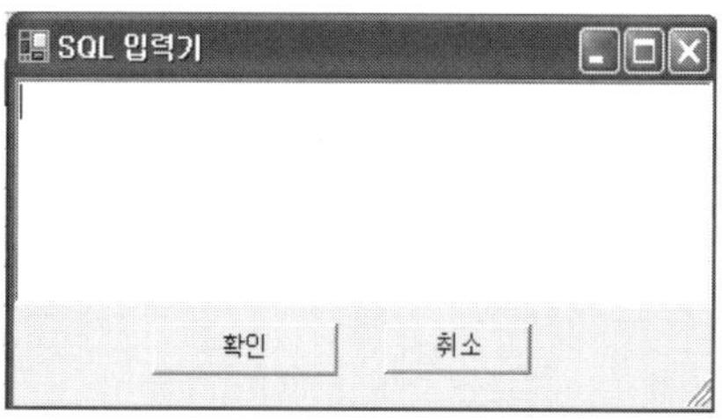

<그림 8-32> SQL 입력기 폼

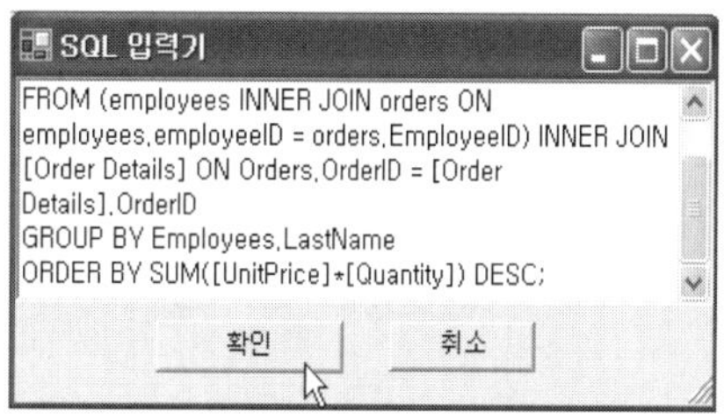

<그림 8-33> SQL 입력

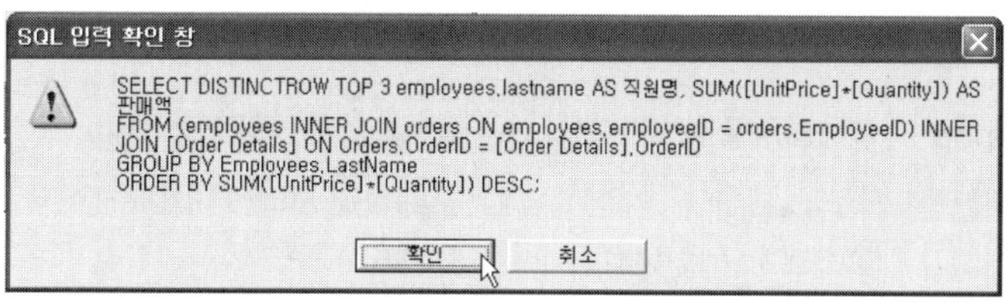

<그림 8-34> SQL 입력 확인 창

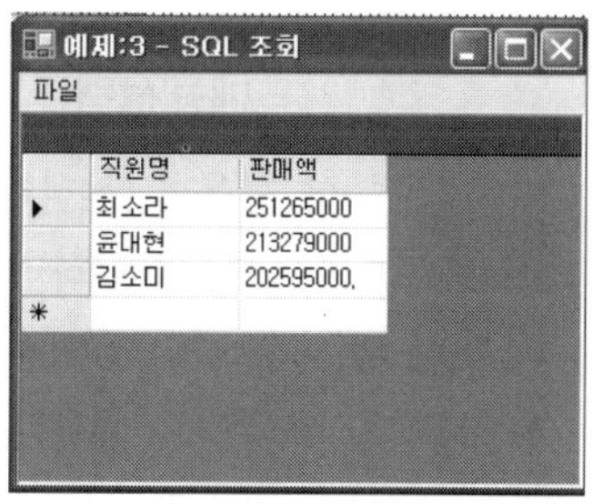

<그림 8-35> SQL 실행 결과

윈도우즈 프로젝트 시작과 빈 윈도우 폼 생성

'윈도우즈 프로젝트 시작과 빈 윈도우 폼 생성'에 대한 상세한 절차는 예제:1의 (1)과 (2)를 참조하기 바란다.

GUI 디자인

예제:3의 GUI 디자인은 두 개의 폼을 디자인하여야 한다. 첫 번째는 메인 윈도우즈 폼이며 두 번째는 'SQL 입력 확인 창'을 추가하고 디자인하여야 한다.

- 메인 윈도우즈 폼 디자인 : 〈그림 8-30〉과 같은 메인 윈도우즈 폼의 GUI 디자인은 예제:1의 폼 디자인과 동일하다. 따라서 예제:3의 GUI 디자인의 세부 절차 (3)부터 (11)까지를 동일하게 진행하면 된다. 다만 세부절차 (9)의 메뉴 편집을 'SQL 입력하기'로 디자인하고 세부절차 (10)에서 Form1의 〈Text〉 속성은 '예제:3 - SQL 조회'로 입력해야 한다.
- 윈도우즈 폼의 추가 : 윈도우즈 폼을 추가하는 세부 절차는 다음과 같다.

(11-1) 솔루션 탐색기

윈도우즈 폼은 솔루션 탐색기에서 편리하게 추가할 수 있다

솔루션 항목을 선택한다.

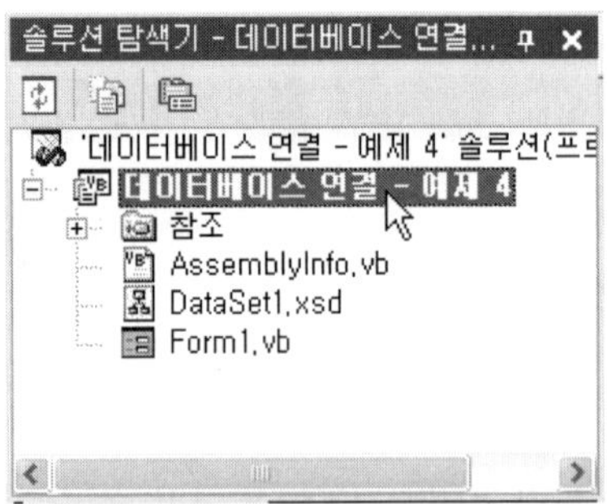

(11-2) 새 항목 추가 메뉴선택

솔루션 항목을 선택하고 우측 마우스를 클릭하면 pop up 메뉴가 나타난다. 추가→새항목 추가를 선택한다.

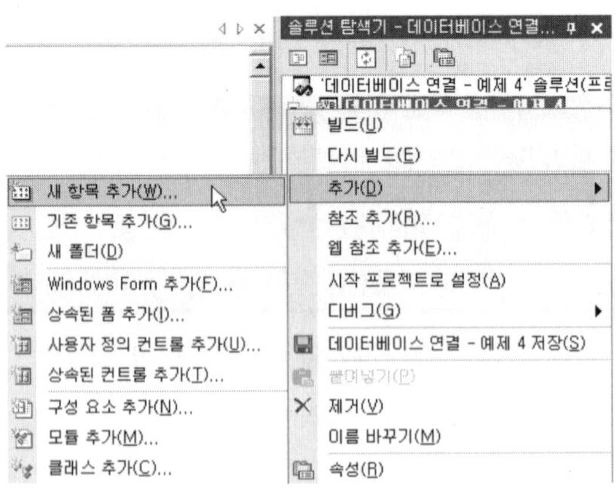

(11-3) 추가할 폼 형식 선택

'새 항목 추가' 창에서 Windows Form을 선택하고 절절한 이름을 입력한다.

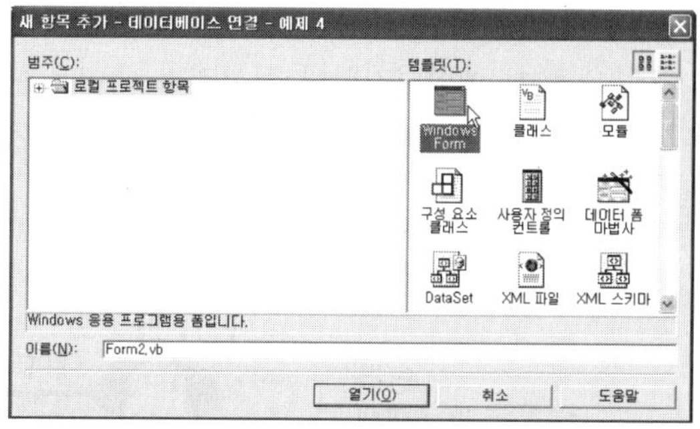

(11-4) 폼 추가 결과

추가된 윈도우즈 폼이 Form2.vb란 이름으로 솔루션 탐색기에 추가되어 있음을 알 수 있다.

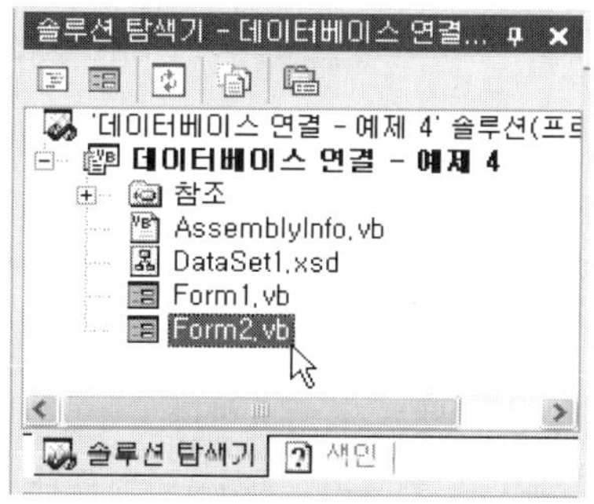

- SQL 입력기 GUI 디자인 : 〈그림 8-32〉에 예시된 바와 같은 'SQL 입력기' 윈도우즈 폼은 RichTextBox 컨트롤과 버튼 컨트롤을 사용한다. 일반적으로 짧은 텍스트를 입력하기 위해서는 TextBox가 사용되나 SQL문과 같이 긴 문자열은 RichTextBox를 사용하면 편리하다. RichTextBox는 워드프로세서의 밑판으로서 서식 있는 텍스트를 표시, 입력 및 조작하는데 편리한 컨트롤이다. Windows Forms 도구상자에서 RichTextBox를 드래그하여 윈도우즈 폼에 추가하고, 〈Dock〉 속성을 'Top'으로 설정하여 폼의 상단에 붙인다. 또한 버튼 컨트롤 2개를 드래그하여 폼에 추가하고, 각 버튼의 〈Text〉 속성을 '확인' 및 '취소'로 변경한다.

ADO.NET 객체 생성으로 데이터베이스와 애플리케이션 연결하기

예제:3 애플리케이션의 프로그램 디자인 타임에는 데이터소스에 있는 몇 개의 테이블을 액세스할지 모른다. 실행 시에 사용자가 입력한 SQL 문장의 내용에 따라 Northwind 데이터베이스의 관련 테이블을 검색할 것이다. 그러나 어떤 SQL문이 입력되더라도 SQL문이 실행된 결과는 항상 하나의 테이블로 나타난다. 따라서 애플리케이션 모델은 예제:1 - 단순 조회와 동일하다. 예제:1의 〈그림 8-17〉을 재 전재한 〈그림 8-36〉을 살펴보면 복잡한 SQL이 정의되더라도 데이

터어댑터는 데이터소스에서 검색결과를 하나의 테이블로 가져오고, 이를 Fill 메서드에 의하여 데이터집합에 채우고, 데이터집합의 검색결과 테이블은 데이터그리드에 출력될 것이다.

따라서 예제:3의 데이터베이스와 애플리케이션의 연결 상세절차는 예제:1의 (13)부터 (20)까지를 참조하기 바란다.

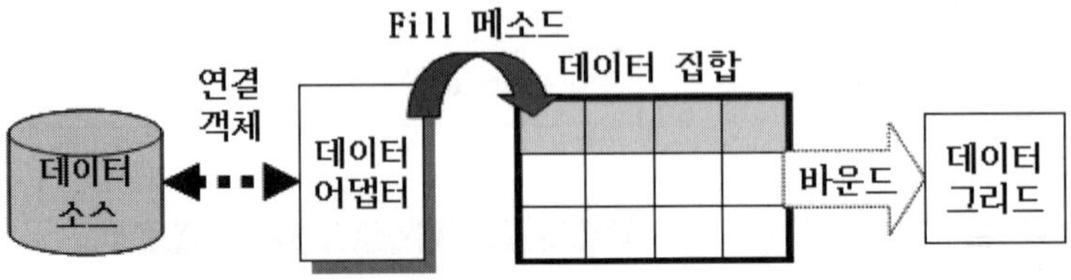

〈그림 8-36〉 (데이터소스 연결 개념도)의 재 전재

이벤트 프로그래밍

예제:3에는 보다 다양한 이벤트가 필요하다. 메인 윈도우즈 폼에서는 〈그림 10-22〉에 예시한 바와 같이 'SQL 입력하기' 이벤트와 '종료' 이벤트가 있다. 또한 이전의 예제와는 달리 〈그림 10-21〉에 나타난 바와 같이 폼이 처음 출력될 때 이미 데이터그리드에 Customers 테이블 내용이 출력되도록 하기 위해서는 폼이 출력될 시점을 제어할 수 있는 'Form_Load' 이벤트가 필요하다. 이미 예제:3의 첫 부분에서 명령어와 이와 관련된 이론적 학습을 마쳤기에 상세한 절차에 대한 설명은 생략한 채 이벤트 프로그래밍 결과만을 예시하기로 한다.

- 폼이 출력될 때(Form1_Load) 이벤트 프로시저 프로그래밍 : 폼이 출력될 때 데이터어댑터 Fill 메소드로 데이터집합을 채우고, 이 내용은 바인딩된 데이터그리드로 출력될 것이다.

■ Form1_Load 이벤트프로시저

```
Private Sub Form1_Load(ByVal sender As System.Object,
    OleDbDataAdapter1.Fill(DataSet11, "Customers")
End Sub
```

- 종료(MenuItem3_Click) 이벤트 프로시저 프로그래밍 : 'End' 명령으로서 애플리케이션을 종료시킨다.

■ 종료 이벤트 프로시저

```
Private Sub MenuItem3_Click(ByVal sender As System.Ob
    End
End Sub
```

- SQL 입력하기(MenuItem2_Click) 이벤트 프로시저 프로그래밍 : 사용자가 'SQL 입력

하기' 메뉴항목을 선택하면 'SQL 입력기' 폼을 출력하고, SQL문이 입력되면 이를 이용하여 데이터베이스를 검색하도록 이벤트 프로그래밍이 되어야 한다. 이와 관련된 이론적인 내용과 명령들은 예제:3의 'ADO.NET의 동적 검색'과 '예제:3을 위한 비주얼베이직 명령'에서 자세히 소개하였으니 참조하기 바라며 아래에 소스 코드만 제시하였다.

■ SQL 입력하기 이벤트 프로시저

```
 Private Sub MenuItem2_Click(ByVal sender As System.Object, ByVal e
As System.EventArgs) Handles MenuItem2.Click
 Try
   ' frmForSql을 Form2형의 폼으로 생성
   Dim frmForSql As Form = New Form2()
   ' frmForSql을 dialog형으로 출력
   frmForSql.ShowDialog()

   ' 클립보드로부터 데이터를 저장하기 위하여 IDataObject 형 iData정의
   Dim iData As IDataObject = Clipboard.GetDataObject()
   Dim EnteredSql As String

   ' 클립보드에서 가져온 iData가 Text형 자료이면
   If iData.GetDataPresent(DataFormats.Text) Then
       ' 문자열로 바꾸어 EnterSql로 저장
       EnteredSql = CType(iData.GetData(DataFormats.Text), String)
   Else
       ' SQL이 입력되지 않은 것으로 간주
       EnteredSql = ""
   End If
```

■ SQL 입력하기 이벤트 프로시저 〈계속〉

```
 ' SQL이 입력되었다면
  If EnteredSql <> "" Then
    ' 데이터어댑터가 사용할 SQL 명령객체를 정의
    Dim cmdSelect As New _
    OleDb.OleDbCommand(EnteredSql, OleDbConnection1)
    ' 데이터어댑터에 SQL명령 전달
    OleDbDataAdapter1.SelectCommand = cmdSelect

    ' 데이터집합의 기존 데이터테이블 삭제
    DataSet11.Tables.Remove("Customers")
    ' 데이터집합에 새로운 데이터테이블 생성
    DataSet11.Tables.Add(New DataTable("Customers"))7)

    OleDbDataAdapter1.Fill(DataSet11, "Customers")

    ' 데이터그리드와 데이터테이블의 동적 연계
    DataGrid1.DataSource = DataSet11.Tables("Customers")
  Else
    MessageBox.Show("SQL문이 입력되지 않았습니다.", _
          "SQL 입력 오류", MessageBoxButtons.OK, _
          MessageBoxIcon.Error)
  End If
Catch ex As Exception
  MessageBox.Show(ex.ToString, _
        "데이터베이스 오류 메시지 창", _
        MessageBoxButtons.OK, MessageBoxIcon.Error)
End Try

End Sub
```

7) 여기서 새로 만들어지는 데이터 테이블 이름을 "Customers"라고 하는 것은 다만 "Customers"라는 이름을 사용하는 것이다. 즉, 제일 먼저 데이터 집합을 만들때 그때 만들어진 데이터테이블이 "Customers"이므로 그 이름을 계속 사용하는 것이다. 그러나 새로 만들어진 "Customers" 데이터테이블은 데이터 소스에 저장되어 있는 "Customers" 테이블과는 무관하며, 사용자가 입력한 SQL의 실행 결과 검색된 데이터들을 포함한다.

- Form2의 폼이 출력될 때(Form1_Load) 이벤트 프로시저 프로그래밍 : SQL 입력기 폼인 Form2가 실행 중이더라도 사용자는 윈도우즈 폼 우측 상단에 위치한 윈도우즈 폼 종료 버튼을 사용하여 폼을 강제로 종료시킬 수가 있다. 이 경우에는 클립보드에 아무것도 저장하지 않고 종료하게 됨으로서 메인 폼이 Form2의 강제 종료 여부를 인지할 방법이 없다. 따라서 Form2(SQL 입력기) 폼이 출력될 때 클립보드에 "" 개체를 입력해 놓는다.

  - Form2_Load 이벤트프로시저

```
Private Sub Form2_Load(ByVal sender As System.Object, By
    ' Do nothing
    Clipboard.SetDataObject("")
End Sub
```

- Form2의 '취소' 버튼(Button2_Click)을 클릭할 때의 이벤트 프로시저 프로그래밍 : 사용자가 SQL 입력기 폼인 Form2의 '취소' 버튼을 클릭한다면 SQL 입력을 취소한 것이므로 클립보드에 ""을 저장하고 Form2를 소멸시킨다.

  - 취소 버튼을 클릭할 때

```
Private Sub Button2_Click(ByVal sender As System.Object,
    Clipboard.SetDataObject("")

    ' 현 Form2 객체의 소멸
    Me.Dispose()
End Sub
```

- Form2의 '확인' 버튼(Button1_Click)을 클릭할 때의 이벤트 프로시저 프로그래밍 : 사용자가 SQL문의 입력을 완료하고 '확인' 버튼을 선택하면 SQL문의 확인을 위하여 메시지 박스를 출력하고 '확인' 버튼을 선택하고 문자열이 입력되어져 있으면 클립보드에 저장하고 Form2를 소멸시킨다.

  - 확인 버튼을 클릭할 때

```
Private Sub Button1_Click(ByVal sender As System.Object, By

    ' 사용자 선택을 저장할 개체 선언
    Dim myDialogResult As DialogResult
    ' 메시지박스를 출력하고 사용자 선택을 확인
    myDialogResult = MessageBox.Show(RichTextBox1.Text, _
                     "SQL 입력 확인 창", _
                      MessageBoxButtons.OKCancel, _
                      MessageBoxIcon.Exclamation)

    Select Case myDialogResult
        Case DialogResult.OK

            If RichTextBox1.Text <> "" Then
                ' 클립보드에 입력된 SQL 문 저장
                Clipboard.SetDataObject(RichTextBox1.Text)
                ' 현 Form2 객체의 소멸
                Me.Dispose()
            End If

        Case DialogResult.Cancel
            ' Do nothing
            Clipboard.SetDataObject("")
    End Select

End Sub
```

실행 및 디버깅

예제:3 애플리케이션을 실행하면

■ 실행화면

예제:3 애플리케이션이 시작되면 Customers 데이터테이블이 채워진 윈도우즈 폼이 출력된다.

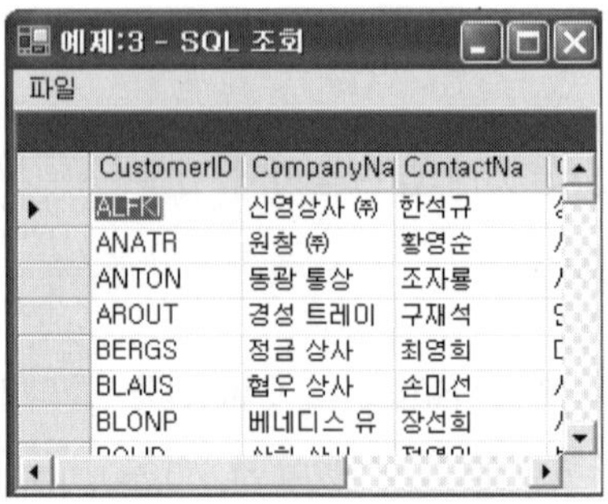

■ SQL 입력하기 메뉴항목 선택

메뉴에서 SQL 입력하기 항목을 선택한다.

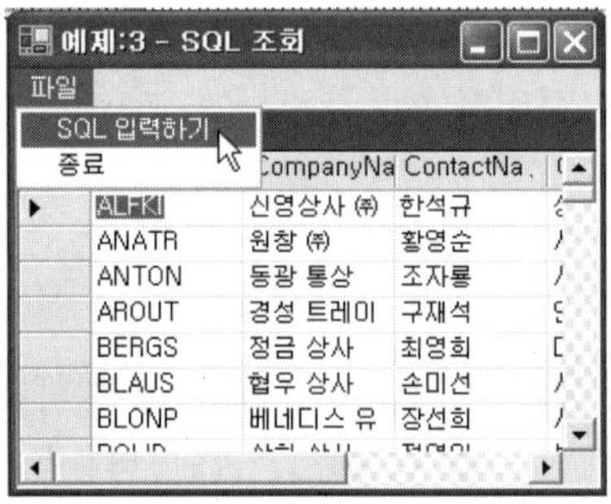

■ SQL 입력기

SQL 입력기 폼이 모달 다이얼로그 형태로 출력된다.

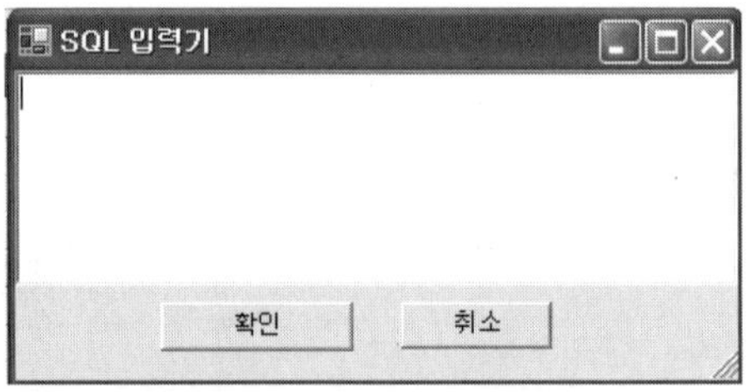

■ SQL문 입력

Northwind 데이터베이스 쿼리 중에서 '판매실적 3위 직원' SQL을 입력하였다.

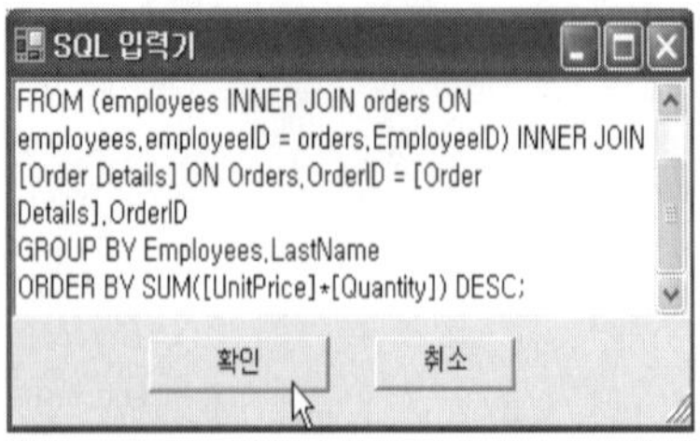

■ SQL문 확인

입력한 SQL문을 확인하고 '확인' 버튼을 선택하였다.

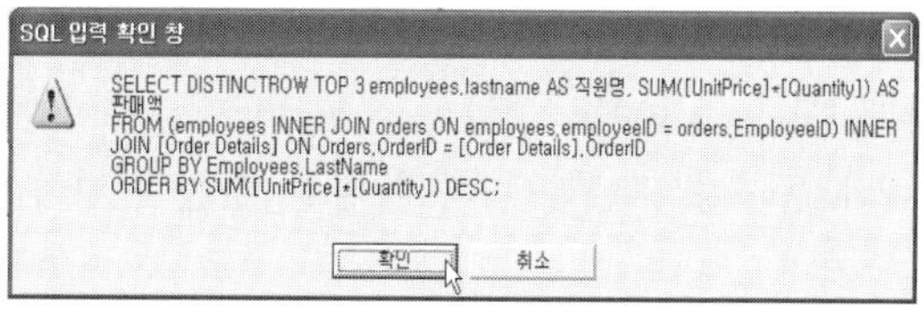

■ SQL 실행 결과

입력한 SQL문의 실행결과인 '판매실적 3위 직원'을 확인할 수 있다.

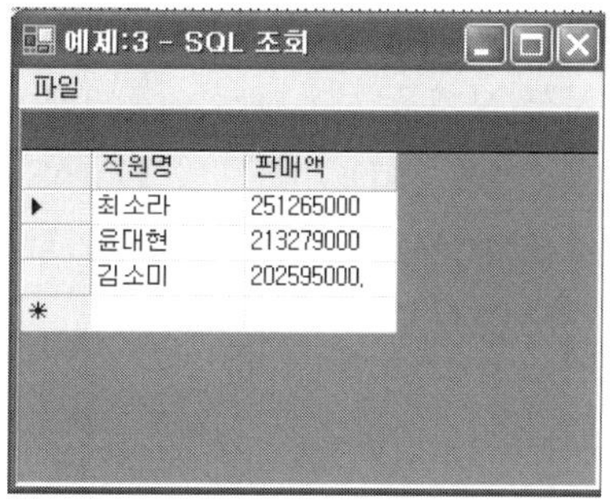

■ SQL문 오류의 경우

만약 SQL문에 오류가 있다면 Catch 문에 의 하여 '데이터베이스 오류 메시지 창'이 출력되나 애플리케이션이 중단되지는 않는다.

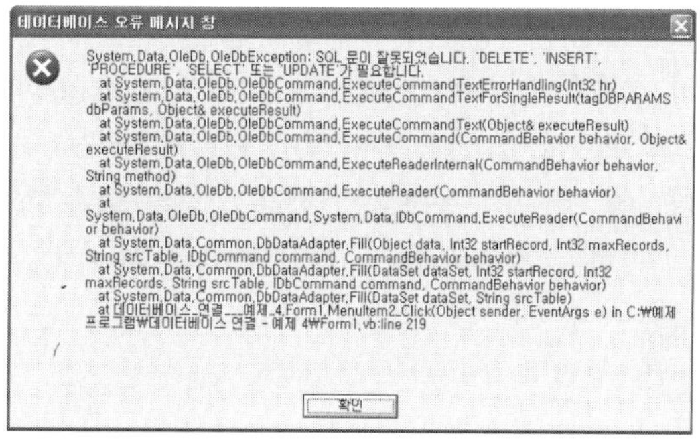

8.9절 데이터베이스 애플리케이션 예제:4 - 데이터베이스 갱신

사용자가 여럿인 환경에서 데이터를 갱신할 경우에는 동시성(concurrency)을 고려하여야 한다. 데이터베이스에 있어서 동시성이란 동일한 시간에 동일한 데이터베이스 행(Row)에 대한 데이터베이스 작업을 수행하는 것을 말한다. 특히 데이터를 변경 또는 갱신(update)할 경우 여러 사용자가 동일한 시간에 동일한 데이터를 사용할 수 있기 때문에 제반 문제가 발생할 수 있다. 이러한 데이터 갱신시 발생할 수 있는 문제들은 낙관적 동시성과 비관적 동시성 모델 중 하나를 사용하여 처리한다.

- 비관적 동시성 모델 : 데이터베이스 특정 행을 변경할 목적으로 데이터베이스 행을 읽어올 때 다른 사용자도 동일한 행을 변경할 것이라는 비관적인 예측을 기반으로 함.
- 낙관적 동시성 모델 : 나와 동일한 행을 변경하려는 사용자가 없을 것이라는 낙관적인 예측을 기반으로 함.

인터넷 사용이 일반화된 최근에는 사용자의 데이터베이스 사용 패턴이 변경보다는 검색이 대부분이며 또한 수많은 사용자 접근을 허용하기 위하여 데이터베이스 서버의 자원소모를 최소화할 수 있는 낙관적 동시성 모델을 사용하는 애플리케이션이 많다. 본 교재에서는 낙관적 동시성 모델을 예제로 제시할 것이며, ADO.NET의 DataSet 개체는 데이터를 원격으로 사용하거나 사용자가 데이터와 상호 작용하는 경우와 같이 장기적으로 실행되는 작업에 대해 낙관적 동시성을 사용하기 적합하게 디자인되었다.

- 비관적 동시성 모델 : 비관적 동시성 모델이란 변경할 의도로 데이터베이스의 행을 읽는 사용자가 잠금을 설정하고 행을 검색해 옴으로서 이 사용자가 업데이트 작업을 마치고 잠금을 해제할 때까지 다른 사용자가 해당 행에 대한 변경 또는 잠금과 충돌하는 작업을 원천적으로 할 수 없도록 봉쇄하는 동시성 모델을 말한다.

  이 모델은 데이터 경합이 높은 환경이나, 동시성 충돌이 일어났을 때 롤백에 필요한 리소스보다 잠금을 사용하여 데이터를 보호하는 데 필요한 리소스가 적은 경우에 주로 사용된다. 즉, 비관적 동시성은 잠금 시간이 짧은 경우 예를 들어, 개별 레코드들은 프로그래밍 처리하는 경우에 가장 잘 구현되며 사용자가 데이터와 상호 작용하여 상당한 시간 동안 레코드를 잠그는 경우에는 사용하지 않는 것이 일반적으로 좋다.

- 낙관적 동시성 모델 : 낙관적 동시성은 데이터베이스의 행을 읽는 사용자가 행을 잠그지 않고 데이터를 읽어오는 동시성 모델이다. 따라서 사용자가 읽어온 행을 다른 사용자가 변경했는지 여부를 행을 업데이트할 때 응용 프로그램에서 확인해야 한다. 낙관적 동시성 모델에서 한 사용자가 데이터베이스로부터 값을 읽은 후 해당 값을 변경하려고 시도하기 전에 다른 사용자가 해당 값을 변경하면 위반이 발생한 것으로 간주한다.

  낙관적 동시성은 데이터 경합이 낮은 환경에서 일반적으로 사용된다. 즉, 레코드를 잠글 필요가 없어 레코드를 잠그는데 소요되는 서버 리소스를 절약할 수 있으며 따라서 서버의 성능이 향상된다. 레코드 잠금을 유지하기 위해서는 또한 데이터베이스 서버와의 연결이 유지되어야 하는데 낙관적 동시성 모델에서는 그럴 필요가 없기 때문에 짧은 시간에 더 많은 클라이언트에게 서버 연결을 제공할 수 있다.

- 낙관적 동시성 위반의 예 : 낙관적 동시성 모델이란 데이터 소스의 동일 행에 대한 행 변

경이 발생하지 않을 것이라는 낙관적 기대로부터 출발한다. 그러나 낙관적 기대가 충족되지 않고 둘 이상의 사용자가 동일 레코드에 대한 엇갈린 변경을 시도할 때 낙관적 동시성 위반이 발생한다.

여러 가지 기술을 사용하여 낙관적 동시성 위반을 테스트할 수 있는데, 그 중 하나는 테이블에 타임스탬프 열을 포함시키는 방법이다. 일반적으로 데이터베이스에서는 레코드가 마지막으로 업데이트된 날짜와 시간을 식별하기 위해 타임스탬프 기능을 제공하기 때문에 타임스탬프 열이 테이블 정의에 들어 있으며, 타임스탬프는 레코드가 업데이트될 때마다 현재 날짜와 시간을 나타내기 위해 업데이트된다. 낙관적 동시성 위반을 테스트하는 경우 타임스탬프 열은 테이블의 내용에 대한 모든 쿼리에 대해 반환된다. 업데이트를 시도할 때마다 데이터베이스의 타임스탬프 값과 수정된 행에 포함된 원래 타임스탬프 값이 비교되며, 두 값이 일치하면 업데이트가 수행되고 업데이트를 나타내기 위해 타임스탬프 열이 현재 시간에 맞게 업데이트되고 반대로, 두 값이 일치하지 않으면 낙관적 동시성 위반이 발생한다.

다음의 〈그림 8-37〉은 낙관적 동시성 위반이 발생하는 예제:4의 시나리오를 도식화한 것이나.

예제:4 애플리케이션과 Access 데이터베이스를 〈그림 8-37〉과 같이 동시에 실행하면 낙관적 동시성 위반이 발생한다. 즉 Northwind 데이터베이스의 Customers 테이블을 두 애플리케이션(①과 ②)이 읽었다고 가정하자. ③번 절차에서 Access 데이터베이스가 고객 ID='BLAUS' 행의 '담당자' 이름을 '손미선'에서 '손미선3'으로 수정하고 데이터베이스를 업데이트한다면 정상적으로 수행이 될 것이다. 즉, 이 경우 검색해온 값은 '손미선'이고 업데이트 하고자 하는 데이터소스 행의 열(column) 값도 '손미선'이기에 현재 값인 '손미선3'으로 정상적인 갱신이 이루어진다.

그러나 ④번 절차에서 예제:4 애플리케이션에서 동일한 행의 열에 대하여 '손미선'을 '손미선2'로 수정할 때에는 동시성 오류가 발생하지 않다가 ⑤번 절차에서 데이터 소스를 갱신하려고 시도한다면 동시성 오류가 발생한다. 이는 낙관적 동시성 모델이 '연결되지 않은 환경'이기 때문이다. 즉, ④번 절차를 수행하는 것은 데이터 소스의 행 값을 수정하는 것이 아니라 데이터집합(DataSet)에 검색하여온 행을 수정하는 것이기에 아직은 동시성 오류가 발생한 것인지 인지할 수가 없는 것이다. 데이터어댑터(DataAdapter)의 'Update' 메소드를 이용하여 데이터 소스를 갱신하는 시점인 ⑤번 절차에서 데이터집합에 있는 값인 검색 값 '손미선'과 데이터 소스의 현재 열값인 '손미선3'가 서로 상이함을 알게 되고, 이는 예제:4의 애플리케이션이 해당 데이터 행을 읽어 온 다음에 다른 사용자가 해당 행을 수정했다는 것을 의미하기에 동시성 오류를 발생시키게 된다.

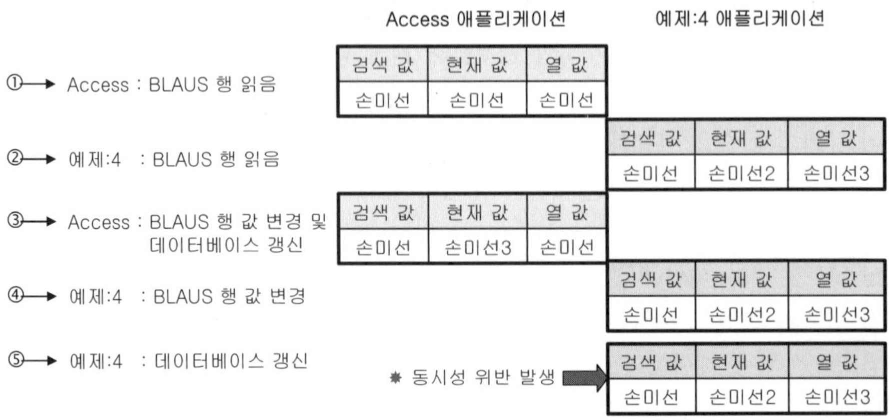

〈그림 8-37〉 예제:4의 낙관적 동시성 위반의 예

- 따라서 데이터베이스 갱신 애플리케이션에서는 당연히 동시성 위반 오류가 발생할 수 있는 가능성이 있다고 가정하여 'Try ... Catch ... End Try'문을 사용하여 동시성 위반 오류에 대한 대처를 할 수 있도록 애플리케이션을 작성하여야 한다. 동시성 위반 오류가 발생하면 사용자에게 동시성 오류가 발생하였다는 메시지를 출력해주고, 해당 행을 다시 검색하여 재 갱신하도록 유도해 주어야 한다.

예제:4의 과제는 예제:1 - 단순조회와 유사하게 다음과 같이 정의한다.

- 예제 과제 : Northwind.mdb로부터 Customer 테이블을 검색하여 윈도우즈 폼에 출력한 이후 일부 레코드를 갱신한다.

예제:4의 과제는 예제:1 - 단순조회와 유사하게 진행하고자 한다. 즉, 'Northwind.mdb로부터 Customer 테이블을 검색하여 윈도우즈 폼에 출력'까지의 개발요건은 동일하고, 이 개발요건에 '일부 레코드를 갱신한다'를 추가할 것이다.

따라서 예제:4의 '애플리케이션 시나리오 작성', '윈도우즈 프로젝트 시작과 빈 윈도우 폼 생성', 'ADO.NET 객체 생성으로 데이터베이스와 애플리케이션 연결하기' 및 '이벤트 프로그래밍' 등의 세부 내용은 예제:1과 유사하니 예제:1을 참고하기 바란다.

다만 예제:4는 데이터베이스 업데이트 요건이 추가되었기 때문에 이에 대한 세부절차만 본 절에서 살펴보도록 하겠다.

데이터어댑터를 위한 SQL의 사용자 정의

'8.5절 ADO.NET 데이터베이스 애플리케이션 개발'에서 '데이터어댑터 생성'을 살펴보았다.

예제:4의 출력이 Access와 동일한 형식으로 출력하기 위해서 데이터어댑터 생성 시 작성하는 SQL을 다음과 같이 정의하도록 한다.

■ SQL - 필드 정의

Customer 테이블에서 CustomerID, CompanyName, ContactName, ContactTitle을 선택한다.

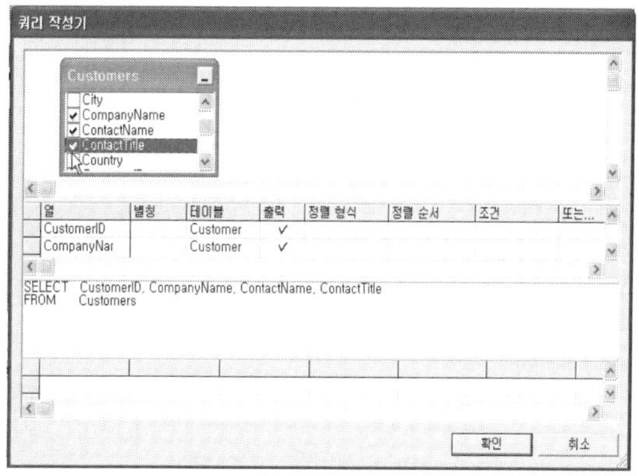

■ SQL - 정렬 정의

'정렬형식'을 '오름차순'으로 선택한다.

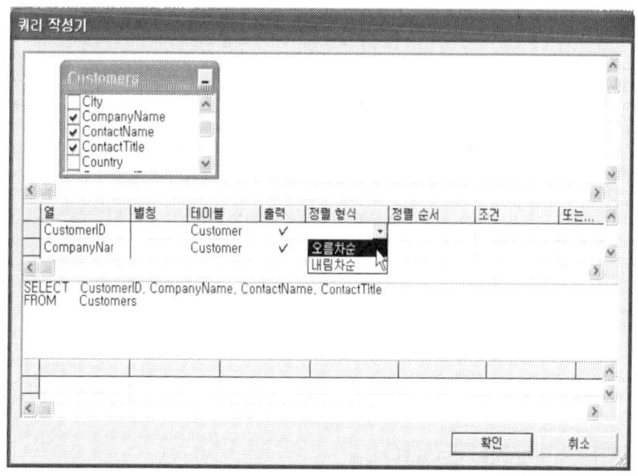

■ SQL - 정렬 정의

'정렬형식'을 '오름차순'으로 선택함으로서 'ORDER BY CustomerID' 절이 생성된다.

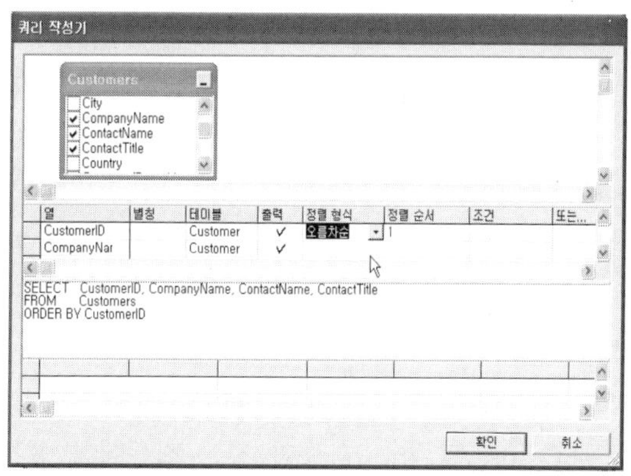

■ SQL 확인

마법사를 이용하여 생성한 Select 문을 확인한다.

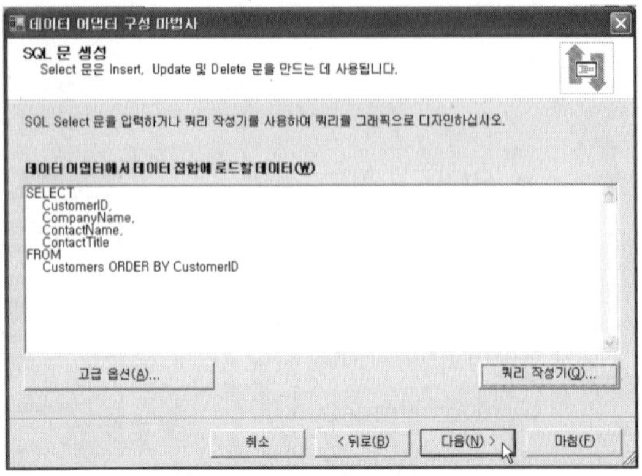

■ SQL 확인

Select 문을 기반으로 데이터어댑터가 사용할 'SELECT', 'INSERT', 'UPDATE', 'DELETE' 문이 자동 생성되었음을 확인할 수 있다.

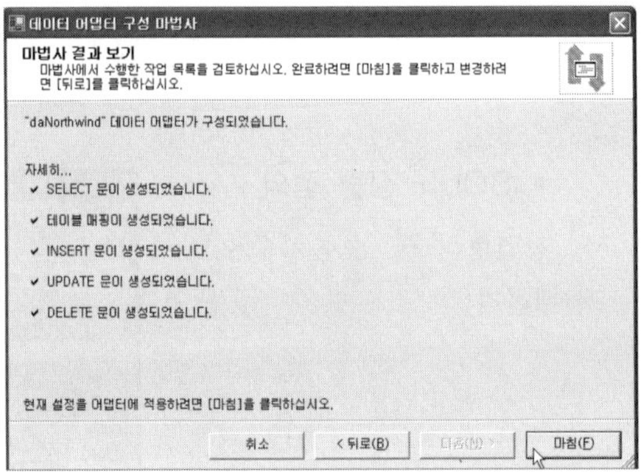

유용한 사용자 정의어

모든 애플리케이션은 오류 없이 실행되어야 하지만 오류가 없이 정상적으로 실행된다고 모두 좋은 프로그램이라고 할 수는 없다. 좋은 프로그램이 될 수 있는 중요한 요건중의 하나가 '읽기 쉽고 이해하기 쉬운 프로그램'이라 할 수 있다. 가독성(Readerbility)과 이해용이성(Understandability)의 향상되는 프로그램을 만들기 위한 첫 번째 조건이 사용자 정의어를 다른 사람도 이해할 수 있도록 이름짓기(naming)를 하는 것이라 할 수 있다. 즉 모든 사용자 정의어를 시스템에서 정의하는 묵시적 이름을 사용하지 말고 명시적으로 프로그래머가 지정하면 프로그램 코드가 이해하기 쉽게 될 것이다.

다음의 〈표 10-1〉은 예제:4에 사용되는 사용자 정의어의 한 예이다. 모든 영문 정의어 앞에는 'cn', 'da', 'ds' 및 'mmn' 등과 같은 접두어를 표시하여 해당 개체의 형태를 정의하고 후반부에는 해당 개체의 활용용도를 명시하였다.

〈표 10-1〉 명시적 사용자 정의어 예

묵시적 이름	명시적 이름
WIndows Application 4	데이터베이스 연결 예제 4
form1	데이터베이스 연결 예제 4
OleDbDataConnection1	cnNorthwind
OleDbDataAdapter1	daNorthwind
DataSet11	dsNorthwind
MenuItem2	mnuFillDataSet
MenuItem3	mmnUpdateDatabase
MenuItem4	mnuEnd

■ 솔루션 탐색기로 정의

'프로젝트', '솔루션' 및 'form1'에 대한 명시적 사용자 이름을 솔루션 탐색기에서 수정한다.

■ ADO.NET 관련 객체 이름

GUI 디자인 개선

예제:4의 GUI 디자인은 예제:1과 동일하게 디자인하되 '데이터베이스 수정하기'라는 메뉴항목을 추가한다. 자세한 GUI 디자인 절차는 예제:1을 참고하기 바란다.

■ 메뉴 항목의 정의

'데이터베이스 수정하기' 메뉴항목을 추가하고 각 메뉴의 'name' 속성을 〈표 10-1〉과 같이 수정한다.

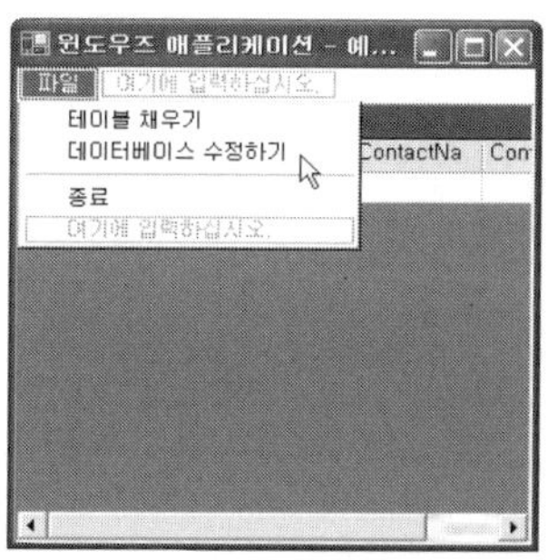

ADO.NET 객체 생성으로 데이터베이스와 애플리케이션 연결하기

ADO.NET 객체를 이용하여 데이터소스와 애플리케이션을 연결해주는 방법은 예제:1과 동일하기에 예제:1을 참조하기 바란다.

이벤트 프로그래밍

예제:4 애플리케이션에는 세 가지 이벤트가 있다.

- 첫 번째 이벤트는 사용자가 데이터소스로부터 데이터 테이블을 검색하여 데이터그리드에 출력하는 시점을 정의하는 이벤트이며,
- 두 번째 이벤트는 애플리케이션을 종료하는 이벤트이다. 첫 번째 및 두 번째 이벤트 프로시저는 명시적 사용자 정의어를 사용한다는 점을 제외하고는 예제:1과 동일할 것이다.
- 세 번째 이벤트는 예제:1과 달리, 새로 추가되는 이벤트로서 '데이터베이스 수정하기' 메뉴를 클릭하였을 때 데이터베이스를 업데이트하는 이벤트이다.

'연결되지 않은 환경'에서의 데이터베이스의 업데이트는 데이터어댑터의 Update 메소드를 이용하여 이루어진다. 〈코드 10-9〉와 같이 'daNorthwind 데이터어댑터의 Update 메소드를 이용하여 dsNorthwind 데이터집합에 위치하고 있는 "Customers" 테이블의 수정한 내용을 데이터 소스에 업데이트하라'라는 명령코드로 데이터베이스를 업데이트 한다. 원격 데이터베이스 액세스는 다양한 사유로 오류가 발생할 수 있기에 〈코드 10-9〉와 같이 'Try ... Catch ... End Try' 문으로 오류방지 프로그래밍을 항상 하는 것이 안전하다.

〈코드 10-9〉 데이터베이스 업데이트

```
Try
    daNorthwind.Update(dsNorthwind, "Customers")
Catch ex As Exception
    MessageBox.Show(ex.ToString, _
        "데이터베이스 수정 오류", _
        MessageBoxButtons.OK, _
        MessageBoxIcon.Error)
End Try
```

■ '테이블 채우기' 이벤트 프로시저

```
Private Sub mnuFillDataSet_Click(ByVal sender As System.
    Try
        daNorthwind.Fill(dsNorthwind, "Customers")
    Catch ex As Exception
        MessageBox.Show(ex.ToString, _
            "데이터베이스 조회 오류", _
            MessageBoxButtons.OK, _
            MessageBoxIcon.Error)
    End Try
End Sub
```

■ '데이터베이스 수정하기' 이벤트 프로시저

```
Private Sub mnuUpdateDatabase_Click(ByVal sender As System.
    Try
        daNorthwind.Update(dsNorthwind, "Customers")
    Catch ex As Exception
        MessageBox.Show(ex.ToString, _
            "데이터베이스 수정 오류", _
            MessageBoxButtons.OK, _
            MessageBoxIcon.Error)
    End Try
End Sub
```

■ '종료' 이벤트 프로시저

```
Private Sub mnuEnd_Click(ByVal sender As System.Object,
    End
End Sub
```

실행 및 디버깅

예제:4 애플리케이션을 실행하여 데이터베이스를 갱신할 때 항상 동시성 오류가 발생하지는 않는다. 이미 살펴본 바와 같이 낙관적 동시성 오류란 예제:4 애플리케이션을 이용하여 수정하고자 하는 데이터 레코드가 다른 사용자에 의하여 수정되어야만 동시성 유류가 발생하게 된다.

따라서 동시성 오류 테스트를 하기 위해서는 다음의 실행 시나라오와 같이 진행되어야 동시성 오류가 발생하게 된다. 예제:4를 실행할 때 Access를 이용하여 다른 사용자의 역할을 부여하기로 한다. 편의를 위하여 왼쪽은 Access의 화면을, 오른쪽은 예제:4의 화면을 예시하였다.

■ 데이터베이스 읽기

Access와 예제:4를 이용하여 Northwind로부터 Customers 테이블을 검색한다.

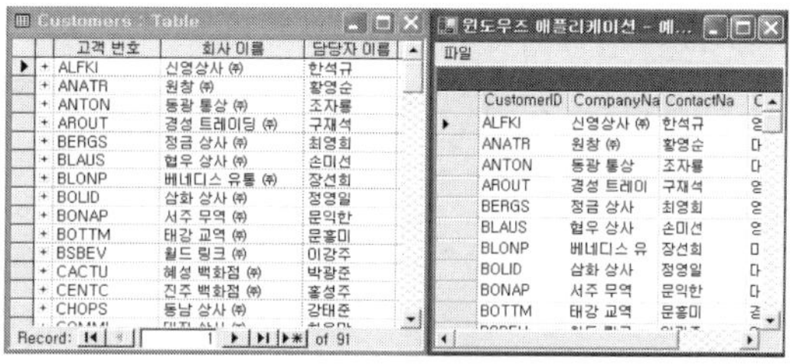

■ 데이터베이스 갱신

예제:4에서 '한석규'를 '한석규1'로 수정하고 '데이터베이스 수정하기'로 데이터베이스를 갱신한다.

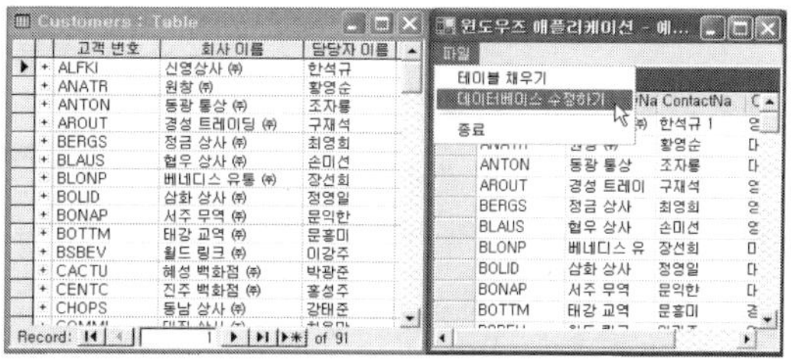

■ 데이터베이스 정상 갱신

Access의 해당 행을 클릭하면 '한석규1'로 수정된 결과가 반영된다. 낙관적 동시성이 적용된다.

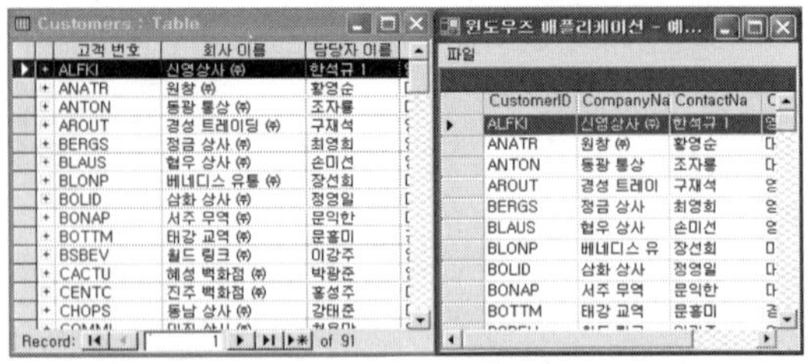

■ 낙관적 동시성 오류 발생

Access에서 먼저 수정하고 예제:4에서 '손미정2'로 고치고 DB를 갱신할 때 동시성 오류가 발생한다.

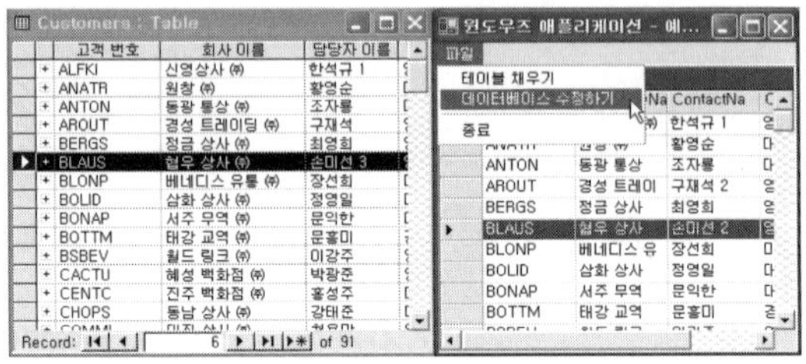

■ 동시성 오류 메시지

데이터집합으로 특정 레코드를 읽어온 이후 데이터소스가 변했음을 알려준다.

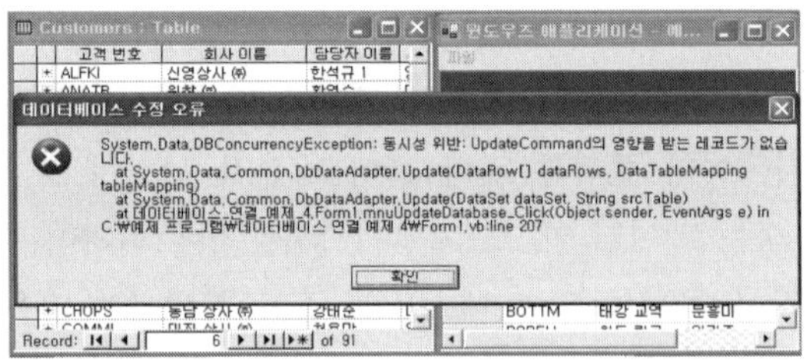

■ 동시성 오류 레코드

ADO.NET에서 동시성 오류가 발생한 레코드 행 앞에 동시성 오류 마크를 출력해 준다.

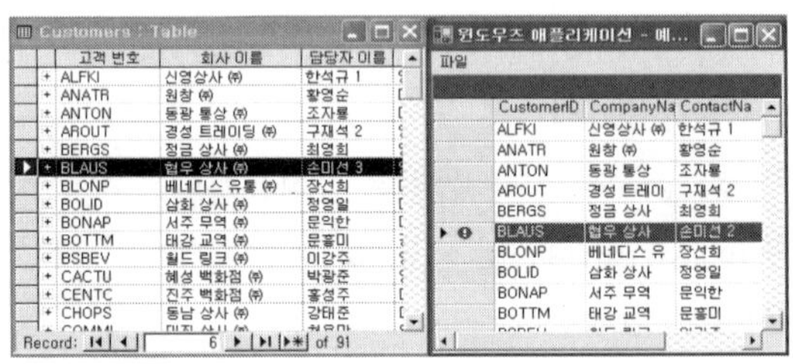

■ 동시성 오류 메시지 확인

동시성 오류 마크에 커서를 위치하면 동시성 오류 메시지를 확인할 수 있다.

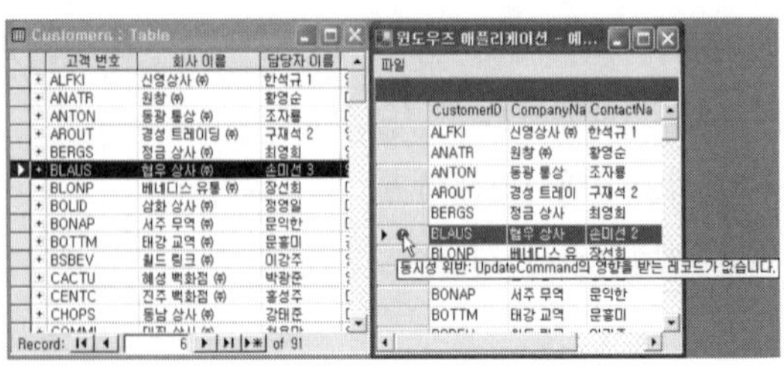

■ 테이블 재검색

동시성 오류를 회피하기 위해서는 Customers 테이블을 재검색한다.

■ 레코드 재수정

재검색한 레코드에는 '손미정3'으로 수정되어 있음을 알 수 있다.

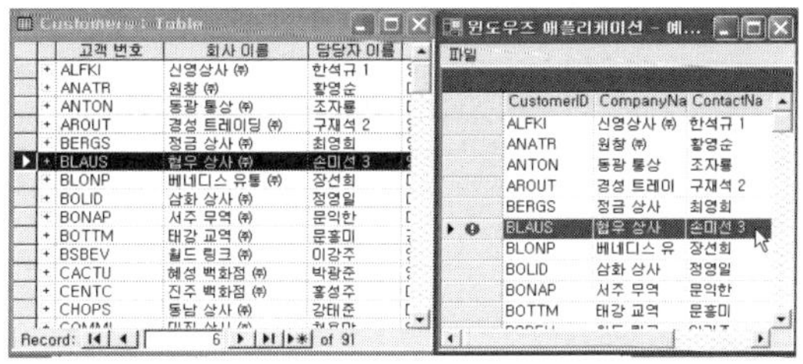

■ 데이터베이스 재갱신

'손미정3'을 '손미정4'로 수정한 후 데이터 소스를 재 갱신한다.

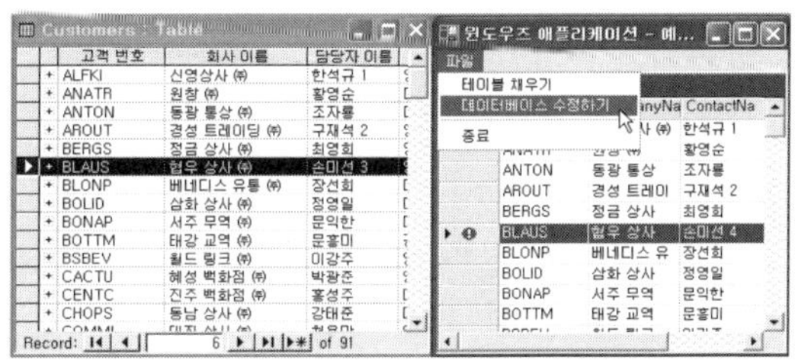

■ 동시성 오류 해결

재검색과 재갱신으로 동시성 오류를 회피할 수가 있다.

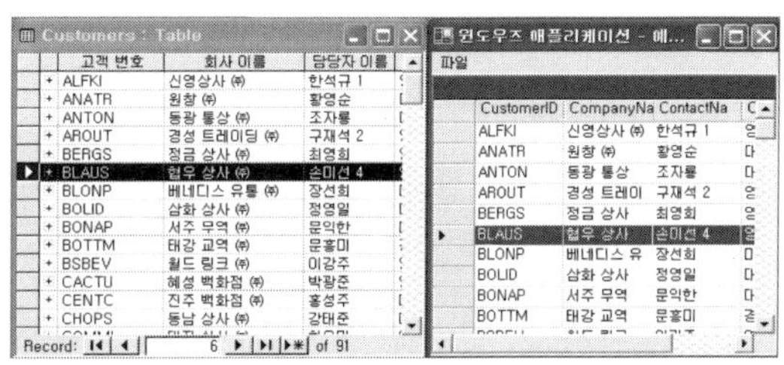

Access데이터베이스개발

초판발행 2006년 2월 24일
1판2쇄발행 2010년 8월 31일
저 자 이 춘 열
발 행 인 이 성 우
발 행 처 국민대학교 출판부
주 소 서울시 성북구 정릉동 861-1
전 화 02-910-4243
팩 스 02-910-4030
등록년월일 1975. 6. 17
등록 번호 제6-33호
인 쇄 동아종합인쇄사 (전화:053-585-7788)

 ISBN978-89-7812-116-3 93320

가격 9,000원